新品类咨询专家玄机系列丛书

# 开创新品类

CREATE A NEW CATEGORY

玄机◎著

企业管理出版社
ENTERPRISE MANAGEMENT PUBLISHING HOUSE

**图书在版编目（CIP）数据**

开创新品类 / 玄机著 . -- 北京 : 企业管理出版社 ,
2023.1

ISBN 978-7-5164-2741-5

Ⅰ. ①开… Ⅱ. ①玄… Ⅲ. ①企业创新—研究 Ⅳ. ① F273.1

中国版本图书馆 CIP 数据核字 (2022) 第 213503 号

---

**书　　名:** 开创新品类
**书　　号:** ISBN 978-7-5164-2741-5
**作　　者:** 玄　机
**策　　划:** 蒋舒娟
**责任编辑:** 刘玉双
**出版发行:** 企业管理出版社
**经　　销:** 新华书店
**地　　址:** 北京市海淀区紫竹院南路17号　　**邮　　编:** 100048
**网　　址:** http://www.emph.cn　　**电子信箱:** 26814134@qq.com
**电　　话:** 编辑部（010）68701661　发行部（010）68701816
**印　　刷:** 北京虎彩文化传播有限公司
**版　　次:** 2023年1月 第1版
**印　　次:** 2023年1月 第1次印刷
**开　　本:** 700mm×1000mm　1/16
**印　　张:** 15.75印张
**字　　数:** 260千字
**定　　价:** 66.00元

---

# 前言

PREFACE

## 写本书的原因（一）

此前，有些财经媒体在邀请我访谈时提到，有关新品类的书籍对新品类研究与开发的影响是巨大的，希望我能在《新品类》一书的基础上出版新作，那时我并未就此说法表态。后来在陆续与一些读者交流时发现，这类书籍对他们在经营上的影响是巨大的，他们希望我能继续在国内普及新品类的相关知识，让更多的人学习并从中受益。我也深刻感受到目前相关著作在国内的缺乏程度，为此我对新书的出版进行了长时间、深层次的思考，最终决定对国内外现有的新品类方面的理论、方法等进行进一步的补充，以便让国内中小品牌管理者能够了解新品类对于企业经营的重要性，同时了解如何运用新品类促进企业发展。这就是本书《开创新品类》写作的初衷。

每个月都会有很多经营管理及市场营销类的图书出版，供广大管理者学习、参考和实践，而现实是，管理者穷其一生都难以阅读完相关书籍的冰山一角。阅读可以让管理者在日益激烈的品类竞争中保持独立思考，但有的时候学习越多，反而越不知所措。这就如百家争鸣之时，各扬所长而不论实际国情。本书似乎也有给管理者加重“知识负担”的嫌疑，但《新品类》的读者反馈，他们运用书中所谈到的理论及方法之后，解决了日常工作中90%的问题，使自己的企业获得了迅猛的发展。

在做顾问的十几年中，有很多管理者希望我能写一本书系统化地介绍新品类，不只是讲解运营效益那么简单的，也不是关于外部品类竞争的，而是中小型企业管理者能够看懂，并能为其所运用的专业著作，书中不能有太多的专业术语、专用名词，也不能存在“规模上的代沟”。为此我花了不知多少个日夜，与团队一起对这十几年的工作进行总结，成功地总结出更贴合中小品牌的经营发展特点的新品类理论与方法，让中小品牌的经营者能够在本书中找到办法解决开展新品类活动中遇到的困难，并应用这些理论及方法改善中小品牌的经济创收。

现如今，管理者如何应对市场竞争中的“品类战争”，对品牌未来的发展具有至关重要的影响。

这不应该是管理者茶余饭后讨论的问题，也不应该仅仅停留在学术层面，品类竞争中的每位管理者都面临新品类存活率的问题，这个问题很关键。管理者们要想在品类竞争中不落下风，就必须抓紧时间，对这个问题进行思考。在过去的十几年里，作为多家大企业的资深顾问，我接触过的企业遍及国内各地，企业内的基层管理者至高层领导者，都是我曾服务过的对象。通过与企业管理者的密切接触，我发现并且深刻感受到他们目前所面临的问题于他们而言多么重要，这个挑战的难度又意味着什么。

经历过几十年的社会变革和发展，大家都知道，一切都是暂时的。对于在品类竞争中的品牌而言，优势是暂时的，劣势同样也是暂时的，关键问题就在于如何将阶段性的短期优势、劣势转变为长期优势。虽然我们不追求一劳永逸，但也不想在每个阶段都处于追赶状态。例如，已经成为一个品类中的领导品牌，如何继续保持上升？我的建议是进行另一个周期的新品类活动，我称之为品类战略，“品牌教父”宝洁正是以品类战略独霸了日化市场。

投资者对于品牌的增长充满期待，甚至会在品牌发展的每个阶段都提出一些不可能完成的目标。本书的价值在于提出对于中小品牌也同样适用的理论知识，能够被中小品牌有效运用。品类战略并不是最好的手段，目前在市场中也不是对任何管理者都适用，但它却是中小品牌、大型品牌、巨型品牌都能够运用的方式，也是品牌在每个阶段都能够运用的战略方式。比起公司战略或者多元化战略，品类战略能够带来良性发展，能够让企业内部充满力量。

品类战略只有一个条件，那就是：已经占据品类中数一数二的位置之后才能进行下一个新品类活动。在需要增长的同时，想想自己是否已经做到了品类中的“数一数二”，如果是，再开始进行第二个新品类活动项目的探索。这样在满足了投资方无穷无尽增长欲望的同时，又能够坚持自身立场。什么都能变，唯独这个条件不变。品类战略能够让品牌在创造出持续价值的同时，为下一个新品类活动做好充足的准备。记住，除非你已经做到了“数一数二”，否则不要有新的启程！

新品类之间的差异化所带来的价值应该是管理者最先考虑的，也是管理者赋予品牌在品类竞争中的超级武器，如 iPhone 的超级武器是 iOS 系统，而华为手机的超级武器是鸿蒙系统，这两者的差异化使它们占据了手机品类最大的品类份额。而差异化之下的特性则是秘密武器，品类秘密武器则是顾客将该品类作为首选的原因。iPhone 的秘密武器是“流畅”，而华为手机的秘密武器是“信号稳定”。大家谈论 iPhone 的绝大多数话题不就是它的系统跟其他品牌不同（封闭）吗？而大家谈论华为手机的绝大多数话题不就是它的系统开放（封闭的对立面）吗？ iPhone 作为智能手机的开创者，充分地占据了开创者的有利地位，而华为手机则采用了与 iPhone 完全对立的方式——开放，华为手机所持有的“超级武器”抢走了手机品类的大部分品类份额。“神仙打战，小鬼遭殃。”华为抢了谁的品类份额呢？推出同质化产品的品牌因为“超级武器”的杀伤力不足而无法及时防御来自华为的“超级武器”，最终退出市场，将品类份额拱手相让。

创造差异化对于品牌如此重要，以至于你不能忽略它，对于一个业务架构简单且清晰的品牌，如何在市场上寻找到有杀伤力的“超级武器”是管理者每天都要关注的，或者说这个品类中的“超级武器”已经被竞争对手找到，并且运用得风生水起，那你就无法对其发动攻击，只能伺机而动，不断寻找有效的机会。而若你已经找到了“超级武器”，请你一定要充分发挥好这一“超级武器”，运用好“超级武器”不仅会让你事半功倍，还会让你带领品牌更快地腾飞。

持续创造价值是一个让管理者带动品牌发展的重要方式，战略定位对品牌是否拥有“超级武器”有着非常严苛的标准，每个“超级武器”的杀伤力其实都是不同的，iPhone 占据了 iOS 系统这一差异化，占据了全球17% 的品类份额，而华为手机占据了鸿蒙系统这一差异化，却只占据了全球4% 的品类份额。这或许存在时间的因素，但作为智能手机品类的开创者，的确拥有对品类中“超级武器”的选择权，这是未知领域对于开创者的奖励，是一种无上的荣耀，除非品类消亡，否则这一“超级武器”始终会被开创者所单独持有。不要小看这个“超级武器”，这为 iPhone 的“高价售卖”提供了支持，难道买 iPhone 的人不会觉得它很贵吗？但是否有人质疑它的价值？大部分人应该是额外珍惜自己所拥有的这部昂贵的智能手机。

将差异化作为超级武器这件事，其实是没有任何可借鉴的教学资料的，只能在一些不太相关的资料中找到只言片语。差异化对商业的重要影响，目前除了我在花大量的时间进行探索之外，相关资料十分匮乏。

虽然差异化的应用是目前全球所有管理者都迫切想要了解的，或者说是需要掌握的，因为他们对于差异化能对品牌产生的积极作用并没有表示任何怀疑，但差异化的有效实施不单是管理者要面临的挑战。品牌无法寻找到有价值的差异化就会停止价值增长，这是我们需要时刻警惕的。

全球范围内的关于差异化的有效理论非常匮乏，目前也有很多专业人士在研究这块领域，但对于相关研究成果似乎都“秘而不宣”，基本上只用于为大品牌提供咨询服务。大品牌的咨询预算充足，市面上几乎所有的咨询公司都愿意为其提供“细致”的服务。可我始终期望写一本专业著作，不单为大品牌提供服务，也能为中小品牌的发展提供助力。

本书专注于论述新品类活动中对差异化的寻找、分析、使用等，这些能引领企业获得经济上的成功。其中有一部分内容是我与团队多年项目工作的经验，另一部分内容是我对该领域进行研究所取得的成果。书中的一些专用词及其实际应用可能与管理者日常接触的大不相同。通过十几年的研究，我终于梳理出一些系统性地寻找差异化的方法，为国内中小品牌在经营发展上提供品类竞争的指导。

品类竞争中存在着许多品类，品类与品类之间存在明显的差异，每个具有变革性的品类都占据着数个甚至数十个不同的差异。这犹如一个战略定位地图，其中涵盖了一些商业法则，管理者想要在战略定位地图中寻找到适合自己的差异化，就需要结合品类活动开启对差异化的探索。有些差异化已经被使用了上百年甚至几百年，被几代人甚至几十代人所了解，如奔驰占据“地位象征”这一差异化百余年时间，已经影响了好几代人，上至百岁老人，下至七岁幼童，没有人会不清楚奔驰对汽车行业的作用，也不会有人觉得奔驰对汽车品类的影响不够。奔驰的差异化在其发展过程中几经改变，不过好在管理者很快就意识到自身的超级武器就是“地位象征”。同时，奔驰是汽车品类的开创者，品类开创者虽也可能在商业竞争中发生错误，遭遇失败，但由于人们更加信赖它，而且更希望它能够站起来，会给予其更多的理解、更多的鼓励，而奔驰最终也不负众望，牢牢握住“地位象征”这一最佳超级武器。

战略定位地图内的差异化对应着新品类活动中的运营效益，运营效益对应着不同阶段的活动计划，阶段活动成果带来的影响最终是否可以形成强有力的超级武器，取决于运营效益是否有效发挥。日常经营中，以差异化来引导品牌的发展，是管理者可以深入学习的品类竞争的有效方式，管理者需要对市场竞争对手所持有的“超级武器”有足够的关注，同时为自身的差异化构建竞争优势及防御壁垒，从而找到经营上的关键核心点。相关理论告诉管理者需要做哪些事情，又有哪些事情不能触碰，哪些事情需要远离。差异化理论能够告诉我们需要对战略定位做出哪些选择，如何形成一套与竞争对手完全不同的运营模式，这在日常经营中是至关重要的，而且也会直接表现为经济成果，在绩效上升或下降上有最直接的体现。

合理使用差异化有助于品牌取得品类竞争的成功，差异化有时候也需要进退有序，有些差异化无法直接在战略定位地图中直接选择，需要管理者通过逐步升级的方式获取。例如华为手机的差异化是鸿蒙系统，而鸿蒙系统也是在2019年下半年才正式对外发布的，此前的“超级武器”可能没有那么强的杀伤力，甚至可以说，华为手机在起步阶段可能没有“超级武器”。这都是因为战略定位地图的规则在某一时期尚不明确，管理者无法对战略定位地图中的最佳超级武器有足够的认识，自然无法合理加以运用，这也是情理之中的事情。

但一些已经进入战略定位地图的品牌，不单寻找到了适合自己的超级武器，而且已经发展至全球顶级品牌，它们就相对轻松，因为它们已有足够的成功经验用以为下一次可进行的新品类活动做好充足的准备，这类品牌往往能够更快地走向成功。

以往进入过战略定位地图的一些品牌，或许是因为新品类发展未能持续下去，或许是因为无法升级自己的超级武器，现今已然不复存在，这也许是一个品类的陨落，但对于品牌而言是更大的损失。不过在经过战略定位地图的自然循环，不具备竞争力的品牌丢失了超级武器的同时，新兴品牌也能够找到以往强势品牌所持有的超级武器，并在新的时代大放异彩，这些超级武器最终还是回到了战略定位地图中，等待着在新一轮新品类活动中被选取。

## 写本书的原因（二）

本书会提到品类竞争所需的60%的品类应用理论和40%的品类实战理论及相关答案，并针对这些答案做了详细的论述。

一些更加深层次的问题及名词，会在我的品类系列图书中提到，列举如下。

①战术、战意、战时、战况、战态、战耗、战资。

②战略莽撞、战略含糊、战略平庸、战略才疏、战略高智、战略无知。

③战略阶梯、竞争规则、战略才能、战略失利、短期行为、轻战行为。

④一些理论工具：豪威尔环、豪威尔优势调研法、豪威尔杠杆、豪威尔感知调研法、豪威尔维度法、豪威尔价值法、豪威尔品类防守战略、豪威尔信任状、豪威尔新品类步骤法、豪威尔战略生效理论、豪威尔超级武器理论、豪威尔新品类定律、豪威尔战略五行、豪威尔战略结构图、豪威尔战略打分榜。

由于品类理论在全球范围内还属较为前沿的理论，多数管理者尚未接触，并不熟悉该理论的模型及作用，所以理论传播就慢得多。

同时，新理论在一开始与其他领域理论必然存在断层现象，无法紧密地联结，在使用的过程中也会增加不便，所以，建议本书的读者能够学习网站（haowel.com）上的内容。在使用品类理论时，若有疑问也可以向网站客服人员咨询。而在阅读方面，我个人建议，读者可以放慢对本书的阅读速度，这样会更有利于吸收。

尚未公开的品类理论及对应理论工具可能让竞争态势更加残酷，同时为了避免管理者剑走偏锋，本书暂不分享相关内容。

无论在哪个国家，中小型企业皆位于竞争中的底层，它们虽然有数量优势、精力旺盛、个体战斗力极强，但由于接触不到顶尖技术，且对于比较专业的竞争理论、品类理论、品牌理论了解不多，所以缺点也很明显。因为不了解这些知识理论，在竞争的号角响起之后，它们往往无力参与竞争，只能被动挨打。

现代战争要获得胜利，并不依靠人海战术，更不依靠低级武器。运用高尖端武器，集中力量摧毁敌方的军事基地，这才是获胜的关键。

高尖端武器杀伤力强、杀伤范围大、毁灭性高，所以价格高昂，远不是一般小国家能购买的，而制造这些武器的国家也会获取垄断性的利润。

商业竞争同样如此，现代的品类竞争，并不依靠低廉的成本，而是运用高尖端的品类理论、竞争理论，集中力量“摧毁”竞争对手的核心产品。

有着清晰定位的品牌往往能够轻易地在一群品牌中脱颖而出，而品牌的差异化往往能引起顾客的兴趣并产生热点话题。

而同质化的品牌，就如同一些小国家，它们没有高尖端武器，也没有军事基地，所以在面对战争时，只能狂轰滥炸造成不必要的伤亡，作战者（销售人员）苦不堪言。

企业在商业竞争中需要建立强大的防御壁垒，主要用于应对竞争中的进攻。在防御壁垒内，同质化品牌很难进入，而对品类有贡献的差异化品牌可以参与进来共同发展。

同质化品牌一是不具备建设防御壁垒的实力，二是根本不愿花时间这样做，觉得太麻烦了。所以在持有高尖端武器的进攻者面前，同质化的品牌可以说只能被一次性歼灭，进攻者不需要花费太多代价就能够获胜。

我相信尚未建立起防御壁垒的管理者中，有一部分想将品类发展壮大并做得更好，也有一部分想打造一个属于自己的强势品牌，并让品牌作为自己参与品类竞争的基本单位，在品类中进行探索。这些都是非常好的想法，如果我们无法在战场上建功立业，那么是否可以好好经营，打造一个自己的商业大国？

每个拥有梦想的管理者，都想要打造一个属于自己的百年品牌，而本书的写作就是为了介绍相关的知识和经验，帮助这些管理者早日实现自己的梦想。

至于怎么发展，如何在市场中脱颖而出，我会在本书中展开条理清晰的论述，让企业管理者在实战中形成强大的力量。

我在闽南地区工作，主要的工作地点在厦门，所以对福建一带的产业、人文较为熟悉，这里的人和文化对我影响深刻。近几年，我越来越发现，这里的企业管理者喜爱切磋、热衷拼搏、敢于争先，无论男女，身上都有一股劲儿。这股劲儿不是倔、扭，而是带着韧性、智慧还有胆大心细。

虽然大企业占比较低，但这丝毫不影响这个地区的发展，来过泉州和厦门的管理者，一定会发现“地下看西安，地上看泉州”及“锁钥东南胡里山，百年坚守厦门关”所具有的深刻含义。似乎这里的品牌总有着一种超前的意识，它们能仅凭一些小群体，就在一个品类中做到“数一数二”。

这也可能跟当地的文化有关。在我看来，该地区的企业管理者与咨询业间的关系不只是商业合作那么简单，更像刘备与诸葛亮、曹操与荀彧间的关系，在共同成就事业的同时，还能成为好朋友，而这种感情，是利益无法衡量的。

企业管理者遇到困难不必单纯地闷头自己解决，不必拒绝寻求专家的帮助，迅速借助有效的力量帮自己尽快实现目标才是最有效的方式。

尚未找到专家来帮助自己的管理者，如同在危险的丛林中孤身作战，没有向导的帮助、地图的指示是很难达到终点的。作为企业的顾问，我认为咨询业有其社会责任和使命，那就是助力企业不断发展。

企业要脱离同质化发展模式，要强化品牌，当然不是一朝一夕能够完成的，在关键节点上必然离不开咨询业的帮助。但目前咨询业的一个突出问题是，收费实在是太高了。在我看来，理论虽然有效，但收费往往是中小企业无法支付的。

当意识到这个问题时，我在我的网站中设立了为中小企业免费诊断的窗口，及时为中小企业管理者提供帮助，而在费用上做到的是——能少就少。

我带着最朴素的善意，站在对方的角度考虑：对方确实遇到麻烦了，没有遇到麻烦怎么会来找我呢？

而往往我付出一分钟的时间，就能为对方解决掉已困扰企业许久的问题。

究其原因，问题还是在于目前市面上暂未有比较适合中小型企业发展的咨询公司，这导致中小型企业管理者只能孤军奋战，独自承受企业生存发展的压力，即便犯错，也只能自己去买单，这是一个相当无情的现象。

让我深感荣幸的是，我之所以喜欢厦门这个城市，是因为这里的人很友好，人与人之间愿意相互帮助。

闲暇时，好朋友聚在一起玩闹，我的好朋友就会提出各种各样刁钻的问题试图考倒我，我知道他们是想看我最近有没有发现一些新知识、新工具，对此我也乐于回应。我们经常就品类问题进行交流，他们在附近城市各个企业中担任不同的职位，每次过来，如果发现我又探索到了新理论，就会主动要求我教他们。

我是乐于相告的，但对他们也有一些要求，就是利用自己学习到的品类理论，帮助遇到经营困难的人。

这就是我写这本书的初衷，为管理者提供咨询服务、探索品类理论，这两者一样重要，均承载着我的“光荣与梦想”，鼓舞着我去探索更多有效的品类理论。

我希望真正站在中小型企业角度去思考问题，并结合自己多年的咨询经历，总结出一套适合中小型企业发展的关于系统化开展新品类活动的理论体系，与管理者携手，打造出具有竞争优势的差异化品牌。如果这有益于中国未来的发展，我不会计较个人得失，但求贡献出自己的一份力量。

咨询行业中有人说我扰乱市场价格，我没有这个想法，而且这个说法也不对。在我看来，咨询业也是服务行业，没有人规定咨询业就只能高高在上，一些专家级别的服务人员懂的那么多，但是做的那么少，却依旧拿着巨额的费用，而无视那些活在水深火热中的中小型企业管理者。

大家都喜欢说物以稀为贵，质疑免费诊断的价值，我通常笑笑，也不反驳。我探索到的这些品类知识如何被定义价值，我觉得大家心中有数。

写作市场上第一本阐述如何系统化开展新品类活动的图书，在深感压力巨大的同时，我也异常兴奋，有时候写起来连喝茶都忘了，作为一个闽南人，茶的重要性同样不言而喻啊。

关于这本书，想说的还有很多。

作为一个品类研究者，我能轻松地帮助企业做一个优秀的项目，也能条理清晰地展示项目方案，但这些和撰写著作、系统化地梳理一套适合众多管理者的理论，完全是两码事。这本书的写作确实是一个非常痛苦的过程，背后也有很多不为人知的煎熬。

已经记不清度过了多少个辗转反侧的夜晚，我对这本书投入了太多的精力和热情，相信读者也能感受得到。

当然，写作过程中也很纠结，我经常会想，做项目已经够累的了，牺牲休息时间去做这件事到底能产生多大影响？中小型企业能不能用得了本书提供的理论，能不能真正从这本书中获取有价值的东西？

但是，这些困扰都逐一得到了疏解，书稿内容最初就不间断地在网站上连载，我收到了一些素不相识的用户的认可，这也逐渐让我有了更大的动力，将品类理论更用心地表达出来，呈现给所有企业管理者。

我相信本书问世会有益于中小型企业与咨询业间的关系发展，同时，我也希望更多的人了解新品类并加入新品类这个行业中，共同推动新品类咨询业的发展，最终帮助更多中小型企业的发展。

《开创新品类》不只是一本书这么简单，更代表我心中坚定的信仰！

# 目录

开创新品类

第一章 品类与品牌 …… 1

第 1 节　购买的是品类，谈论的是品牌 / 1
第 2 节　品类开创者与品牌 / 4
第 3 节　品类价值与品牌 / 6
第 4 节　品类竞争与品牌 / 9

第二章 新品类 …… 12

第 1 节　新品类是什么 / 12
第 2 节　顾客为什么选择你 / 15
第 3 节　创新和顾客 / 18
第 4 节　豪威尔新品类增速势能理论 / 21
第 5 节　豪威尔环 / 25
第 6 节　系统化开创新品类 / 32
第 7 节　品类周期 / 36
第 8 节　新品类的投入与收益 / 40
第 9 节　豪威尔小增长期理论 / 44
第 10 节　品类竞争误区 / 51

第三章 新品类发展与差异化 …… 53

第 1 节　品类联盟 / 53
第 2 节　真正的胜利 / 57

第 3 节　抢占先机 / 60
第 4 节　新品类差异化 / 62
第 5 节　克服“风险恐惧症” / 64
第 6 节　不做“赌徒”，科学对待 / 66
第 7 节　创新需要反其道而行 / 68
第 8 节　站在常人思维的对立面 / 70

第四章 如何实施差异化 ········ 73

第 1 节　如何构建差异化 / 73
第 2 节　寻找绝佳定位 / 75
第 3 节　管理者的错误思维 / 78
第 4 节　抓住品类竞争机会 / 80
第 5 节　越具有变革性的越具有特性 / 84

第五章 豪威尔方法 ········ 88

第 1 节　豪威尔感知调研法 / 88
第 2 节　豪威尔维度法 / 90
第 3 节　豪威尔价值理论 / 92
第 4 节　新品类拥有远大前景 / 95
第 5 节　品牌金字塔原理 / 97
第 6 节　明确新品类战略定位 / 99
第 7 节　战略定位的重要性 / 102
第 8 节　新品类防守战略 / 104

第六章 新品类战略 ········ 107

第 1 节　新品类的战略意义 / 107
第 2 节　竞争才能建立品类优势 / 110
第 3 节　建立强有力的信任状 / 112

第 4 节　企业的社会责任 / 115
第 5 节　“超级武器”与社会责任 / 117
第 6 节　中小品牌竞争方式分析 / 119
第 7 节　如何建立强大的品牌 / 121
第 8 节　品牌的战略布局 / 124
第 9 节　国家品牌心智资源与资源协调 / 126

第七章 战略方案制定 …… 129

第 1 节　战略必须切实可行 / 129
第 2 节　避免制定问题战略 / 132
第 3 节　如何制定可行性战略 / 134
第 4 节　战略需要不断升级 / 140
第 5 节　如何制定关键性战略 / 143
第 6 节　优秀的战略措施 / 146
第 7 节　豪威尔环分析 / 149
第 8 节　消除限制性因素 / 152
第 9 节　差异化战略方案的构成与优势 / 155
第 10 节　建立差异化战略 / 158
第 11 节　品类战略必须具备差异化 / 162
第 12 节　战略需要信任状支撑 / 163

第八章 建立战略优势 …… 168

第 1 节　战略的超级武器 / 168
第 2 节　超级武器就是与众不同 / 171
第 3 节　开放式的新品类吸纳战略 / 173
第 4 节　机会存在于外部市场 / 177
第 5 节　内周的优势地位 / 179
第 6 节　常规性与非常规性 / 182

第 7 节　实践出真知 / 184
第 8 节　错误认知 / 186
第 9 节　豪威尔环与品类等级链 / 189

第九章 差异化战略 ………… 193

第 1 节　新品类活动与战略 / 193
第 2 节　新品类活动与差异化战略 / 196
第 3 节　差异化战略的作用 / 198
第 4 节　差异化 / 201
第 5 节　物理特性与化学特性 / 203
第 6 节　差异化新品类 / 206
第 7 节　差异化带来溢价权 / 208
第 8 节　“营销”品牌 / 210
第 9 节　系统化布局差异化战略 / 213

第十章 差异化战略的实施 ………… 216

第 1 节　从特斯拉来看研发投入的影响 / 216
第 2 节　全面分析研发投入的影响 / 218
第 3 节　缺乏差异化的后果 / 224
第 4 节　竞争必不可少 / 226
第 5 节　同质化品类与差异化品类的竞争 / 230
第 6 节　优秀的竞争对手 / 233
第 7 节　识别竞争对手 / 235

第一章 / CHAPTER ONE

# 品类与品牌

## 第1节

### 购买的是品类，谈论的是品牌

随着竞争的加速、时代的发展，我们在工作和生活中被各种各样的商品所包围，从穿着到饮食，从居住到出行，皆离不开商品。每件商品对于顾客而言，都是价值之代表。

如你在购买方便面时，会先进行筛选，这时候筛选的基本单位大概率是品牌、利益点，又或许是商品与商品间的“差异”。由此可见，筛选的基本单位不是商品本身，因为商品化时代已过，随着消费升级，商品本身已然不是顾客最为关注的东西，现在顾客关注的是商业竞争中各品牌的竞争力及差异化。

今麦郎是方便面品牌，代表袋装方便面这一品类，它的差异化是“弹面”，“Q弹”是今麦郎的利益点。因为有了这个特点，顾客在选购方便面时，有极大概率能够想到今麦郎，并做出购买决策。

商业竞争的本质是抢占资源、获得足够高的利润，而每一个品类都包含了无数品牌。想在商业竞争中脱颖而出，你就必须参与商业竞争，胜利者会被顾客所选择，而失败者则被淘汰出局。

管理者应该知道，能够被顾客选择的品牌不多，强势品牌与弱势品牌的生存环境也截然不同。因为每个品牌都折射出企业管理者的喜好、品性和创造能力，这也造成了品牌的百花齐放，有些花儿只开了一夜，而有些花儿却开了一整个冬天，也温暖了人心。

并不是每个品牌都有对应的价值，因为品牌间的行为差异导致了竞争力的强弱，所以在品牌与品牌之间形成了强烈的差异，而这些差异自然就是顾客区分品牌的有效方法。

品牌在品类中诞生，并需要经历一系列的生存考验才能茁壮成长。所以品牌若想发展壮大，管理者就需要提前进行必要的学习，学习的内容有很多，而如果想学习到足够的有用知识，就需要先在知识上进行筛选：你到底需要掌握哪些知识才能够在复杂多变的品类竞争环境中生存下去？同时，在找到了需要学习的知识后，就要付出足够的时间去验证这些知识是否符合你所经营的品牌，如果符合，则在日复一日的坚持中，将其运用得更熟练，以应对一系列的生存考验。

考验的难易程度主要取决于学习到的理论知识，如果你能将这些理论应用在“功课”上，那就是再好不过的事情了。

要做哪些“功课”呢？

作为一个管理者，“功课”的形式很简单，只有一个，但类型却有很多，而且难度会逐渐提升，授课老师（竞争法则）会对每一门课程进行评分，评分达到及格线的学生（品牌）才可以留下来继续完成学业，而达不到及格线的学生会被淘汰，分数最高的学生可以顺利结业（停止学习，金字塔中层品牌）或者继续晋升，并加强学习，一路读到博士后，成为教授（“品牌教父”，如宝洁），最终获得老师的认可并出师在社会上（品类中）引领市场。

很多企业管理者虽身处品类竞争中，却对环境一知半解（由于半路出师），尤其是对于一些已经发生的问题根本不知道原因何在，这应该是管理者所学习到的知识与协调性上出现了问题，从而产生了不适应性，而不适应性存在的时间越长，引起的问题就越多，问题复杂程度也越高。

这些不适应性在未得到解决之前不会自己消失，放任其发展会对企业造成不小的伤害。管理者所要做的就是通过学习品类理论解决或预防这些不适，让企业尽早重回发展轨道。

不过，适应性并不是每一个管理者都能轻易学习并掌握的一个课题。如有些适应性是利用品类竞争的有序规则，这就要求管理者花些时间对品类理论有个了解，但并不是每个管理者都愿意投入时间学习，对学习的抗拒心理让问题变得复杂了、难以解决了。还有一点，很多企业管理者低估了学习的价值，如果一位咨询顾问只是要求管理者学习，管理者甚至会认为这太简单，是一种敷衍的态度。

在品类竞争中，每个管理者都有一段鲜为人知的历程，本书并不是对一些品牌及品类的发展历史进行详细梳理，而是要帮助企业在品类竞争中获得发展，并详细论述企业在发展中所要承担的社会责任。

每一件商品的背后都是管理者历经的艰辛和付出的努力，这些努力并不都能获得回报，甚至可能付诸东流。而顾客认可商品，不仅是认可了品牌，更是认可了管理者的付出，肯定了管理者的经营智慧。这些管理者通常能够得到充足的回报，这对于他们而言是充分的认可及掌声。

品牌的支持者是顾客，而顾客的消费行为无时无刻不在发生改变，品牌及其背后的管理者决策也因之发生改变，这些决策包含了一系列的品类竞争行为。当一名顾客打算购买一台电脑时，他会先了解电脑配置，以匹配自己的需求，那么管理者在打造品牌时，就要在配置上下功夫，让自己的品牌的配置在众多品牌中能够脱颖而出，这就涉及包含在品类竞争内的一系列行为及决策。

比如，在选择处理器时，处理器有很多品牌，但每个品牌对顾客的影响却是不同的，如果要从众多商品当中挑选出一个最适合的，顾客只能先筛选品牌，在确认品牌的情况下再确定购买的系列。相应地，管理者需要通过品牌建设设计出对应的策略，与顾客行为相匹配，引起顾客的共鸣。

因为不同的系列必定对应不同的价格，在价格与品牌溢价符合顾客消费观念的前提下，顾客可能会选择处理器品类中的领导品牌。

由此观之：顾客购买的是品类，谈论的是品牌。

## 第2节

## 品类开创者与品牌

顾客购买的是品类，谈论的是品牌，但并不是每个品牌都能够顺利地摆到超市的货架上或店铺中，为何这么说?

因为品牌与品牌之间存在相互竞争的关系，若某一品牌的品类份额没有增加，那就属于固定数值，而在数值固定的情况下，竞争对手增加了，这不等于形成了对现有品牌的攻击吗?

大部分现有品牌会在新品牌加入之时决定是防御还是反杀，有效的答案在品类竞争中是有迹可循的。不过在进行决策前，可以先确定的一点是：品类竞争中招数各异，每个品牌都会使出浑身解数努力地生存下去。所以，你必须对品类理论先有个了解。

品牌间的冲突不断，解决方法也必然存在。管理者会直接响应还是袖手旁观，抑或巧用他人之手而铲除竞争对手，这些都是本书会讲到的内容。

我们要先对品牌与品类进行区分，品类的单位大于品牌，品牌通过品类获得市场份额及利润，大部分品牌都归属在品类之下。

但有一种品牌却是例外。

这种品牌凌驾于品类之上，而品类的诞生、发展要完全依靠这个品牌，这个品牌是品类的原创者。正是这个品牌无私付出、克服众多困难，才开创了这个新品类，而这个新品类在之后的发展中，也造就了很多其他品牌。

无私者都会有好的回报，若品类能够得到快速发展，开创者在品类中自然会占据不可撼动的地位，甚至是得到领导品牌的第一位置。这也是品牌管理者开创新品类的强大动机。

但是尝试与取得成功有本质的区别，实践也没有想一想那么容易，不然为何领导品牌是凤毛麟角？

开创者在新品类的发展上需要付出大量的精力及足够的资源，才能让新品类在与既有品类的竞争中取得胜利。撼动既有品类可不是动动嘴巴就能成功的，只有运用一系列的品类理论、战术、策略，才能确保进攻的有效性。而每一次与既有品类交战都不一定能够成功，也并不意味着逐渐向胜利靠拢，甚至是尚未脱离危险。“指挥作战人员”对竞争的理解程度会直接影响竞争结果，而竞争结果有时候不是阶段性的，也可能转变成最终性的。

竞争的持续性有时候会带来持续的迷惑，管理者无法对局势进行有效判断会增加失败的概率，这些属于战略领域的内容，我在另一本书中有详细论述。

在品类中只会有一个开创者，而如何成为开创者，往往要对新品类活动投入足够的研究才能探寻一二，探寻的程度越高，了解得越深入，成为开创者的成功率也会越大，而新品类的发展也就越好。

目前市场上众多品类中的领导者，它们的成功是源于机遇还是源于实力，我们不在此进行讨论，但确实几十年已过，其中仍有非常多的品牌延续至今。

现在，我找到了在世界范围内最新的品类理论，企业运用这套品类理论，就可以通过开创新品类、开展新品类活动有序地创造出品类的领导者，同时做出改进使品类得以生存和发展延续，这样，管理者在竞争中可以快速掌握品类发展的规律及建立具有明显竞争优势的强大品牌。

# 第3节

## 品类价值与品牌

首先确定一点，品牌与品类在本质上是不同的：品牌是被顾客记住的东西；品类是顾客真正花钱购买的东西。

品牌依托品类生存，当品类死亡时，品牌也会死亡。但一个具有明显竞争优势的强大品牌，哪怕已经消失，也仍然会被顾客记在脑海中，并与对应品类关联着。

如钻石牌风扇，我家中就有一个，三十多年过去了，仍然可以正常使用，由于风扇款式在进化，我有了更好的选择，所以现在将它收在储物间，但还是不舍得处理掉。

品牌的溢价空间在于品类的价值，品类的价值越大，品牌的溢价空间自然越大。例如具有修复能力的化妆品，是一个功效独特的品类，而依托于这个品类的LA MER品牌，它的售价也非常高，这显示了品类差异化特点与溢价空间之间的联系。

前面提到的品类竞争，后面还会提到。品类其实是有寿命的，不会突然间出现，也不会突然间消失，这其中也不存在着“神秘”。而一个新品类的出现往往预示着既有品类进入衰退期，向死亡期发展。当新品类自己也进入衰退期，同样也预示了替代品类的诞生，替代品类成功地获得了品类生命的火种。

对一个逝去的品类来说，这是一种悲壮，它燃烧了自己的生命，但这一切都是由竞争法则所决定的。逝去并不可怕，因为摆在眼前的是，竞争就是这么无情，只要品类存在选择，竞争就会继续推进，并不断地完成新一轮循环。

凭借品类曾经的“生命经验”继续适应竞争法则，并为了延续企业生命力再次开创新品类，这才是管理者真正需要做到的，这也是创建一个百年企业所需要经历的过程。

品类也分为新品类、既有品类、老品类、强盛品类和占位品类，每个品类在顾客心目中的重量是不同的，顾客也不可能记住所有的品类。当你发现自己日常生活中也不会把所有品类当成消费目标时，就更能发现品类的重要性。有些品类是人们脱离不了的，如牙膏、洗衣粉、汽车、手机等；而有些品类则并不是所有顾客都一定需要的，如闹钟、鞋柜、垃圾袋、拖把等。

当一个品类没有出色的品牌时，会显得格外无力，顾客只能凭借低价的原则进行筛选，而活在品类中的企业也只能靠长期拿着低于其他品类的利润而获得生存空间，最终还不会被顾客放在选择的核心位置。由此可见，品类选择的重要性，是管理者需要考虑的第一点，因为品类的好坏会直接影响顾客的购买决策。这就如同一碗面，用牛骨汤精心炖出来的面，其价值远远超过了开水煮挂面。企业管理者在选择品类时一定要三思而后行，最好能找到懂品类的专家进行交流，否则后期无论投入多少资源和精力，都无法获得充足的回报。

选什么汤底来做这碗面是个关键，而这碗面的另一半价值则取决于下什么料，当然还有做面人的手艺、名气、取得的奖项，这些都是做面时需要考虑的因素。这碗面能否成功，就看管理者做面的经验和熟练程度了。

品类也如同一个生命体一般，从筹备的“孕育期”到咿呀学语的“婴儿期”，然后进入“学步期”，历经发展和衰退，最终进入死亡期。当品类发展至壮年时，生命力及活跃程度上升到巅峰，之后就会停止发展，进入衰退期。

品牌会在品类发展的各个阶段不断涌入，而无论顾客是否能够全盘接受。这在品类竞争中就造成了一种无序的状态。

根据我多年的项目工作经验，往往在品类发展到盛年期及稳定期时，品牌涌入品类的比例最大，这时候大家都会疯狂地争夺资源。而最低级的竞争方式莫过于以低价抢夺品类份额，这种行为会彻底惹恼品类中的领导者，还会破坏品类的良好发展，如同身体突然间生了一个肿瘤一样，不断地吸收主要营养，还影响各个器官的正常运行，这时候有谁能容忍得了你？同时，低价销售不单会压缩自己的利润空间，往往顾客也会无视你的付出，更不可能记住你。所以，市场需要良性的竞争，而良性的竞争需要比较的应该是本领，而不是要无赖行为，当你试图以低价销售讨好贪小便宜的顾客时，往往得到的不是认可，而是低于品类标准以及其他的负面评价。

整个品类中，谁拥有最低的成本，谁自然是领导品牌，否则它是如何成为领导品牌的？领导品牌非常强大，它几乎占据了品类中 20% 甚至 40% 以上的市场份额，当某一竞争者试图用低价策略来破坏品类秩序时，首先应该考虑自己是否有足够的资金可以支撑低价策略，同时要考虑自己是否能够应对领导品牌的“反制”。领导品牌有很多种方式抵制低价销售的竞争者，如重新建立一个新品牌，然后通过买断供应商、垄断上下游甚至并购的行为将竞争者清理出局，以还品类一个良好发展的环境。

但对于任何一个品类，如果对顾客的刺激程度较低，那么顾客的消费需求自然会逐步下降，品类也会同时朝着衰退期发展。当出现这些现象的时候，很多管理者选择的是不断刺激顾客对品类的需求，其实这个策略是错的，过度地刺激需求对品类发展是无益的，我们可以换一个方式，开创一个全新的品类来取代既有品类，并逐步完成品类的升级，以得到更多顾客的青睐，同时创造容量更大的新市场份额。

在一个品类逐渐进入衰退期时，还有更多的品牌蜂拥而入，这时候会产生什么竞争局面呢？那就是进一步增加了冲突的爆发，这个时候更多的品牌之间发生竞争，各个品牌在争夺品类份额上会进一步发力。新品牌所获取的品类份额逐渐增加，则意味着既有品牌的份额逐渐减少，那么既有品牌会进行更加猛烈的进攻，而如果不知道竞争者是谁，就很有可能四处攻击，无法对真正的对手形成有效的杀伤力，却可能造成大范围的影响，甚至引起被攻击者的激烈反抗。

新品牌进入一个品类中，在一定程度上意味着与既有品牌的利益争夺，这种竞争会一直持续，直到一方胜利，一方因为失败而退出，游戏才会暂时结束。如果能明确你的竞争对手，则攻击会更为有效，同时，若你的竞争对手无法进行有效防御，那么你的杀伤力就会造成持续影响。

品类中没有强大的品牌，预示着该品类竞争力不足；品类中有一堆让顾客能轻易记住并喜欢的品牌，则意味着该品类竞争力强盛、活跃度高、发展势能好，顾客也愿意投入更多的时间及金钱去进行尝试。

从这一点来看，品牌连接着品类，无时无刻不渗透在顾客日常的衣食住行中。

## 第4节

## 品类竞争与品牌

当顾客看到一个全新品类时，会感觉到兴奋，但他们无法看到这背后企业管理者所经历的酸甜苦辣。有些管理者骁勇善战，带领品牌不断发起进攻；而有些管理者却厌恶了品类战争的无情，在竞争号角响起时反而坐以待毙。

品牌之所以能够脱颖而出，并以胜利者的姿态展现在顾客面前，被顾客所喜爱，是因为它掌握了竞争的规则，而出局者则不了解竞争规则。前者能够站在巅峰，必定是经历了无数的腥风血雨，踏着失败者的尸骨突出重围！

品牌作为品类的代表从竞争中脱颖而出，被顾客所选择，而顾客也因为品牌所代表的利益点、溢价权付出了对应的金钱。正是充足的利润为品牌及品类的发展提供了关键的能量，让品牌带动品类前进，并迅猛发展。

而品牌作为品类在竞争中的基本单位，也成了企业盈收的“关键武器”。每家企业的生存空间皆因竞争优势而定，当竞争优势充足时，企业营养充足；而当竞争优势不足时，企业就会面临营养不足而生存困难。不难发现，拥有差异化作为超级武器的品牌无论在什么竞争环境中都能保持良好的状态，可以在市场的自然循环状态中顺利生存下来。

大公司所用的品类竞争理论会较多，因为它们所面临的生存环境更加复杂、多变，大企业都是一步一个脚印发展起来的。如果你也想带领小企业发展成大企业，提前学习本书中的竞争理论，就会提前铺垫好前进的道路。

面对强壮的大企业，小企业不必过于惊慌，因为大企业并非无懈可击，相反，它们因为组织架构过于臃肿、层级间信息传递不通畅，往往在面对灵活多变的小企业时，并不具备特别多的优势。小企业只要找到大企业的弱点，发起强力一击往往会收效巨大。

那么如何通过“得到足够的竞争优势”而获得成长，并逐渐战胜一些大企业？这就需要用到本书中的系统性的知识及方法了。同时也提醒国内的企业管理者，若想在新品类活动中保持良好的竞争态势，学习品类理论可是必做之事。

饭要一口一口吃，茶要一杯一杯品，我们慢慢说来。

近几年，品类内的品牌参与同质化竞争的越来越多，而成效却越来越差，众多的顾客早已看穿了品牌同质化的套路，他们知道这些品牌永远都被动地等着他们进行挑选。试想一下，在一堆同质化的品牌中，如果出现一个差异化的品牌，其必然是庸中佼佼，独占鳌头，因为在同质化的品牌中，顾客能够区分的是价格；而在差异化的品牌中，顾客能够区分的是价值、品类优势。

在复杂的品类竞争环境中还夹杂着新冠肺炎疫情的影响，这无疑为大部分企业增加了市场生存的难度。面对此种情景，我能够深刻体会到管理者的不易：高昂的人力成本、房租，不景气的市场……

但其实最重要的问题在利润率上。我在厦门及泉州地区跟诸多的管理者多次聊过企业在疫情下该如何良好生存的问题，这些管理者都透露出一个共同点，那就是只要不是同质化发展，成本就不是管理者最优先考虑的问题，首先考虑的问题是溢价权，也就是如何有效地提升利润。

因为在成本上有个固定区间值，超出区间就无法进行干预。小企业架构简单，几乎每个成员都能参与作战，虽然小企业都不擅长控制成本，但同等规模的企业，成本几乎是相差不多的，在控制成本上花费太多时间实属不该。

而利润就不同了，有很多实际情况表明，对比大企业，小企业在利润上明显要高得多，往往大企业只有 10% ~ 30% 的毛利，而小企业的毛利却可以达到 30% ~ 50%。尤其是那些小而专精的企业，它们只在某一狭窄的品类中活动，因为份额太小，不值得大企业发起进攻，而且也因为其高度专业化，不必面对激烈的竞争。

就这一点来说，我认为闽南地区的企业管理者大部分都拥有宽广的眼界及超前的智慧。

虽然如此，中小企业的管理者要想再提高利润，还得在品类竞争上多花时间，只有充分理解竞争的实质，才能够对自己所处的竞争环境有个清晰的了解，以此来分析竞争中所蕴含的机会。

而不愿做出改变的管理者，会持续面临收不抵支的残酷局面。我觉得管理者最终要思考的问题应该是以下几个：

所在品类处于哪个生命周期？

是否在品类中建立了新品牌？

新品牌是否进行了清晰定位？

若能迅速得出答案，并且你的答案与本书提供的理论符合，那么恭喜你，你确实在品类竞争中已经完善了 60% 的内容。

下面还有需要完善的 40% 的内容，这些内容的完善会让你超越其他的参赛选手：

品牌的差异化是什么？

品牌是否具有自己的特性？

是否有具有高识别度的 LOGO ？

是否在宣传语中体现了定位？

能否以此形成一套与众不同的战略？

# 第二章 / CHAPTER TWO

# 新 品 类

## 1 第节

## 新品类是什么

新品类是一个新领域、新课题，虽然产生的时间不长、领域较窄，但新品类理论在竞争中的作用，完全不输于其他理论。

如果缺少新品类理论，那么商业竞争就会存在发展断层，导致市场竞争中产生不协调性，同时于国内企业管理者而言，更是少了一种极其有效的竞争手段。

所以，在此得出一个重要的结论：就在商业竞争中的作用来说，新品类理论连接着品牌理论、竞争理论、战略理论等多种重要理论。

可能很多管理者并不知道，目前的新品类理论相关书籍只有寥寥数本，可能是因为相关研究者不多。这种情况导致企业在开展新品类活动的过程中，没有足够的理论和经验可以借鉴和参考。

因此，虽然困难重重，我还是会尽力将新品类与商业竞争、品牌理论、战略这几者的关系尽可能地描述清楚，以提高管理者的学习效率。

目前国内某些企业管理者在经营过程中采用同质化发展、公司名代替品牌名、多元化、品牌延伸等竞争模式，这加重了企业在市场上生存的难度；高明一点的管理者是对市场进行细分，为细分出来的市场提供更加完善的服务。后者比前者会好一些，但天花板也摆在这里了，在竞争残酷的商业环境中，这对管理者是极其不利的。

虽然这两种方式也属于管理者的竞争手段，但由于采用的人数较多，导致没有创新的市场中早已拥堵不堪。同时国外的企业在几年前就开始开展新品类活动，国内企业相对而言也在竞争中显得更加弱势。但本书系统地论述了新品类理论，无形中会帮助国内企业增加竞争中的优势，能够学习并掌握这些理论的管理者会拥有更有效的市场竞争方法，那就是系统化开创新品类。

在新品类理论尚未普及时，有些企业管理者会将新品类与细分市场画上等号，混为一谈。其实不然，两者间虽然存在一些相似的点，但从诞生的方式及竞争的角度看，区别其实是巨大的。

新品类，是被开创出来的，与既有品类存在竞争关系，不受品类规定管理。新品类需要运用相关理论进行系统化的创造才行，这是个从无到有的过程，还涉及市场竞争中存在的机会，如运用物理特性、化学特性、定位、差异化、战略等方法进行创造。新品类模仿难度较高，不可复制性强，长短期的收益更客观，竞争小，往往可以存活的时间也较长。

而细分市场，是被剥离出来的，活在品类之下，受品类规定管理。细分市场的产生主要是为现有市场提供更好的产品及服务，按照消费者地域、年龄、偏好、性别、教育经历等一些简单的分类方式就可以实施市场细分。细分市场是一个从好到更好的过程，这存在不断的循环，只要有更好的出现，就能迅速取代现有的。细分市场具有模仿难度较低、可复制性强、短期收益略高、竞争大、不存在长期收益等问题，存活时间较短。

从上面的描述中可以清晰地看到：付出的代价与获得的回报总是成正比的，在商业竞争中，代价越低的东西，往往回报就越低。

说到这里，我们需要先将新品类与创新之间的关系解释清楚。新品类身负社会责任，要想取代既有品类，就得在本质上与既有品类完全不同，并解决既有品类无法解决的问题，只有这样，新品类才能成功地在日益复杂的市场竞争环境中孵化。

市场上关于创新的图书够多了，而针对新品类的出现，我们又可以对创新有哪些新的思考呢?

我们需要先对单一优势与整体优势加以区分。因为创新是在企业内部发生的，属于单一优势，在还没有被市场转化时，是无法直接产生收益的。而新品类代表无数的利益相关者出现在市场中，承载了品牌的生存、产品的价值、社会责任等，是很容易直接转化为收益的，所以，它属于整体优势。我们能看到，整体优势由多个单一优势构成，而单一优势只是整体优势的一部分，也可以理解为“不可被剥离的重要存活组织”。没有单一优势，整体优势也可能是残缺的。但如果要进行更详细的阐述，其实单一优势更加依赖整体优势，如果没有新品类的存在，创新也只是空谈罢了。

所以创新无法脱离新品类而独立，也就是说，单一优势无法从整体中剥离，如果想在市场竞争中获取足够有效的方法，那就得积极探寻各种知识运用于新品类活动的有效性。企业管理者应该知道，个体优势如果脱离整体，就发挥不出来，因为在大规模作战中，是不存在个体优势的，只有整体优势、群体优势才能在市场竞争中展现出足够的有效性。

我们来分析一下创新对新品类活动的有效性。每个人对于创新的理解有所不同，创新分为多种类型，为方便读者的理解，我们简单地将创新分为两种：内部创新和外部创新。内部创新由组织内部实现，外部创新依靠市场竞争的方式实现。外部创新用到的方法较多，后面会详细介绍。

当创新与新品类结合时，就在商业竞争中产生了强大威力。

创新与新品类间其实是相互依存的关系：新品类通过创新的方式获得更高的成功率，而创新通过新品类活动得以发挥出最大的作用。两者间相互依存、相辅相成。前面提到的细分市场基本不涉及创新，所以具有生命力短暂、可模仿性强等特点；而新品类的创新程度较高、颠覆性强，所以模仿难度较大，能够建立起足够坚固的竞争壁垒。

老品类间的平衡由创新打破，因为新品类有了创新的助力，在竞争力上明显高于老品类，而老品类由于缺乏创新的助力而竞争力不足，这时，市场失衡的问题就会发生。

有了创新的助力，新品类吸引了更多的顾客，企业的整体市场份额也在原有的基础上有显著的提升。这时，市场就会进入循环状态，开始对同质化产品、细分市场产品、缺乏竞争力的产品开启淘汰模式，甚至昨日还风光无限、拥有不错的利润率的品牌，一下子就被创新冲击得支离破碎了。再看看顾客这边，曾经对老品牌抱着忠诚的态度，现在却转而拥抱新品类及对应品牌。顾客有了更好的新选择，这个新选择就是具有社会意义的新品类，新品类的诞生，也为更多想要加入创新活动的企业带来了更多的机会。

## 第2节

## 顾客为什么选择你

顾客买不买你的产品，其实要先从你与竞争对手的处境出发进行分析。

我们要先明确，市场确实存在竞争关系，竞争关系有利于顾客，有利于社会发展。我们对于竞争要持有正确的态度，尤其是当问题来临时，不要抱怨，应该考虑究竟是哪里做得不够，这样才有助于问题的解决。而小部分人所持有的另一种观点是，市场中不存在竞争。如果真的是这样，只要开店就能赚钱，草原上只有一群羊而没有狼，这是不符合现实的。

我们作为品牌的经营者，自然要对市场竞争中存在的问题进行充分分析，因为今天顾客不买你的产品，明天更不会买你的产品，那你的生意该如何持续下去呢？可能这个问题有点儿沉重，直接分析这个问题，会忽视其他更重要的问题，所以这个问题暂时放着，我们先处理这些比较简单而又迫切需要解答的问题：

1. 顾客选择购买你的产品的原因是什么？

某些企业管理者的答案：品牌名好记、正好看到、觉得新奇、价格低。

我的答案：你的产品代表了一种独一无二、与众不同的价值。

2. 顾客不购买你的产品的原因是什么？

某些企业管理者的答案：运气不好、没试过我的产品、竞争对手太多。

我的答案：没有出众的品牌名、没有清晰的定位、缺乏差异等。

3. 如果只是因为价格低才购买你的产品，那是不是有点儿危险？

某些企业管理者的答案：大家都这么干，危险一起扛，不靠低价还能怎样？

我的答案：市场只有领导品牌才拥有最低价格，价格低则利润低，顾客不会珍惜。

针对上面这些问题，你能否进行简单的回复，不要夹杂感性因素，以中立的角度进行回复会得出意想不到的答案。可以带着你的答案，访问网站 haowel.com，在聊天窗口中与我交流。

如我逛实体店时，经常会听到店员抱怨：现在生意越来越难做了，是不是要考虑换工作了。并不是每家餐饮店都很难经营，厦门有很多家猪角连锁餐饮店生意就很好，它们成功的秘密肯定离不开品牌名易记、定位清晰、差异化等关键因素。

实体店生意不好，一个原因是生意被电子商务分流，另一个原因则是缺乏足够的竞争优势。因为就算没有电子商务的分流，你真的就能竞争得过对手？我知道，或许情况没有那么坏，但试想一下，面对环境的变化，我们能做的是否是先改变自己？聪明的管理者深知，一些特定行业是无法被电子商务取代的，如美发这个品类，一些定位不清晰、缺乏差异化的美发店，就算是没有被电子商务取代，它们照样不会有生意。

怎样取一个出众的好名字，又让自己的定位清晰一些，同时具备与众不同的差异化，这些内容会在后面详细论述，找个安静的地方慢慢读下去，你会发现原来解决这些问题竟然如此简单。

上面所说的这些关键点，是造成不同企业竞争力和竞争优势不同的主要原因，也是影响顾客购买决策的重要因素。

我们也是品牌的消费者，是不是也会被这些因素影响呢？

对于大多数消费者来说，难道努力工作就是为了购买最实惠的商品，而无视品质？事实上，低价的同质化商品对越来越多的消费者丧失了吸引力。

既然这样，我们为何要采取相反的行动呢？

如果你意识到当前采取的相反行动已经无益，甚至损害到你的发展，是否可以先按下暂停键，好好思考一下，该如何建立一个具有高度差异化的品牌，并为品牌确定一个清晰的定位，这才是明智之举吧？

市场竞争就是如此，说不上残酷，也说不上无情，起码现在做出改变，还有更多的生存空间，这些生存空间也为更多愿意做出改变的管理者带来了足够的机会。竞争越激烈的市场，关系就越淡薄，这跟职场一样，因为刷新速度过快，根本没到了解的时间就有人离开了，而往往关系的发展需要度过一段关键时间，才会加速、升温。品牌与顾客间的关系也是如此，需要一定的时间上的积累，品牌才有机会与顾客形成联结，由此品牌才能获得更多的时间及机会与顾客进行深度接触，才能让顾客感受到它更多的与众不同。

从竞争角度看，顾客也是市场竞争中的一环，而且是最重要的环节，因为顾客是最终的支付费用者。顾客虽然也会同情弱者，但在关乎利益的情况下，其购买决策会偏向市场竞争中的强者。指望顾客同情是没有用的，不要让顾客的同情遮蔽了我们的双眼，因为这具有强大的迷惑性，会让我们感觉自己没问题从而无视竞争对手的强大。归根到底，玻璃心无法让我们变得更强，真正的变强是通过学习商业竞争理论，打造出一个了不起的好品牌，让顾客愿意为我们的有价值的产品付出更高的费用。

回头看看，曾经辉煌的柯达现在去哪儿了？虽然作为顾客，我们心有怀念之情，因为了不起的品类及对应的品牌陪伴了我们几十年，它们曾经充分地融入我们生活的点点滴滴，成为我们无法割舍的一部分。但是在商业竞争中，胜利者是少数，甚至有时候只有一个，那就是——领导品牌。作为对胜利者的奖励，市场会给予其足够的肯定，如最低成本、最高市场份额、品类首选、超级品牌、媒体最青睐等，这么多光环效应只有领导品牌才能享有，当然，领导品牌也能配得上这些光环。品牌代表企业已经成为国家竞争力的一部分，强大的品牌无论在国家影响力方面还是在税收方面，都在贡献更大的价值。

所以，品类的消亡不是没有原因的，有时候是自取灭亡，而有时候是因为顽固守旧，最终的结果都是不再在社会上发挥价值。大家不会购买失败者的产品，不只是因为失败者的产品样式老旧，也不只是因为有了更好的选择，而是因为错误的购买决策必然会给顾客带去一系列不必要的麻烦，而麻烦从购买产品的那一刻就开始了。

## 第3节

## 创新和顾客

粗心大意的企业管理者在面对创新时，有时候会将自身置于一个看不见的机会之中，他们不会觉得这个插曲能够被使用，也从来没考虑过倘若使用是否能够获得足够的机会。有时候管理者太急于到达目的地而忽略了途中的风景，我相信很多管理者对此深有感悟，在旅游过程中，有些原始景观比起那些已经开发好的景点其实更具有游赏价值。管理者有时候会寻找一群所谓志同道合的人来验证自己认定的“真理”，会假设这个竞争对手无法对他产生威胁，假设自己已经构建了有力的竞争壁垒，假设他的产品具有高于对手的竞争优势，这些假设从何而来，是否是在对当下的市场竞争环境进行充分分析之后得出的结论？

如果是按照这个方式进行的分析，则基本上是正确的；如果不是按照这个方式进行的分析，那么结果就很有可能是错误的。错误的分析方式会把企业带向错误的地方，比如，扩大企业规模、不断增加产品线并试图以此获取更多的机会，而不是扩大单品牌/单品类的市场份额、缩小产品线以保持高度的专业化（像可口可乐、微软、英特尔一样）。

有些企业管理者其实并没有掌握创新的方法，或者说也不了解竞争理论的作用。我先来讲一下有关竞争规则的几个要点。

首先，我们必须顺应竞争规则，也就是说习惯规则带来的改变。规则是无法抗拒的，如果你能真正适应改变，就能利用改变创造出一个机会。

其次，竞争规则要求每一位参赛选手必须是高度专业的，而且要具备巨大的差异性。如自然界也有自然界的规则，其本质与商业竞争中的竞争规则相同。所有物种的进化皆是为了繁衍下去，大如大象，小如老鼠，每一个能够延续下去的物种，都有其生存的秘诀，不然早已变成化石了。比如，在所有猫科动物中，最适应规则的莫过于猫，大家对猫的印象都不错，它在家能卖萌，在外能抓老鼠，同时在繁殖上也特别具有优势。

最后，假设前面两点我们都能做到，在商业竞争中的做法应该是——建立一个属于自己的新品类，在这个新品类中打上自己的标识，告诉大家是你创建了这个了不起的品类。接下来要做的就是让自己的品牌与这个新品类联结在一起，并成为品类中的代表选手，当顾客、媒体、投资人想到这个品类的时候，就能第一时间想到你才是这个品类的开创者、代表品牌，他们会觉得你肯定最懂这个品类，不然你怎么能创造出这个品类呢?

新品类是企业借助于新品类理论创造出来的，如果说新品类对比细分市场是稀缺资源，那么新品类理论对于商业理论而言，同样也是稀缺资源。稀缺性一旦被发现，必然会引发传播，同时加速市场的争夺速度，因为每个人都知道，谁拥有了珍贵稀缺的资源，谁就能在市场竞争中脱颖而出并获得胜利。面对新的商战资源，如果你能运用好它，就可以轻松赢得商业竞争。

同时，新品类理论相对于市场的其他理论而言，并不算大众资源，这种资源目前在市场上还较少，掌握它并将其应用在现实中就具有高度的垄断性。管理者应该知道，资源之所以稀缺，正是因为其流通性低、匮乏程度高。

试想，如果某个有用的理论被广泛传播了，还拥有稀缺性吗？因为现代经济学所阐述的一种珍惜资源，就是创造稀缺资源的能力！

企业的主要职责就是创新和服务顾客，新品类活动的真正意义应该是让企业管理者认识到，通过创新实践新品类理论就能创造出一个新品类，由此获取更多的顾客，并最终实现超额盈利，难道这个结局不比多元化、品牌延伸更好吗？理论的有效性不仅在字面上，还在实践上。一开始就有用的理论基本上后面都不会出错；而一开始就让人看不到希望的理论，应用在市场竞争中也基本上是不会成功的。品牌代表企业参与市场竞争，企业不只是管理者的投影，更是真实存活在市场中的独立经济体。企业如果能够将品牌做大做强，那么管理者也会获得成就和名誉。

开创新品类与建立品牌的本质相同，其目的都在于通过市场竞争获取支撑自身发展的经济效应，或者说竞争优势（为何不是利润而是竞争优势，后文将作论述）。但如果企业无法通过创新而获取足够的顾客，它必然会面临竞争优势不足的局面，自然也不可能获得足够的利润，这在一定程度上背离了企业存在的意义。没有目标、目标太大、目标过多的市场行为其实是招致失败的主要因素，这就如同人盲目地活着，想要一下子赚一个亿一样，别人会把你当成疯子。如果目标逐步设定，不仅有助于目标实现，而且下属也会相信你制定的目标具有一定的合理性，执行起来会更有信心，跟随你发展的人也会增加。

一般来说，社会由三个部门组成：政府、企业、非营利机构。三个部门共同形成了基本的社会结构，每个部门各有其职责。只有先明白存在的意义，才能履行好自己的职责，让社会良好地运转。你会发现，在缺乏龙头企业支撑的地区，就业岗位较少，劳动力市场闲置率较高，进一步导致纳税不足。同时当地因为缺乏龙头企业的纳税贡献，基础设施建设以及教育、医疗等社会事业发展受阻，进而会导致一系列的社会发展问题。我经常看到一些管理者自己不努力履行好自己的义务，又埋怨当地医疗、教育发展落后，实属对他人要求过高，而对自己要求过低，实行了多重标准。

4 第节

## 豪威尔新品类增速势能理论

在发展上，管理者要先明确公司需要以哪种方式将竞争中的失衡转化为自身发展的机会。为何这么说？当竞争中出现这种问题时，其实转换一下思维方式就能够理性对待，失衡问题必将被解决。如果你能主动担任解决该问题的主要人物，那你就有很大可能在其中收获更多的利益。

失衡问题刚发生时，市场秩序在一定时间内必然是混乱的，这时候顾客对新品类还不熟悉，必然不会果断舍弃对既有品类的依赖。而这时候谁能找到构建新秩序的方法，谁就有可能从中获得发展的机会。举个简单的例子，新品类在刚出现在市场竞争中时，大家对其信任程度较低，因为是新鲜事物，大部分顾客一开始会持怀疑的态度，理智一些的会先观望，观察其属于能够为社会带来积极意义的“独立品类”，还是只是市场分析产生的一个“梦幻品类”。

这个阶段的顾客，不会马上做出购买决定，因为这个品类可能尚未完善，若当前就购买，可能带来风险，如质量不稳定、价格虚高、其他人群质疑等。这个时期通常是新品类的“学步期”之前，而有些企业管理者因为缺乏对新品类的了解，在开创新品类时可能会遗漏某些步骤，在“婴儿期”甚至是“孕育期”就会造成秩序失衡的问题。

在指导新品类活动上，豪威尔新品类增速势能理论的有效性得到了部分管理者的实践验证。通常来说，新品类只有形成一套与众不同的经营模式及明确一系列商业行为，才能颠覆、取代既有品类，才能在未来的市场中占据更多的市场份额及形成更大的市场空间。

（1）开创者 / 阶段领先者所采用的战略及经营方式

开创者、名称出众的新品牌、高度专业化经营、聚焦发展、新品类战略等五种要素会强化新品类发展势能，每涉及一项增加 2 分。

跟随者、品牌延伸、多元化发展、多品牌战略、公司战略等五种要素则会弱化品类发展势能，每涉及一项扣除 2 分。

（2）在各阶段对技术的开放

如孕育期、婴儿期、学步期、青春期、盛年期时，新品类发展势能会更容易得到强化，每涉及一项增加 2 分。

如稳定期、贵族期、官僚化、官僚期、死亡期时，新品类发展势能会弱化，每涉及一项扣除 2 分。

（3）新品类在各阶段的发展时间

如孕育期 5 个月、婴儿期 6 个月、学步期 12 个月、青春期 18 个月、盛年期 50 个月，如果孕育期、婴儿期、学步期、青春期小于相应月数，或盛年期大于相应月数，新品类发展势能会更容易得到强化，每涉及一项增加 2 分。

如孕育期 5 个月、婴儿期 6 个月、学步期 12 个月、青春期 18 个月、盛年期 50 个月，如果孕育期、婴儿期、学步期、青春期大于相应月数，或盛年期小于相应月数，新品类发展势能会弱化，每涉及一项扣除 2 分。

（4）新品类阶段及各阶段参赛选手的数量

如孕育期 5 ~ 10 位、婴儿期 15 ~ 30 位、学步期 40 ~ 60 位、青春期 80 ~ 120 位、盛年期 200 ~ 300 位，如果孕育期、婴儿期、学步期大于相应数量，或青春期、盛年期大于相应数量，新品类发展势能会更容易得到强化，每涉及一项增加 2 分。

如孕育期 5 ~ 10 位、婴儿期 15 ~ 30 位、学步期 40 ~ 60 位、青春期 80 ~ 120 位、盛年期 200 ~ 300 位，如果孕育期、婴儿期、学步期小于相应数量，或青春期、盛年期小于相应数量，会减慢新品类发展势的加速，每涉及一项扣除 2 分。

豪威尔新品类增速势能理论一共 4 个模块，每个模块基础分值为 10 分，原始分数为40分，符合其中一个条件，则调整2分，最低为0分，单模块最高为20分，四个模块满分一共为80分。

在达到65分时增加20分，总分为85分；

在达到60分时增加15分，总分为75分；

在达到55分时增加10分，总分为65分；

在达到50分时增加5分，总分为55分。

85分及以上为增速迅猛的新品类，75～85分为增速较快的新品类，65～75分为增速待提的新品类，55～65分为增速缓慢的新品类，35～40分为运气品类，35分以下为定位不明品类，低于30分为伪装品类，低于25分为占位品类。同时，达到一定分数的新品类，对比下一个层级的新品类，其市场占有率、股价、存活时间、利润率都高出一个层级。

回顾和分析接手过的项目，我发现了一个让人不可置信的现象。在同一个大品类中，总分85分的分支化妆品品类，与总分75分的分支化妆品品类相比，占有率高了7%，股价高了12%，存活时间高了17个月（“延长”了净利润），利润率高了9%。而在食品品类中，总分85分的分支品类，与总分75分的分支品类相比，占有率高了6.5%，股价高了11.2%，存活时间高了20个月（“延长”了净利润），利润率高了7.46%。

这两组数据虽然来自不同的品类，却惊人地相似，也都展现出了高分值的能量，是高分值带来了令人意外的巨变！

至于其他分值，因为我手头的数据不够充足，暂时无法进行相应的深入研究，不过我相信进一步的深入研究一定会有更惊人的发现。

分数更高并不意味考试成绩更好，而是代表更能够顺应市场竞争的生存环境。

不会游泳的人在落水时表现各不相同：大多数人过于慌张而乱扑腾，导致体力快速消耗殆尽；小部分人会努力地大声呼救，如果没有足够的理智和经验，最终也只能凭借运气获救；只有少数人在落水的一刻能够迅速冷静下来，观察周边地形，看能否寻找漂浮物用以稳定住身体，同时判断足部能否够到水底，减少体力消耗，降低呼吸频率，漂浮在水面上等待被救的机会，或者试着缓慢游动，靠近较为安全的区域。

第三种人远远比前面两种人生存下去的可能性大，因为这种方法以保存体力、寻找机会为主，而不是将活下来的希望寄托在其他人身上，同时在方法上也是科学的。

由此来看，其实获救的机会很多，关键是你是否尽力去思考。第三种情况就属于创造机会，如果创造出了机会，就意味着多了一种活下去的可能。

自己创造的机会来到你的面前，你是否能够毅然抓住？

40分及以下的品类，严格意义上来说它们的处境很危险，如果不及时进行调整，就有可能陷入不断降分的处境。

类似的品类经过我统计之后归到“问题品类”之中，“问题”主要是：缺乏系统化输出；品类定位不清晰；打着开创新品类的口号，却从事着经营既有品类的工作；严格意义上已经不能算是品类了，或者说其中有很大一部分被顾客认为是达不到新品类标准的细分市场。

这些“问题品类”问题频发、分数过低，主要的原因是，在开展新品类活动时缺失了品类理论的运用。

市场上有一些不错的品类本来是可以发展成为真正的品类的，但是由于上述问题的存在，最终变为企业中的“一个系列产品”而已。冰红茶由于印上了康师傅的标识变成了品牌延伸产品（系列产品），鲜橙多由于印上了统一的标识变成了品牌延伸产品（系列产品），凉白开由于印上了今麦郎的标识变成了品牌延伸产品（系列产品）。这些品类其实一开始被孕育出来时，是具有一定的发展空间的，然而由于品牌管理者开创品类的熟练度不够，市场也没有任何理论可供借鉴，只能用品牌延伸来实现“新品类”的创建、发展，最后所“开创”出来的已经不像是独立的品类，而更像是一个不起眼的“细分市场”。

如果用豪威尔新品类增速势能理论进行评分，你会发现，原本可以拥有巨大市场空间的品类，现在的分数却很低，并不是哪里出了错，只是因为那时候没有品类理论可供参考。

我建议不要就已经发生的事情做过于苛刻的评价，因为相关的企业正在经受着“不按竞争规则来决策所带来的惩罚”，这些企业，带着不安的情绪将新产品当成新品类投入市场参与竞争，与本书中提及的品类理论相悖，其对利润的期待终将落空。

近期有部分企业管理者通过网站联系到我，表示他们想使用书中的方法来开创一个全新的品类，问我是否还有方法可以增加新品类的成功概率。其实书中隐藏了一些好的方法，这些方法不是我可以隐藏的，但找到它们需要有触发的条件，那就是将品类理论中的方法结合起来，使之环环相扣、相辅相成，削减独立因素的影响，将这些方法融汇为一个整体来使用。

如企业将豪威尔新品类增速势能理论与豪威尔环结合起来，就可以至少增加15 ~ 20分，这些分数其实具有实质性的影响，会直接影响品类环境、品类格局、品类竞争等方面，当然最直接影响的是企业自身的竞争优势（下面会提到）。

## 第5节

## 豪威尔环

豪威尔环主要由八个重要环组成，环环相扣，彼此间相互加强，共同形成一套品类（也可以是品牌）的战略定位。

### 一、品类名

品类是指目标顾客购买某种商品的单一利益点。其中每个单一利益点都由物质利益（功能利益）和情感利益双面构成。

1. 要求

① 通俗易懂，具有通用性，如洗衣粉、矿泉水。

② 符合品类分化的规律。

③ 符合既有的认知基础。

④ 有些品类可以利益化命名，从描述特点到直指顾客利益点，如减肥茶、健胃消食片。

⑤ 有些品类的名称可以用表示感受（视觉、听觉、味觉等）的词修饰。

2. 验证标准

① 足够简短，读和记都省力。

② 品类名应当表明新品类的来源，可以关联强势老品类，来提升自己被选择的概率。

③ 直指品类核心特性，表达足够具象，容易理解，给予消费者直观、唯一的答案，而不产生歧义，使消费者联想成其他品类。

④ 符合人们的认知基础，能够让潜在顾客的已有认知与新品类含义产生联系。

## 二、品牌名

品牌名则要求独特、简单、顺口，寓意品类的某种特性。

1. 要求

① 简单易记，朗朗上口。

② 尊重目标市场的文化风俗。

③ 具有特色，含义丰富不单调。

④ 表达或隐喻产品的利益点或功能。

2. 验证标准

① 字数适中，有利于记忆和传播，如中文品牌名一般以2 ~ 4个字为好。

② 品牌名出众，别具风格。

③ 命名能够考虑到与国际市场对接，不能把眼光局限于某一区域。

④ 可以围绕功能、优点等进行形象化的表达，如将品牌名与地名、名人、历史、动植物建立起联系。

⑤ 能够快速地向消费者传递产品的功能和价值。

⑥ 品牌名给人正面积极的感受：有冲击力、有亲和力或能让人产生正面联想。

## 三、定位

定位关乎顾客为什么选择你的产品，而不选择其他（你在顾客心中占据的位置）。

1. 要求

① 确定竞争对手，避免定位雷同，做到独一无二。

② 避开对手强势，转而利用其强势中蕴含的弱点。

③ 定位要足够精准，聚焦原点人群和原点市场、渠道等。

④ 定位要显而易见，易于传播。

⑤ 最佳定位要占有品类的第一特性。

⑥ 定位要符合企业人、财、物等资源配置的条件，以保质保量、及时顺利地到达市场位置。

2. 验证标准

① 品牌定位清晰，品牌的核心价值得到体现。用户初次接触产品时会在心中为产品做简单的定性归类：是给谁用的？是做什么用的？有时还会产生某种体验，如高档、优雅、实惠、便捷等（通常是我们传递的产品格调）。

以上这些构成了用户对产品的初步印象，也是我们的定位所要传递的信息。

② 可以展现自身相对于竞争者的优势。竞争对手是影响企业品牌定位的重要因素，可以说，如果没有竞争的存在，品牌定位就失去了价值。

③ 定位符合认知。如果你宣传的东西和消费者认知不一致，最终的结果是消费者把你的信息给过滤掉了。什么是认知基础？举例来说，淡竹叶饮料、酸梅汤饮料、茶饮料，哪个最能解油腻？是茶。

④ 否定强于肯定："你不是什么"比"你是什么"更受关注。消费者心智缺乏安全感，对强调"不"的东西都会去关注。如非油炸汉堡（汉堡王）、无糖饮料（元气森林）、不伤手的洗洁精（立白），这些品牌在宣传的时候都运用了否定式的表述。

⑤ 强调利益属性而非主观感觉。啤酒差异化如何体现？肯定不是"更好喝""口感更好"，这些都是主观的描述，无法形成差异化，而"精酿"才是一个客观概念，这才是消费者关注的利益点。

## 四、特性

特性就是客户选择我们的理由，是产品的卖点。特性使得一个品牌能够区别于其他品牌。

### 1. 要求

① 先找共性再找个性。只有提炼了品类的共性特征，才能跳出来看清事情的本质，找到真正的差异化概念。

② 市场上还未被占有的、最佳的特性，能够符合消费者认知。

### 2. 验证标准

① 能够轻易地与竞争对手产品的特性区别开。

② 是顾客心智中有价值的利益点，能影响消费者购买行为。

③ 为该品类的第一特性，在潜在客户心智中引起强烈共鸣。

④ 如果企业规模有限，要退而求其次找到不会引起强大竞争者注意的非第一特性。

## 五、差异化

差异化是指和同类产品中的其他产品不一样的地方（同类中的异性）。

### 1. 要求

① 差异化就是做到与众不同，做到独一无二就是自成一类。

② 差异化要浓缩产品价值，即给顾客选择你而不选择其他竞争对手的理由。

③ 差异化要有合理性，特别是在行业背景中要有合理性。行业背景也包括市场的最新动向。

④ 差异化需要找到相匹配的信任状作为支撑。例如，高价的橄榄油绝佳的信任状可以采用“皇室首选”，而不是“市场占有量”。

### 2. 验证标准

① 能让消费者产生“该品牌更特别、更优良”的感觉。

② 差异化足够明显，能够用精辟的语言表达出来，与其他竞争产品区别开来。

③ 让消费者感觉到与自身相关，差异化概念可以获得目标顾客的积极响应。

④ 差异化若想在顾客的认知中与品牌建立联系，则必须要有合理、有效、可溯源的信任状作为支撑。

## 六、信任状

信任状是客观的“可靠的证明、公认的事实”，帮助品牌把定位变得更加可信。

### 1. 要求

① 消除顾客担心的金钱、功能、人身、社会、心理五种风险。

② 品牌做出可信承诺（可以是实物，也可以是创始人声望、名人代言等无形资产，知名企业的声望也可作为无形资产）。

③ 具有顾客能够自行验证的事实，包括产品本身可感知的质量、包装品质、门店形象、品牌能见度和常识。

④ 围绕两条路径寻找信任状：中心路径——高性能部件、制作工艺、原创地位；外部路径——领导者或开创者、历史传承、第三方认证或权威证书、主流媒体支持、网上好评、名人推荐、市场信誉、区域信任状、渠道光环。

### 2. 验证标准

① 最重要的是能够给予潜在客户心智上的安全感。

② 提供的信任状要有具体清晰的论据，如具体销售数据、具体制作工艺、具体的传承年限等。

## 七、语言钉

品牌需要用一个词语来钉入顾客的心智中，也就是“一词占据心智”，这个词语就是“语言钉子”（顾客听到这句话就会想起这个品牌）。

### 1. 要求

① 顾名思义，语言钉要锋利、锐利、犀利。

② 传递品牌价值主张，走进消费者内心世界。

③ 将产品当作一个情感、情怀媒介，让消费者产生共鸣。

④ 语言口语化，有传播力。

### 2. 验证标准

① 具有召唤力、控制性，让顾客有消费的冲动。

② 要说产品、讲特色，体现差异化，给市场和消费者留下记忆点，要“快、狠、准”地占领消费者心智。

③ 简单、易懂、易读、易记。不要玩高深，如果这句话本身还需要再进行解释，无异于自找麻烦。

## 八、视觉锤

品牌视觉最能激起用户的记忆，让用户更形象化地感知品牌的温度。

### 1. 要求

① 通过巧妙的构思和技法，将标志的寓意和优美的形式相结合，体现出来狭窄的概念，这个概念能与品牌的定位相匹配。

② 有艺术性。

③ 容易理解，容易记忆。

### 2. 验证标准

① 验证成功视觉锤的两种方法：三秒记忆测试——在只提及品牌名的情况下，顾客能够回忆起与品牌相关的一个视觉元素，或者描述出一种印象；品牌辨识度测试——顾客在看到品牌视觉元素时能够联想到品牌名。

② 独特醒目，标示在各种不同的环境条件中，都能有较强的视觉效果。

③ 造型简洁、明晰，易于识别。

④ 具有广泛的适应性。标志对通用性的要求，是由标志的功能和需要在不同的载体和环境中展示、宣传的特点决定的。标志的通用性表现为三个方面：

a. 保证标志在各种环境中的有效识别性；

b. 保证标志在各种载体使用中的适用性和谐性；

c. 保证标志易于制作和延展使用。

⑤ 商标、标志本身要有文化性，展现民族传统、时代特色、社会风尚、企业或团体理念等精神信息。

3. 典型案例

① 形状：简单的就是最好的（耐克）
② 颜色：对立（可口可乐红色、百事可乐蓝色）
③ 产品：名称与产品完美贴合（好多鱼）
④ 包装：做得不同（康师傅桶面）
⑤ 动态：比静态更有效（德芙）
⑥ 创始人：天生的锤子（苹果乔布斯、小米雷军）
⑦ 符号：将无形的事物视觉化（农业银行）
⑧ 动物：把动物人格化（三只松鼠）
⑨ 名人：双刃剑（娃哈哈 - 王力宏）
⑩ 传承：让历史发挥作用（可口可乐的瓶子）

6 第节

## 系统化开创新品类

已经有超过 200 组的管理者对豪威尔新品类增速势能理论进行测试并将其植入企业中实际使用。他们惊喜地发现，该理论似乎存在着某种神奇成分，这一理论除了用于开展新品类活动，对于既有品类也同样适用。将这一理论用于既有品类，他们花了 6 个月时间，30 组数据反馈，他们的销售额提升了 70% ~ 90%，净利润提升幅度很大，从平均的 4% 提升到 15%，也就是说，现在销售出去的一件商品的利润，几乎是原先的 4 倍。他们喜出望外，甚至想当场给我一个热烈的拥抱。

我告诉他们，这其实显示了系统化与非系统化的不同作用，如系统化的定位与非系统化的定位，产生的结果可能差距甚远，所以，在解决问题时，还是需要专业的人员操作，才能确保方向的一致性。

运用系统化的思想能够使一些平时解释不通的问题变得异常清晰，单单是时间就节省了许多，也保证了资金投入的有效性，减少了许多不必要的投入。同时团队在行动上了保持了一致性，目标明确地去执行管理者所制定的合理目标。

当然，理论里面肯定不会有什么神奇成分存在，我们要用科学的思维方式去追求真知。企业管理者只有花费足够的时间对本书的内容进行学习，才能发现原先自己解不开的“谜”原来如此简单。只要将本书中提到的一些方法践行下去，你就会逐渐发现开展新品类活动其实没那么困难，而是大部分人都能做的事情。

有些企业管理者将此理论应用在其所在品类中进行测试，发现了一些令人哭笑不得的现象：抽调 100 家开展新品类活动的企业，67% 低于 25 分，21% 低于 35 分，还有 10% 低于 40 分，只有 2% 达到了 55 分，而高于 65 分的竟然一家都没有。这并不是说该理论有问题，能够进行的合理解释是，很多企业不知道有新品类理论可以套用。

而这些“考试不及格的学生”，在该地区却是拔尖儿的，这已经不能简单地理解为一种常态现象了。

因为对新品类理论的理解程度不够，很多管理者不清楚在哪个阶段进行合理排序，哪个阶段投入不够需要增加，哪个环节被直接跳过、存在缺失，其实，在整个流程中都有完善的评估数据作为参考。

我们能看到的不仅仅是分数差过大，还有，“低分学生”占比实在太大。但我们也不必过于悲观，因为国内企业未来要走的路还很长，它们还有很大的发展空间，也就是说，现在开始改变，确实还来得及。

如果企业管理者能够运用好本书提到的一些品类理论，在开展新品类活动时，单个新品类项目的成功率可有效提升至 78%。无论原本的评分是多少，都不会影响最终分数，不过在花费的时间上可能就有长短之差了，不过好在，这个时间正常差距是在 2 个月内。

在将品类理论应用在一些企业中时还发现，如果企业主动接受品类理论植入新品类活动，只用了 4 ～ 5 个月的时间，就由原本 15 ～ 20 分的级别，提升到了 40 ～ 45 分的级别（30 家企业数据）。

比较有趣的是，由于新品类理论传播速度较慢，很多人无缘使用它系统化地开创新品类活动，这导致市场上有很多企业达不到高分的标准，更不用说达到满分 80 分的水平了。

豪威尔新品类增速势能理论的 4 个模块相互独立又彼此关联，共同影响品类的发展速度，因为技术的开放可能占到 5 分，专业化的提升占到 5 分，当两者交互时，就会产生高于加法的效果，所以基础分数越高的模块，总体分数自然越高，新品类活动的成功率也越高。

既然存在相互加强，那同样也存在相互削弱，如技术的开放程度越高，吸引来的竞争对手自然越多，技术的开放自然减少了竞争对手在技术研发上的投入（周期、资金、人员），有利于竞争对手在新品类中建立一个属于自己的差异化品牌（如何建立，后面会提到），从而让更多的顾客感受到新品类中存在的品类价值（用品牌的差异化体现），然后为顾客做出购买决策又增加了一些助力。

加入进来的竞争对手，其目标在于市场份额，这与品类的开创者不谋而合，因为最终目标都是扩大新品类，只有这样做，寄居其内的品牌才能享有更大的发展空间。

新加入进来的竞争对手如果未获得开创者的技术开放，就增加了自身的生存难度，因为想建立一个差异化品牌，首先要在技术方面投入一定的研发成本，相应地，时间周期也会增加。处于这种境况中的竞争对手，只能孤身作战，虽然也想通过建立一个差异化品牌来体现新品类价值，以此获得较高的利润，但是苦于没有基础条件，这对于新品类的发展是没有任何帮助的，甚至还存在着一定的损害。

因为技术研发上的投入（周期、资金、人员）等因素的影响，有些竞争对手会选择短期效益。我在对品类的多项研究中也发现，确实有 90% 的参赛选手会选择投机取巧以快速获利。

如果吸引的选手不是先建设新品类再谈获利，而是只谈短期利益不考虑新品类未来发展，那么它们对于新品类及开创者其实是很危险的，会为新品类制造出一系列的麻烦。这些麻烦的出现会给顾客带来体验上的混乱，让顾客觉得这是一个以低价生存的品类，并没有什么价值，也不需要关注。

在麻烦出现时，利己的选手不会想解决问题，也没有能力解决，他们通常是赚取一拨儿品类红利，当红利消失时，它们也随着消失。

当麻烦积累到一定程度之后，就会爆发，爆发的程度依据利己的选手与顾客之间的关系而不同。通常利己的选手会拍拍屁股走人，而留下来的问题，通常只能由品类中的领导者来解决。

最终，麻烦还是需要开创者应对，因为开创者最有机会成为新品类所有生命周期最终、最大的受益者，它们有幸占有品类中最高的利润，同样也有责任及义务消除新品类市场中的乌烟瘴气。

竞争对手虽然增加了，但是品类份额并不会受到同质化、低成本产品的影响而有所增加。

如果一开始就有竞争对手通过同质化、低成本而轻松获利，就会进一步吸引越来越多的“同质化”及“更低成本”的选手加入。

在这个时间点上，新品类就会变得越加不可控制，容易发生秩序错乱，顾客可能对新品类活动持较长时间的负面评价，这在未来一段时间内是很难消除的。

同质化发展超过一定程度时，顾客很可能将新品类界定为低价品类，品类发展转向恶性循环，变相地损害了开创者及具有建设能力的竞争力品牌，阻碍了真正有利于新品类发展的行为。

开放技术及吸引竞争对手的加入，都是为了在新品类发展中的各阶段有序地积累足够的势能，“缩短在该阶段的发展时间”或“延长在该阶段的发展时间”，而不是为了小范围地产生利己效应。

如果在 4 个模块上能够达到 85 分，则意味着一个真正的新品类诞生。这个新品类对于既有品类具有强大的入侵能力，威胁性强，攻击性也极强。

如果还要拿战争作比，这时候新品类已经上岸并试图穿越沙滩进入丛林，增加了既有品类的作战难度，既有品类的军事基地已经遭受严重威胁，可能被摧毁。

若在 4 个模块上达到 65 分，这时候既有品类很有可能采取利己战术将新品类中具有发展潜力的品牌迅速压制，或者重新在该品类中建立一个具有差异化价值的品牌跟进追杀，其最终目标是让该品牌成为新品类中的领导品牌，并重新建立自己的品类规定等。这时候新品类已经上岸并试图穿越过沙滩，还未进入丛林，既有品类已经遭受打击，并且在当前位置已经形成一定的威胁性。

若在 4 个模块上达到 35 ~ 40 分，则意味着该新品类值得观察，已经具备一定的威胁，但尚未造成实质性的伤害，需要企业管理者建立一个专门研究外部竞争对手的部门，进行实时跟踪。这时候新品类还在海洋中，准备上岸，是很容易遭受到攻击的，同时既有品类的军事基地还非常安全，此时可以发动军事力量给新品类以毁灭性打击。

7 第节

## 品类周期

新品类活动从孕育到投放至市场，需要经历 6 个月的时间。这个阶段新品类刚进入婴儿期，相对于既有品类异常弱小，稍有差错，如负面公关、绩效不佳，甚至制定不切实际的绩效目标，都会让新品类产生问题，所以这个时候一定要有足够的耐心，并在舆情上做好维护。

20 世纪的品类竞争中，新品类可能会有几年的时间用来发育，而现在因为跨国竞争加剧、技术传递加快，新品类只有 6 个月的时间。这 6 个月中，新品类其实是非常需要用心呵护的，因为从孕育期开始，新品类只是在组织内部活动，投入品类竞争之时，其实是它第一次面对外界。要知道，品类竞争如同自然竞争，在自然环境中凶禽猛兽到处皆是，某个品类若在一定程度上感受到新品类带来的威胁，弱小的婴儿期品类可能就要面临毁灭性灾难。

从孕育期开始到盛年期结束，会经历将近91个月的时间，这虽然不是一个通用标准，但具有一定的参考价值。这是团队抽取20个新品类项目的样本，经过分析研究得出的结论。某些可被统计到的新品类有时候只是细分市场，所以并未被纳入统计。

从2017年开始，团队对这20个新品类项目的样本进行了大量研究，研究结果中，数据差异是细微的，主要的分析对象为饮料品类、化妆品品类、保健食品品类、预热菜品类、家居品类等。同时，将2017年与2021年的数据进行对比时发现，这些品类的发展伴随着盛年期的缩短，五年的时间内竟然缩短了5%，也就是说，每年缩短了1%，每个月缩短了0.08%。

虽然品类竞争中不能单纯以“计算品类生命周期时间”或“计算品类对应阶段时间”为实际依据，但这部分数据仍然具有很高的参考价值。我们可以去除数据的部分无效性，利用好数据的有效性对当前的竞争进行分析，并对实际情况进行综合评估，最终得出有用的结论。

随着上述数据的披露，我们能清晰地看到，这五年的时间里，差距在不断地缩小。我们置身于外部时，也会被其中的不利因素所左右，我们倘若能避开这些危险，同时利用好发掘出来的机会，就已然占得先机。2017年至2021年期间属于世界经济比较稳定的时期，所以研究结论具有可靠性、有效性。

新品类进入盛年期时，从严格意义上来说，已经不算是新品类，有些发起攻击的竞争对手会将其定义为老品类或者既有品类。因为盛年期意味着顶峰，这时候新品类表现出衰落的趋势，会逐渐被卷入一些与新品类的竞争中。所以，企业管理者要明白，盛年期并不是没有烦恼，盛年期在占据利润的巅峰时，面临的进攻也可能是密集的，这些密集的进攻表明竞争对手想让你的品类尽早结束生命周期。有经验的企业管理者深知品类份额对应着利润，而品类份额在某个节点上会停止增长，如果自己想要获取足够的利润，必然需要抢夺到一定的品类份额，尤其是当对方想要击垮你，甚至抢占你的市场时，尤其要警惕对方的各种竞争手段。

只要你处在品类竞争中，就会不断有问题发生，这是商业竞争的本质。

这些问题到来之时可能会发出一些预警信号，但并不是每个人都能看懂这些信号背后的危险：可能是一场闪击战，可能是一场持续游击战，可能是一场侧翼战……不熟悉商业竞争的企业管理者，是很难进行分析并得出结论的。

因为这些分析需要知己知彼，需要对环境等多方面因素进行分析，所以我觉得新品类项目最好从一开始就确定一个人来主管，至少是从孕育期到贵族期，他都能带领新品类活动避开很多不必要的危险，同时获得更多的生存空间。

创业容易守业难，处于盛年期的品类，要把大部分精力放在接下来要面临的新一轮的竞争中。因为品类份额与利润已经是必然，那如何将威胁弱化甚至抵挡住，则是一门学问了。这个时期所有竞争对手都会看到盛年期的品类风光无限，也会想着取代它的位置，所以会有大量由新品类发起的竞争，皆是指向占据最多品类份额的盛年期品类。当然，大部分攻击来自同质化产品，这些产品的攻击不仅软弱无力，而且在威胁性上也不如处于其他周期的品类那么强，所以，只要盛年期品类能稳扎稳打，同时提前布设好防御，就可以游刃有余地将大部分攻击阻止在壁垒之外。

新品类的市场份额、发展势能会在盛年期达到最佳的状态。为什么我会重点阐述盛年期，而忽略对其他生命周期阶段的解释？一方面，我觉得研究品牌不如研究品类，因为研究品牌的人够多了，各种学说已经形成无数派系，而研究品类的却很少。在本质上，品类是母，品牌是子，品牌为品类提供增长，所以才能吸收品类回馈的营养，若知道品类如何做大，还担心品牌无法做大吗？另一方面，盛年期是企业管理者最关注的阶段，因为新品类带来回报、为社会提供价值都发生在盛年期。我掌握的数据显示，盛年期贡献60%以上的总体价值，而剩余的40%由其他9个生命周期阶段提供。总体价值包括最高的市场份额、最高利润、高学历人才、品类市值、股东信心等，它们会在盛年期达到顶峰，在进入下一个阶段之后会呈现出不同的局面，如竞争手段失效、顾客注意转移、被取代性增强等。

怎么让盛年期多维持一段时间，其实就是我多年研究品类理论的工作之一，目前已经取得了一定成果。但对于盛年期品类如何有效防御进攻者，暂时还未形成有效方法，所以这部分研究暂时不公开，避免被一些“好战者”用于攻击盛年期品类，影响品类的自然发展。

虽然延长盛年期有助于增强企业的竞争优势，但研究如何将盛年期提前、加速或延长等控制性问题，需要花费很多精力。通过多年研究，目前我也只得到少数几个答案。企业管理者延长盛年期的方法无非大量投放广告或者大力度宣传，但这两个点其实是不全面的，本质上与延长盛年期的几个关键点有很大差异，这样做不仅无法延长盛年期，还有可能提前让盛年期转为下一个生命阶段。

详细地讲解盛年期，有助于增强新品类活动管理者的信心，这些管理者其实是有极大抱负的，否则不会从事与创新有关的工作。因为运用品类理论来开展新品类活动，就如同学习了医学专业之后再去给病人开刀做手术，风险会被控制，只要遵循品类规律，恰当使用相关的方法，那么可以确定的是，大部分新品类活动的失败率是很低的。

新品类活动之所以被认为风险极大，可能是因为企业管理者对新品类活动认识不足，例如有些管理者会以为一开始（婴儿期）就会有较大的收益（他们可能会假设实现一个月 1000 万元的销售金额），具有这种想法的管理者对新品类活动的理解有较大偏差，因为目前还没有理论可以让新品类在婴儿期就能实现可观的销售额，这种期望应该是在新品类青春期，甚至是盛年期才能实现，因为品类发展只有在稳定之后才能体现为销售金额的增长（注意，是销售金额，而不是市场份额）。

如果不及时用正确方法进行引导，企业管理者很容易产生利己的想法，并做出提前牺牲新品类未来发展的举动，如稀释品类影响、泛化品类行为、盲目攻击对手等，对开创者有损，对新品类发展有损。品类理论也为过度担心风险的管理者起到了矫正的作用，所以，其比研究品类生命阶段也更有价值。

严格来说，新品类如果想在品类竞争中具有优势，管理者就要带领团队在管理、行为上保持高度的一致性，不乱用方法，投入的资源要充足，选用高度专业化的人员。高度的一致性不仅会让新品类活动变得更加活跃，还能增加专业度，相关的各种宣传也能体现出团队对品类最为熟悉，最有发言权，所以完全有能力为市场带来具有差异化的产品，让顾客感受到专业化的服务。

了解了盛年期之后，企业管理者还需要明确一些问题，例如新品类的投入与收益怎么计算，这其实是成一定比例的，没有一个固定模式可通用于所有品类，但是有些数据模型可以用于项目中。在我多年的项目咨询经历中，有些企业管理者会问一些投机取巧的问题，我不清楚这些问题从何而来，例如："如果用 20 万预算开展新品类活动，如何做到 200 万收益？"这个问题很简洁，但答案肯定是不简洁的，这可是十倍收益呀！

如果在时间上没有限制，那是可以通过下一代的累积做到的，试想，谁也无法保证 30 年后流通货币会膨胀到什么程度，我相信才思敏捷的管理者应该早就想到这个答案了。

显然，每个人在时间上都有限制，提出这个问题的人同样如此，如果要正式回复这个问题，我觉得只有逐步论述才能解释清楚，因为我们讨论的是如何降低新品类的风险及增加新品类的收益。

## 第8节

## 新品类的投入与收益

品类周期有一条恒定不变的法则：学步期之前，支出会比收入大；而在学步期之后，收入会比支出大。

但是市场也有一些个例存在，这些个例中，运气发挥了很大的作用，以至于做过多解释会显得背离科学。得天地造化、顺应时代自然疯长的品类每隔几年就会出现，但管理者也知道，运气的成分越高，适用性越低，所以，踏踏实实地学习和实践才是正道。

我参与过的项目当中，有三个新品类项目一开始也是预算不足、人才匮乏的局面，但现在全都已经创造出了国内著名品牌。我想说的是，这并没有什么了不起，因为新品类发展只要符合品类理论，就能够顺其自然地往上攀越。大家都有机会攀登，在项目进行过程中，团队成员要彼此打气。这三个新品类项目，足足用了我两年多的时间。

新品类活动其实是一个持续的过程，中间只能稍作休息，天气、路况、地形等影响根本不会给你丝毫的放松机会，而登顶同样也是一个持续的过程。

正常来说，我们需要先到山脚，一步一个脚印，才有机会攀登至山峰最高处，我相信管理者都能明白这个道理。但如果登顶是因为得天地造化，那么断崖式下跌怎么解释呢？在这三个新品类项目中，存在大部分不专业人员的干涉：他们教我要品牌延伸，好好利用品牌价值；又试图说服我多元化发展，规避风险。我说得最多的一句话就是：看看以前，我们什么都没有，是什么让这个新品类项目变得如此伟大？他们总是说，以前是以前，现在不同了。

这三个项目是由我指导建立起来的，三个项目在 7 个月内几乎同时建立，那段时间我忙得不可开交，每天连喝茶的时间都没有，我时常自责，为什么这么难为自己？可是再想想，只要能对社会产生价值，偶尔累些也值得。有些人认为我是为了收益，这一点我要澄清，三个项目的咨询费报价时，企业都是迅速做出合作的决定，生怕下一秒我就会反悔。

有些戏剧性的是，这三个新品类项目本身是有机会走出国门的，因为原对接人变卖了股份，新对接人想让我提前将市场份额做大，尽管我告诉对方这会损害该新品类项目的未来发展，对方却表示："不管之前你们怎么合作，现在必须要按照我的来。"

我告知对方，这个项目一直都是我在辅导，这样做着实会牺牲掉未来很大的价值，如果只是为了套现，并不值当，或许会有更好的方法，希望对方好好考虑一下。

新对接人表示不需要："听我的，合作协议可以续签，否则你我之间的合作就此终止。"这个时候我意识到了不妙，我没办法持续跟进下去了，这个项目大概率会半途而废。我的选择是离开。后来，项目并未主动为我结算尾款，我没有计较，因为我知道他们应该是遇到麻烦了。

而我已经提前阐明了观点，所以并不乐意收拾烂摊子。因为我知道，这几个项目更换对接人时，就可能面临接管不利的问题，所以未来发展必定也会脆弱不堪。相关的品牌虽然现在仍然是国内的著名品牌，但是我已经看到他们逐渐生产一些与原项目无关的产品了，如袜子、电风扇，甚至现在有人建议他们增加保健品业务。

有人觉得我疯了："只要顺从对方的意思，就能轻松拿到来年的续签，这难道不是一个咨询业人员想要的吗？"

虽然新对接人给我的待遇更好，比如，包揽我将近五年的度假费用，但是，我将要做的事不符合我的行为准则，或者说会破坏我的价值观。

继续回到刚才的问题上，如果新品类活动想要达到十倍收益，必然对时间不能有太大的限制，因为时间是影响新品类发展的主要因素之一，其他的主要因素还有理论的运用与资源投入在各阶段的比例等。例如使用10万的投入开展新品类活动，做的其实是细分市场，因为这个预算根本无法撬动既有品类，何谈建立一个新品类呢？另外，这个费用对于陆续建立新品类的投入几乎是九牛一毛，如果有谁说能成功，那估计是做细分市场的事。提出这个问题的管理者，主要追求的应该是回报，那么细分市场可以朝着一些低投入、高创新、不易模仿、专业化要求高的项目发展，要保证细分市场的发展，必须要符合这四点，否则项目是极其容易变成同质化发展的。届时还需要运用好豪威尔环，才能在细分市场中建立起一个新品牌，否则不要说营收如何，就是亏得一文不剩也不稀奇。

如果预算较少，应该首先考虑预算及竞争力，例如，进入学步期的品类还有较大的市场空间，而如果选择盛年期的品类就没有多少市场空间了。确定品类阶段及分析该品类的竞争激烈程度，可以参考豪威尔品类势能理论及豪威尔信任状理论。像这几年餐饮行业中的预制菜品类，大部分是通过代加工方式获得一定的销售量，在预制菜赛道中其实大部分品牌都是通才型，几乎什么菜系都做。这也导致顾客分不清楚品牌之间的差异，最终往往是选择销量高、单价低的产品。销量高、单价低代表什么？自然是具有同质化、低利润、高竞争、模仿程度低等特点。所以新进入该品类的管理者，要切记避开这些已经分析出来的问题，入口一定要窄，也就是说所建立的品牌要有足够清晰的定位及差异化，这能有效地控制好管理者的市场行为，在产品线上宜专、宜精而不宜广，最好是选择一个细分菜系。

如在众多调查研究中，川菜和湘菜是预制菜中最为热门的菜系，占有最大的品类份额，竞争必然是最为激烈的，不符合低预算投入的前提条件，所以必定不是最佳选择。不要盲目加入品类份额大、购买人群多的市场，你可以选择一个较小的细分市场，如闽菜、豫菜、西北菜的竞争就没那么激烈，正是因为市场份额小，所以很多头部品牌的主要精力并不在此。而市场份额小的菜系其实意味着利润空间巨大，你只要确定其中一个方向，日复一日地打造自己的竞争壁垒，就能够很轻松地在该细分菜系中做到数一数二。以后若是所建立的市场饱和了，要么就抢占其他菜系的市场，要么就建立一个新品牌做其他菜系。让老品牌与新品牌之间有足够的差异化，并在定位上足够清晰明了，当顾客在一堆商品中发现你的品牌时，就能一眼确定，这是一个高度专业化的品牌。如果中小企业能够在前期就投入足够的时间运用品类理论，那么将来在品类竞争中占据一席之地是非常轻松的。

中国有句古话，有舍才有得。踏踏实实一步一个脚印，才是中小企业应该做的。为成功寻找到足够的方法，大部分困难都能够轻松克服，千万不要因为预算实在太少、规模太小，就放弃自己心中的梦想！

9 第节

# 豪威尔小增长期理论

资金在投入新品类上时，有时候会显得收益很低，或者说存在回报与投入无法持平的情况。其实这是一种假象，会给人一种模糊的感觉，因为一开始就感觉利润极低，在往后的几个月内，利润也没有明显增长，所以会觉得新品类的回报并没有预想中的那么高。

我们需要分析几个主要问题：

① 目前新品类抢占了既有品类多少市场份额？

② 目前新品类处于品类生命周期中的哪个阶段？

③ 新品类收益较少，是在持续投入呈现上升趋势时发生的吗？还是预算投入不足引起的？

第一个问题是要提示企业管理者，新品类目前可能面临营养不良、发展受阻的局面，正是不合理的分配方式导致新品类没有抢占到足够的市场份额，导致了利润极低的局面。新品类之所以要有开创性，而不是跟随性，正是因为其本身具有强大的代替性，它们挟既有品类不曾有的品类差异化而来，势如破竹地对既有品类产生巨大打击，这也是新品类与细分市场存在本质差异的原因。正常来说，新品类在盛年期之前会取代既有品类 80% 以上的市场份额，而强势的新品类在盛年期是完全有可能将市场份额扩大到既有品类的 200%，500% 及更高也是可能的。举例来说，外卖是否成功挑战了堂食，网上买菜也成功挑战了菜市场，既有品类的市场份额已被新品类全部占领（部分零碎的份额不统计在内，正常在 2% ~ 5% 区间）。既有品类出局，强势的新品类的盛年期进一步提前，导致既有品类的消亡。而如果没有抢占到足够的市场份额，对于供应商、顾客都没有话语权，也没有形成竞争壁垒，没有足够的竞争力，自然也不会获得高净利润率，这是完全合理的。

第三个问题是要提示企业管理者，一些对资金投入要求较高的新品类活动，一开始回款速度虽然较慢，但是当开始产生显著的净利润时，则可能带来连续几年甚至十几年的竞争优势。有些新品类会在较早的生命周期阶段表现出势头不好的局面，但丝毫不会影响它未来的力量爆发，只要你能找寻到新品类存在的意义，自然不会轻易地忽略它的未来发展。企业管理者在初期正确地认识这些问题，对于未来的发展是非常有帮助的。

有些行业如轮船业、航空业、制药业，对资本的依赖程度较高，而且采购模式单一、定价缺乏统一标准、融资不通畅、对政策依赖程度较高，有些行业缺乏诚信机制，缺乏规范有效的监督管理机制，这些行业中的新品类也会面临回报较低的情况。新品类活动在竞争中建立诚信机制，进一步减缓其在较早阶段的生长，这个时候管理者就需要打起十二分的精神了，因为新品类的某个单一阶段持续过久，就像是人发育迟缓，智力与身体形态不兼容，导致发展势能出现时，所处阶段因无法承受而自行崩塌，或暴露出更多可被轻松攻克的弱点。

对第二个问题的回答需要再一次运用到品类理论，因为新品类的投入及收益是逐步递增的。我将几个经手过的新品类餐饮项目的数据进行统计，并做个简单分析，便于读者一目了然：

孕育期之前的投入是 1 元，净利润率是 0 元；

孕育期之后的投入是 1 元，净利润率是 0.02 元；

婴儿期之前的投入是 1 元，净利润率是 0.03 元；

婴儿期之后的投入是 1 元，净利润率是 0.046 元；

学步期之前的投入是 1 元，净利润率是 0.057 元；

学步期之后的投入是 1 元，净利润率是 0.08 元；

青春期之前的投入是 1 元，净利润率是 0.1 元；

青春期之后的投入是 1 元，净利润率是 0.13 元。

这是按照净利润来计算，从孕育期、婴儿期、学步期到青春期，会发生质变，每次变化都会带着利润及市场份额前行。新品类在贵族期之前的市场份额越大，则意味着净利润率越高；而贵族期之后，市场份额越大，也越可能表现出多元化程度越高、品牌延伸越明显等问题。所以，在条件允许的情况下，提前有序地度过部分阶段，不仅能为新品类的生长打下一个较好的基础，还有利于利润的增加。管理者知道，利润并不会一夜暴增，高速列车在起步时也是缓慢行驶的，在行驶到一定千米数时，会保持一个高涨的状态。新品类活动的管理者可以看看目前品类处于哪个阶段，对应的净利润率又是多少，就能清晰地看到自己是超前的还是落后的。

每两个阶段之间都存在一个成长的过程，这是一个较大的增长期，增长期内净利润会逐步递增。而阶段之间还有无数个小增长期，这些小增长的时机稍不留意，就很容易悄悄溜走。

识别这些小增长期，其实丝毫不比识别阶段更轻松，甚至难度更高，但是小增长期理论的使用频率其实更高，否则也不会在此着重论述了。目前有关识别小增长期的理论很少，而我也只能根据项目经验探寻一二。读者若发现相关理论，欢迎与我交流。

小增长期有以下一些特点：

一是新品类吸收养分的速度加快，体积会相应成倍地增加，如吸收速度快 0.004%，体积增长 0.0501%；

二是在与对手角逐时逐渐显露出竞争力，对手势弱，而新品类势强；

三是公关效应自然形成，稍作回应便能得到媒体、顾客的热烈响应；

四是每次小增长的生产成本及销售成本会以 0.8% ~ 1% 的幅度降低，这是供应商主动示好的表现，而销售团队会渐渐察觉顾客做出购买决定的时间缩短了，每个小增长期时间缩短 0.07% ~ 0.085%，这需要前端进行数据监控才能发现，但极少有管理者这样做，小增长期就是这样被管理者轻易放过的。

有人说，这个增长的速度实在太慢了，花费精力去学习小增长期理论有何实质价值？

当然有价值，因为商业竞争从来都不是由一场大战来决定胜负的，往往伴随着无数场的小战役及彼此间的试探，这是双方想要了解彼此的实力如何，最佳的效果是做到兵不血刃、不费吹灰之力。像小增长期的增长，其实是白送的，但倘若你不要，最终也会被别人取走，所谓“上兵伐谋，其次伐交，其次伐兵，其下攻城”。

不战而能获得的增长，为何不要？

豪威尔小增长期理论，目前已被部分企业管理者运用于项目中，据他们提供的反馈[①]，目前该理论的运用较为稳定，大部分管理者也已经初窥门径。其中的一些有效信息，我也呈现在本书中，期望给品类管理者带去帮助。

新品类活动的小增长期通常在每个阶段中有一定规律地出现（如上所述），但在各阶段出现的频率却有所差异，通常来说：

孕育期：3.7 次

婴儿期：4.5 次

学步期：5.9 次

青春期：8.2 次

盛年期：10.5 次

稳定期：13.7 次

贵族期：11.1 次

官僚化：7.3 次

官僚期：2.4 次

死亡期：0 次

可以看到的是，小增长期在稳定期之前出现的次数是递增的，而在稳定期之后出现的次数是递减的，这跟品类阶段有直接关系，因为在稳定期之后，小增长的次数也会如同稳定期之前一样受到品类阶段的影响而出现变化。在稳定期刚结束时，递减的趋势还不是特别明显，但是到官僚化阶

① 通常企业管理者会将反馈发到网站（haowel.com），我几乎每天都会查看，以努力改善国内的品类竞争环境。目前我已经收到了超过十万条品类管理者发送的有效信息。

段之后，递减的趋势就很清晰了，这可能是因为品类到达对应阶段，就会朝着对应阶段的形态发展，毕竟这时候距离死亡期越来越接近了。因为既有品类本身的市场份额就是处于不断丢失、无法补回的状态，小增长期出现的次数自然会越来越少。由此可见，小增长期与市场份额的发展趋势有着直接关系，品类市场份额增加得越多，小增长期出现的频率就越高。

某个阶段品类的市场份额持续下滑，会直接影响小增长期出现的次数，甚至下滑过于明显的时候，小增长期就会就此停止。之前在使用小增长期理论时发现：当餐饮业中贵族期的市场份额同比下滑 20% 时，小增长期出现次数会减 1；当餐饮业中贵族期的市场份额同比下滑 45% 时，小增长期出现次数会减 2。因为暂未发现同比下降更严重的现象，我无法对这种下滑与小增长期出现频次的关联性做进一步的科学研究。

要注意的是，并不是每个阶段小增长期都会如数出现，同时，小增长期中会获得多少市场份额的增加，也会受到市场竞争局面的影响。如果竞争力弱，获得的市场份额会减少 3% ~ 5%。①

小增长期与品类阶段不同，因为单位过小，所以很容易被管理者忽视，尤其是在一些较为晚生的品类中，小增长期与品类阶段共同出现的时候，大家的注意力其实都已经被后者所吸引，这就好比宏利出现时，谁会去关心微利呢?

无人问津也导致小增长期在各品类中的规律难以寻找，对于大部分不爱学习的管理者来说，弄清楚品类阶段已实属够用。这也导致小增长期理论进步十分缓慢，要先明确的是，小增长期与品类阶段不是同量级的，两者之间自然没有可比性。

但小增长期在品类生命周期中会出现 67.3 次，虽然每次增长的幅度不大，但是汇总起来是一个极为可观的数值，而前面提到，小增长期会随着品类阶段市场份额的增长而递增，也就是说，大部分成功的新品类活动，小增长期将不少于 67.3 次。

① 小增长期在竞争力强盛时不存在增加的现象，原因暂未发现。

小增长期出现的次数如此之多，所带来的增长会被熟悉品类理论的管理者所拥有，管理者如果能够把握好，就能够为自身带来巨大的竞争优势。[①]

如盛年期的市场竞争处于胶着状态时，竞争对手间会为了几个千分点头痛不已，若运用好小增长期，则可以增强竞争力，而每一次运用完小增长期并得到增长作为回报之后，下一次运用都会更加得心应手。

目前观察到的另一个实际情况是，部分管理者在盛年期之后的阶段运用小增长期，也能减缓甚至遏制该阶段的下滑，这一点可以说是让人惊喜的。当然，现实中较为常见的是把小增长期用在青春期、盛年期、稳定期、贵族期这四个阶段，这四个阶段出现的小增长期有 43.5 次，在全部十个发展阶段中占比达到 64.6%。

有管理者会提出疑问，为何品类已经呈现下滑趋势，还要运用小增长期去延缓贵族期呢？其实贵族期虽然距离盛年期最近，可能面临下滑的风险，但市场份额及利润其实还处于整个品类生命周期的高峰（据我了解，国内 500 强企业的品类中，目前就有将近 20% 处于贵族期），而贵族期的问题还不是特别复杂，只是初露端倪而已。

在新品类竞争对手还没有完全成长起来时，若自身的品类还处于贵族期，完全可以继续投入充足的资源，减缓甚至停止品类的下滑。贵族期虽然不如盛年期那般士气高昂，但好在该阶段的弊端还没有完全显现出来，丝毫不影响盈利能力，所以还是值得进行资源投入的。

将小增长期运用在其他阶段上，当然也能为新品类活动带来不错的收益，但是对比盛年期，终究还是不如。

有企业委托我的团队对小增长期进行深入研究，而且要求对研究结论进行保密。这项研究由两个小组同时进行，一个小组专门研究青春期、盛年期、贵族期，另外一个小组专门研究剩余七个品类阶段。研究的目的是

---

① 通过两年多的研究，我们对以小增长取代品类阶段增长，已经取得了一定的研究成果。不过它们是两个方向，而且两者之间还存在竞争、相互加强的关系。

获得品类活动生命周期的所有小增长期，以及根据小增长期可能发生的情况预判竞争形势和进行决策，以此来遏制竞争对手的发展。而我猜想，这必然也与企业接下来的战役有关，而且战役的规模应该会逐渐扩大，否则就不用兴师动众地来做这些事情了。由此来看，小增长期对于未来的商业竞争至关重要，甚至成为不可或缺的一部分。

小增长期出现次数的多少与品类及对应阶段的社会关系、地理区域、顾客人群、时间限制、品类冲击等有着直接关系。目前的发现是小增长期在发展中国家及发达国家出现的频率更高，在一百五十万人口的地区有更积极的市场表现。

小增长期与品类阶段一样，在新品类势能出现之后，不需要刻意投入营销费用也能轻松获得可观的收益，因为当品类发展到一定阶段之后，销售产品变得非常轻松，之前的投入开始带来成倍的回报。但在新品类势能还未出现之时，企业却要为了使品类累积足够的势能而不断投入。

新品类若想发展壮大，在各个阶段上陆续投入对应的资源是至关重要的，有些富有远见的管理者会在品类盛年期之前不断将营收的净利润投入至品类竞争中，以增强新品类的竞争力，强化品牌的竞争优势，打造品类的竞争壁垒，防止品类同质化发展，纵深发展打通上下游，而到品类盛年期后才开始储存利润，为自身多年的付出收取回报。这样做有个非常大的好处就是，盛年期往往会有“小增长期的意外出现”，这些“小增长期的意外出现”究竟是怎么回事呢?

其实这是管理者因处于竞争优势而获得的奖励，管理者在控制盛年期之前的净利润时，顾客完全能够知晓，顾客深知这家企业之所以控制净利润，其实是将利润投入创新及研发，从而进一步为市场提供更高品质的产品和服务。有意识地控制盛年期之前的净利润，是开创者无私的表现。开创新品类，本身就不是利己之人做得了的。正因如此，默默无私的付出，也让盛年期阶段的产品变得非常具有竞争优势，顾客当然能够一目了然地识别出来。而企业无私付出的时候，品类盛年期如何延缓，往往就不需要管理者绞尽脑汁了，因为顾客及品类竞争会给你一个最好的答案。

第10节

## 品类竞争误区

有些管理者对品类竞争有着不一样的理解，他们觉得企业经营就是为了盈利，新品类不过是实现盈利的一个工具而已。这种理解是有待改变的，本书一开始就提到新品类之所以存在，是为了解决既有品类无法解决的一些问题，或者说是社会问题。如果无法解决这些根本性的问题，企业谈何盈利呢？而且我相信没有任何一家伟大的企业会对团队成员说，我们存在的目的就是盈利，因为这与团队成员无关，团队成员并不为这个目标而奋斗。

利润其实是管理者在做对事情之后自然而然产生的，既然有至盛年期才储存利润的情况发生，当然也有从幼儿期就开始储存利润的，而且市场上绝大多数品类都这样做过。国内一些知名品牌因为缺乏创新，缺乏专利上的投入，就可能将数百年的品牌在当下变成一股潮流，如狗不理包子、全聚德烤鸭、张小泉刀具，近几年国内的老字号时常翻车，积累了这么多年的好品牌为什么会面临这些问题呢？原因就是缺乏竞争力。俗话说："三分利润吃饱饭，七分利润饿死人。"吃得过急、吃相难看都是这些品牌在品类竞争中频频失利的主要原因。若是品类在幼儿期就开始吝啬对资源的投入，在该阶段及未来阶段中，很有可能面临新品类营养不足的问题，同时顾客对这个品牌的体验可能是：不上进、少年闰土、伪品类、运气品类、捞金品类，品类可能由此加速被淘汰。

过早储存利润其实还会带来另一个隐患，那就是品类竞争中的流动资金不足，企业管理者应该知道，对于竞争，决定胜负最重要的是流动资金，而不是利润。如果流动资金多，在势均力敌的情况下，输赢自然就一目了然了。而利润只是在消灭竞争对手之后所赢得的战利品罢了，我们不能把利润当成流动资金，应该把利润转化成流动资金，以此增强自身的竞争力。所以流动资金才是管理者更需要关注的问题，因为它是支付品类竞争的基本单位。

流动资金既然是基本单位，那么它具有哪些实质作用呢?

充足的流动资金可以控流，即控制涌入的参赛选手的数量，主要是发挥放行或遏制的作用。众所周知，要想筑牢竞争壁垒，必然需要有适当资源的投入来阻挡竞争对手。建立品类联盟是逐步推翻并取代既有品类最好的方法，有了品类联盟，新品类活动的开创者必然是联盟的盟主，而盟主要做的就是带领盟友推翻既有品类。

既然要革故鼎新，就应该宣传新品类的好处，如果只想一个人要天下，那只是“人心不足蛇吞象”罢了。如果不肯分享财富，财富就不会朝着你汇聚。

第三章 / CHAPTER THREE

# 新品类发展与差异化

第1节

## 品类联盟

建立品类联盟必然需要有足够多的参赛选手加入。要想为新品类吸引足够多的参赛选手，就需要加强对新品类的宣传，以此来吸引更多的参赛选手及供应商，这样做能召集足够的盟友，会聚成一股主力，提升新品类整体的杀伤力，这才是真正的品类联盟。

品类联盟具有重要意义，能缩短新品类成长、崛起的时间，可以让新品类在初期就形成一股让人无法小觑的势力，并让顾客感觉到市场中已经有了一股新势力产生。

品类联盟还可以加快新品类取代既有品类的进程。新品类和既有品类虽同处战场之中，但各自的命运却截然不同：新品类越来越强而既有品类越来越弱。为什么会发生这种情况？因为新品类活动中的管理者知道，只要一日不取代既有品类，就仍然会面临着诸多威胁，人们在遇到危险的时候往往最团结，在凝聚力足够的情况下，自然能发挥出强大的战斗力。开创新品类在前期需要有足够庞大的队伍去推动才能建立自己的领地，让第一领地进攻覆盖面更广，辐射的区域更深入战场，据此，新品类与既有品类站得更近，在与既有品类竞争的同时，被顾客关注，甚至产生替代既有品类、加强影响等实质效果。

建立品类联盟是新品类活动中至关重要的一步。既有品类已过盛年期，品类联盟中人心涣散，彼此之间已经过无数的战役，结下了大大小小不同程度的仇恨，这个时候是很难团结在一起的；而新品类联盟，一大群勇猛果敢的初生牛犊，没有什么历史包袱，不知道挫折和失败是什么，有的只是一颗求胜的心。还需要说出谁胜谁败吗？而这不正是新品类联盟领导者所需要的吗？对于群体而言，获胜是很容易的；而对于个体而言，获胜的难度是很大的。

同盟有了，就可以开始发起战役了，有多种战术可以使用，如侧翼战、游击战、进攻战、防御战，但并不是每种战术都适合领军者使用。盲目、错误地使用战术会导致商业竞争的失败，合理地运用好战术需要军事家的智慧，所以品类联盟的领军者在懂一定谋略的同时还需要有战略意识，需要配置擅长商业竞争的人辅助自己，切忌兵行险招，因为这时候新品类极其弱小，品类联盟的内部关系也不稳固，稍有不慎就会土崩瓦解。还有另一种方法，就是管理者可在短时间内掌握一种可应用于新品类活动及品类联盟的适应性战术，与既有品类进行商业竞争。

放行及遏制参赛选手其实如同开放及收纳。这时候进来的参赛选手尚未变成竞争对手，他们都是很弱小的参与者，都没什么成就，但凡能有一些贡献，都会有利于新品类的发展。而一段时间之后，他们扎稳了脚跟，也有了各自的贡献及占据的领地，这时候如果让他们离开，无疑是很困难的。

吸引就如同宽松放行，遏制就如同严格清退，这其实需要运用对应的品类理论及对应技巧，理论可见于很多相关著作，那技巧从何而来呢？技巧从大量练习、实战中来，或者因天赋而获得，你需要满足其一。当你只具备品类理论而不懂对应技巧，如果在放行上没有遵循一定的规律，不知道在某个阶段该吸引多少、保留多少，就会为自身及新品类后期的清退埋下很大的隐患，俗话说“请神容易送神难”，就是这个道理。

管理者对于品类的维护算是市场行为，也会受到品类竞争的影响，所以管理者要意识到品类同质化的问题要得到控制，不能超过80%，最佳状态为保持在75% ~ 77%，若保持在60% ~ 80%，该品类可能不会引起普通群体的注意，而普通群体有一部分转为购买新品类中具有品牌差异化的产品，同质化品牌瞬间占据80%并不现实。

如果新品类开创者能够为主要竞争对手的敌人提供足够的帮助，那么在未来会顺其自然地将对手孤立。商业竞争与军事战争本质相同，自然也会涉及谋略。今天你以什么方式取代既有品类，日后晚生的新品类也有可能以同样的方式来对你发起进攻。对于管理者而言，保持足够强度的学习，自然能够避开日后的落后局面。

品类联盟通常由开创者发起，因为它作为新品类的头部品牌，最了解新品类与既有品类两者间的优劣势，能够对既有品类中的各个品牌的劣势进行分析，也能够防止新品类中的各个品牌产生劣势，为品类联盟做出真正的贡献。组建品类联盟的领导者往往具有谋略、才能、大局意识，能给新品类的成长带来巨大帮助，而不会计较目前的得与失，同时在新品类未来发展上能够考虑得极为长远，这一切都有利于新品类尽早取代既有品类，而组建者得到的最大回报是新品类在取代既有品类之后的未来几年甚至十几年的时间里为组建者提供着源源不断的竞争力。在保障新品类活动的利益的情况下，也保障了组建者的利益，这才是新品类活动具有的实质意义。

当然有时候也会产生意外——虽然发生概率较低，但还是时有发生——品类联盟并不直接由开创者组建，而是由跟随者、模仿者组建。虽然跟随者、模仿者没有开创者的先天优势，而且也无法做到一呼百应，但丝毫不会影响品类联盟组建好之后做出的成就。这也督促开创者尽快运用起先天优势，否则先天优势就会消失殆尽，或者被那些通过努力而获得后天成功的跟随者、模仿者夺走。这种情况我已经见过多次，发生这种情况皆因为新品类的开创者不作为，抱着趋利避害、不懂分享、只想一家独大的利己心态，不想解决目前存在的社会问题（就业、税收、创新、产业发展、国家竞争力）。因为在本质上，所有人的目的皆是不断改善、强化新品类活动的竞争力，即便一时没有组建者，最终还是会诞生一名天选之子，而这名天选之子必然会解决争端，建立起适应新品类发展的规则及秩序。所以，无论是谁成为品类联盟的领导者，只要对新品类活动有益，皆能使新品类良性发展下去。究其原因，管理者共生在品类之中，在得到庇护的同时，竞争也是无情的，品类总是会找出一个领导者，带领品类发展下去，而不至于因为部分人无作为而断了生机。

甚至有些新品类中会出现好几股不同的势力，或者说形成多个不同的品类联盟，它们虽各自作战，但在小群体内同样做着技术共享、经验交流、技艺切磋等与品类联盟无异的事情，区别就在于这些事情暂时没有完全公开，或许是各自忌惮、战况未明、时机不成熟等原因造成。但有一点可以确认的是，通常是谁解决了矛盾纷争，谁就来担任品类联盟的领导者。在这种情况下，品类联盟的管理者要有大局观，那就是先打天下，内部发生矛盾时先团结内部，形成一股强大的力量。通常需要制定一个阶段性战略来增强适应性，阶段性战略以加强新品类竞争力为要，而阶段性战略的有效时间则由竞争局面决定（通常以战况、战态、战耗来判定），最终让大家共同抵御外敌。新品类只有在内部存在良性竞争，才能更好地通过每一场小战役战胜既有品类。应该注意的是，不要将此时还未脱离危险的新品类搞得乌烟瘴气，让其孱弱不堪。形成品类联盟的主要目的，就是强化新品类的竞争力，因为只要一日无法取代既有品类，新品类的生存就会不断遭受压迫，甚至岌岌可危。

这时候可不能让利己的思想成为主导，参与者应该积极地寻找有利于新品类发展的方式。只要新品类能取代既有品类，大家都会变成新品类的功臣。新品类的初成也意味着既有品类的覆灭，覆灭之时其实是品类联盟中的功臣论功行赏之日，大家都能看到一片利好的景象，但这个时候，往往也是品类联盟瓦解之日。

因为形成品类联盟最主要的原因本来就是利益，是利益跟危机撮合大家走到了一起，现在危机解除了，原先的敌人消失了，自然原先的盟友随时有可能以新敌人的身份出现，转变的主要原因就是利益。这并非什么背信弃义，而是你无法保证在你不主动攻击其他人的同时，其他人也能忍住不攻击你。所以，往往功成之时，就是新敌人出现之时。到这里，管理者应该也能明白，为何这时候往往不需要品类联盟了。

顾客的青睐及疯狂的购买行为会大幅度从既有品类转移到新品类，一些曾经并不具备竞争优势的管理者，在逐渐摆脱在品类竞争中使用同质化发展、低价销售的恶习后，也能享受到新品类活动带来的灿烂日子。既有品类的覆灭及新品类的崛起，我称之为“新品类第一段和平时期”，其实这时候新的秩序还未完全建立，所以大部分新品类的规则是不细致的，甚至是错乱无序的。大战之后，一片宁静的表面实则暗藏危机，其中，有些管理者忙着收拾战场，有些忙着壮大自身实力，有些忙着抢占市场，这个局面没有谁能一下子控制住，只能在日后的商业竞争中逐步改变。

## 第2节

## 真正的胜利

介绍品类联盟的形成、发展、瓦解等几个阶段，有助于管理者更清晰地了解品类理论的真正作用。品类联盟其实还有较大的后续作用，如品类联盟的领导者其实能够减慢品类联盟的瓦解速度。

“功成之日，瓦解之时”，这对于新品类必然是有害的，因为这时候的胜利其实还不够稳固，而且既有品类也并非完全死亡，它们不甘心就这么轻易离场，毕竟这个市场它们已经扎根这么多年，只是被看上去比较勇猛的新品类暂时性取代而已，卷土重来未必不会取胜。

而顾客看到原先很团结的品类联盟现在接触危机之后变得自私、短视，完全不顾新品类的未来发展，感觉到新品类的创新速度在变慢、甚至停止了（它们变得没有危机感了），因此在购买时也显得踌躇不决。品类联盟以前所拥有的和谐现在全然消失，留下的只是成员间的相互防备。

这时候新品类还不能说处于绝对的强势地位，支持者虽众但忠诚度不高。毕竟顾客对既有品类有习惯性的依赖，在顾客的认知中，既有品类虽然发展落后，但质量稳定。顾客与既有品类的关系尚好，且还有小部分群体其实是支持既有品类的。诸多原因导致既有品类存在死灰复燃的可能，当然死灰复燃的可能性大小由既有品类的创新程度所决定。

新品类在大战之后往往处于外强中干的状态，品类联盟领导者如果意识到这一点，就要将品类联盟维持下去，成员们的关注点必须放在新品类的发展上，而不是一味逐利，这样才不会让取得的阶段性胜利变成昙花一现。若是顾客将问题提升到这个高度——新品类未来的发展该如何进行下去；既有品类离场，是否过早了一些？那新品类在品类竞争中的地位将会动摇。

之所以探讨这些，是因为有时候管理者会把阶段性胜利当成永久性胜利，他们会觉得既有品类的离场代表着不可能返场，而且在未来很长一段时间，自己都不会有任何风险，其实这只对了一半。任何竞争、任何竞争力、任何竞争优势都存在于市场竞争中，包括品类竞争。所谓的胜利其实都是阶段性的，甚至是暂时性的，并没有永久之说，甚至在纷乱多变的竞争环境中，有时候明明已经取得胜利，但只是想要获得一两个月短暂的安静，那也只是奢求。胜利会停留，安静也会停留，但不会长久停留，管理者必须要有时刻再次投入竞争的准备，一旦对竞争产生非理性的认识，未来必然会再次走上既有品类的老路，结局往往是功亏一篑。

所以新品类在与既有品类决战中的胜利，往往并不是真正的胜利，通常在取得胜利之后，需要有所行动来巩固自身的竞争力：

① 通过使用“豪威尔特性调研”来获得顾客的想法（不要求真实，顾客对所有品牌都不存在真实的想法，这本质上是由“顾客也会说谎”决定的）。

② 通过使用“豪威尔新品类步骤法”来验证新品类与既有品类间真的具有无法跨越的鸿沟。

③ 通过使用“豪威尔品类防守战略”来检查新品类的竞争壁垒是否已经建立，竞争壁垒可以让新品类在多久之内处于市场领先地位。

④ 通过使用“豪威尔战略打分榜”来检查既有品类覆灭之后的动向，判断其是在找机会卷土重来，还是彻底死心，最终目的在于彻底封锁既有品类的进攻。

这些品类理论及方法，在前文提及的网站中都可以找到，管理者可以自行搜索使用。

避免把小规模战役当成终极大决战，这是在商业竞争中需要注意的，因为谨慎过头是为了避免再次经历让自身重蹈覆辙的战役，与粗心大意不同。粗心大意其实是先降低了自己的警觉性，却为日后爆发的冲突埋下一颗定时炸弹，往往会让之前积累的优势毁于一旦。一厢情愿地期望没有冲突爆发是不符合现实情况的。商业竞争中，每个品牌皆是逐利而行，在有限的时间内，冲突、各类战役往往会接连爆发，这就让一些管理者倍感头痛，甚至无力前行，最终产生对商业竞争的不适应性，这些不适应性会导致接连出错，进而被对手剿灭。

有些狡猾的对手会释放出错误的信号让你深信不疑，进而导致你更加坚定对战局的错误判断，并做出一些平日根本不会做的愚蠢行为。如品牌延伸、低价竞争这些行为在平日中几乎不可能是一个高度专业化的品牌会做出的市场行为，而当战役上升到一定程度时，你可能会不得已做出此类行为，以试图获得更大的竞争优势。

格力分心去做冰箱、电饭煲，华为做电脑、汽车，联想再度进入平板品类……大品牌在创新方面有着羡煞小企业的优势，但在犯错误方面，也丝毫不比一些小企业马虎。

当和平来临时，我们需要加以判断，避免类似竞争的再度爆发，尤其是在已经积累了足够的经验之后，重复的同类型战役其实对我们的进步不会起到很大的作用，甚至只会消耗我们的精力及资源。若是一步走错，将阶段性胜利当成永久性胜利，误以为既有品类已然消失，就等于给了既有品类卷土重来的机会，而卷土重来的攻击会比之前更加迅猛。一旦让既有品类恢复一定的气力，其占据市场领导地位的气势就会逐步显现出来，日后想运用同一种方法剿灭既有品类就是痴心妄想了。商业竞争中，能找到一种具有适应性的有效方法本就不易，若想在已经使用过且有效的方法外再找到一种新的适应性方法，就更难如登天了。

## 第3节 抢占先机

我见过许多令人深感可惜的例子，国内的企业管理者中不乏拥有先进观念的，却迟迟不肯迈出重要的步伐，这种过于迟缓的行为不仅会使品牌失去在品类竞争中本可以建立起来的优势，也会使品牌因错失时机而无法得到充足的养分，最终经营绩效不佳，甚至失败。国内的大部分管理者认为，创新及新品类活动是大企业的事情，只有大企业有能力做这件事。其实不然，每个大企业都是从小企业做起来的，企业如果没有顺利度过孕育期、婴儿期，又怎么能达到盛年期呢？现实中管理者如果不尽快进入盛年期，则处于婴儿期的时间会无限延长，甚至被迫退化至孕育期。要么从幼儿园顺利毕业，要么就一直待在幼儿园甚至辍学，但其实大家都知道，从幼儿园毕业是非常简单的，一步一步往上走，等到进入青春期，再顺利地从中学毕业，最终是否能成长为高才生取决于前面阶段的发展如何，对应着品牌在市场上的发展，着实是非常重要的。

管理者不能想当然地觉得品类竞争无用，因为品类竞争天天都在变化，顾客也不清楚自己需要什么，问了也是白问，这在发展上其实是限制性的问题。询问消费者需要什么不仅无法使品牌更加强大，反而会让品牌变得软弱无力，正确的做法应该是尽快加入市场竞争。如同你会不让你的孩子跟其他孩子一同玩耍吗？

你的孩子处于婴儿期，比别人家的小孩更有优势，这时候仅仅是“同小区”内的小范围优势。

等孩子进入学步期，就要考虑去更大的地方发展了，相较于更大范围内的其他孩子，是否也能同样更有优势呢？

青春期加入一所高级贵族学校，是不是可以使其遥遥领先于绝大多数的孩子呢？

我把“小孩及其所处的环境”与“品类发展阶段对应着品类竞争的不同强度”结合起来，便于让每个“家长”明确“管理者与品类竞争的关联性”。我知道家长会尽全力为下一代铺好光明的大道，孟母三迁、画荻教子体现着长辈为下一代的贡献，而在品类竞争中呢？现在你是否也为你的品牌“孟母三迁”呢？别忘了，管理者存在的意义体现在创新及顾客两个方面，倘若你无法做到，会有人愿意办成这件事的。中小品牌最高层的管理者如果没有创新力，那中层管理者及基层人员大概率也是无能为力。我曾经参加过一些大型内部会议，高层管理者不断感叹“创新太难、创新太累、赚钱不易”，这种挫折情绪也会传递给中层管理者及基层人员。其实中层管理者及基层人员未必会觉得新品类活动困难重重，他们没有成功过，没有历史包袱，同时有着克服困难的决心，这也表现出他们对成功的渴求。高层管理者掌握着品牌发展的关键命脉，哪些要发展，哪些不发展，高层管理者必须是最了解的。同时他们掌握着重要资源的分配权，好的差异化策略对品牌是非常有帮助的，但倘若高层管理者是错误的，那品牌的发展也就岌岌可危了。我建议国内的所有管理者都以科学的方式发展自有品牌，主动学习品类竞争的原理、方法论。应对品类竞争的变化最有效的方式就是比品类竞争速度还要快，这说起来容易，做起来确实非常难，这就要求管理者持续不断地学习，时刻保持对品类竞争的敏锐度。

拥有先进观念的第一步是掌握有效的系统化原理、方法论，只有找对方法才能正确开展新品类活动，做到事半功倍。中小品牌管理者必须根据新品类活动的进度进行相应知识的学习，必须要为下一个挑战做好准备，不能总是期望在品类份额下降、利润下降时有人能救你于水火之中，要让自己也能够独当一面，处理品类竞争的问题。在了解一些成功的新品类活动时，你就可以开始制订属于自己的学习计划，并亲身验证知识的有效性。我相信方法的力量，相信自己在运用了相关的系统化方法后能够收获成功的喜悦。我建议你花几天时间，找一个安静的地方，静下心来翻阅此书，找到一些感兴趣的点，可以读得慢一些，做一些标注及评论。通过这样的阅读，你能快速找到本书的价值点，并决定如何进一步使用本书。在日后的新品类活动中，你可以根据实际需要，利用本书的一些价值点解决你所遇到的问题。无论采用哪种阅读方式，我都希望读者能够静下心来，带着“良性增长”的心态，带着经营上的问题、品类竞争的问题、差异化的问题，边读边思考，边思考边寻找答案，我衷心希望你能够使用本书找到“黄金屋”。

## 第4节

## 新品类差异化

高效地对品牌实施差异化，必须有序地展开。首先要对相关的原理、方法论进行简单的梳理，只有对“可用知识”加以整合并与新品类活动的相关人员“采用一种方式”进行思考、讨论、行动，大家才能在一个阵营中无缝交流，这也在某种程度上确保了实施差异化活动的质量。

很多中小品牌管理者会对差异化有多种理解，如：

差异化就是一个与众不同的点子；

差异化就是研发出来的新技术；

差异化就是开发出来的新品类；

差异化就是一种全新的商业模式。

甚至有些管理者认为差异化无处不在，找到就可以使用。

上述理解有些是对的，而有些并不全面，不能说完全是错误的，但新品类活动中的差异化其实是“形成一套与竞争对手与众不同的战略定位”。为了扩展中小企业管理者的思路，我们可以拓展出：

差异化为顾客谈论；

差异化为大众关注；

差异化为顾客青睐。

我相信一些管理者已经明白差异化是什么了。

新品类的差异化用于品类竞争，有助于顾客区分新品类与既有品类。既有品类也可以理解为细分市场，而新品类则是分化市场。分化市场是“品类份额从 0（无）到 1（有）甚至是 1000 万（旺盛）的新市场”，而细分市场则是“为现有市场提供更加细致、周到的产品或服务”。

新品类所实施的差异化与竞争对手的差异化有什么区别，能够带来哪些有效改变，为顾客解决哪些痛点，这些问题的答案就是顾客之所以选择你而不选择你的竞争对手的主要原因。

实施差异化的第一步是改变，差异化本身就意味着改变，如果还是运用现有的产品来实施差异化，是不可能有效的。

而差异化本身也意味着存在变数，这是差异化本身应品类竞争的要求不断产生“范围移动”，今天品类竞争的风向是“流畅”这一超级武器，明天则可能是“开放”。你并不是在真空中竞争，品类竞争所导致的风向变动，也不随着管理者的心意改变，不变的代价可能是消亡：当周围环境气温逐渐变高时，你需要尽快找到充足的水源给身体降温，而不是找到最近的水源，这两者之间是有区别的。如果你想在强敌林立的品类竞争中存活下来，就必须要改变，进化才能使你更好地生活，活下来的都是最适应自然环境的，而不是最强大的，所谓的强大针对的也只是现有的竞争对手，而不是未来的竞争对手。每个管理者都会对未来所实施的差异化活动进行提前准备，没有哪个聪明的管理者是这顿吃饱、下顿饭还没着落的。在全球领域内实施新品类活动差异化的领导者更是知道：他们的竞争对手对于 3 年后应该如何发展，在 10 年前就已经准备好了。他们随时分析环境的变化，一旦风向发生改变，马上舍弃现有的明星产品。

管理者必须要知道，既有品类曾经也是依靠品类竞争而获得胜利的，那么，现在的新品类要想获得成功，也无法逃脱自然规律，依然离不开市场竞争。当市场竞争起作用的时候，新品类才能成功，或者说所实施的差异化才能成功。当然，市场竞争只是新品类获得成功的基础条件，如果想要获得最终的成功，就必须先一步加入市场竞争，想要脱颖而出，必须实施差异化，由此得出一个结论：对新品类实施差异化是获得成功的必要条件。

曾经有人提到，需要用一些“新结合”来提高新品类活动的成功概率，我不清楚这指的是什么，盲目使用一些新词又无法给出清晰的定义，只会让中小品牌管理者的思维愈加混乱。我反对通过渲染将一个简单的事情变得复杂，这无法为解决问题带来任何帮助。我们需要的是站得住脚并且能够马上应用的知识，而不是一些看起来很复杂实则无用的东西。

## 第5节

## 克服“风险恐惧症”

实施差异化并非如同一些专家提出的“事事创新、处处创新、人人创新”，这其实无益于成功。实施差异化虽说需要全体员工上下一心，主动积极地推动，但其实只需要针对到点即可，也就是用一味药就可以药到病除，而不是像某些专家指出的，实施差异化要像喊口号一般，天天挂在嘴边，这并没有深刻影响深层次的实施。这就涉及对战略定位地图的深层次理解，如乔布斯通过带领 iPhone 进入战略定位地图中，寻找到了 iOS 系统这一差异化，并对 iPhone 产品的项目成员进行深层次的影响，告知大家这将是 iPhone 在未来 15 年甚至 30 年一直持有的“超级武器”，这一“超级武器”将给世界带来哪些改变，给国家带来哪些贡献，给产业带来哪些改善，直至每一个项目成员都能理解，加上在日常活动中充分表现这一“超级武器”能带来的物质与精神上的影响，之后企业上下形成了完全的统一，并发挥出更加强大的力量，这是一种叠加的效果，像豪威尔杠杆中彼此之间的相互作用：不断叠加、不断递加价值，最终形成独一无二的品牌溢价权。

新品类实施差异化活动并不是一蹴而就的。我做过的一些新品类项目中，一些管理者总是觉得新品类活动“投入非常大，大到难以想象；风险非常高，且未必能带来足够的收益”。是的，未掌握开创新品类活动的系统化方法的管理者，用普通的思维方式进行思考，确实只会得出这样的答案，但如果受过系统化的指导，他们会茅塞顿开，惊讶于为何掌握了方法就能迅速改变十几年都无法改变的东西。我想告诉已经在阅读本书的管理者，这并不是什么难事，在做咨询顾问的十余年时间里，我认为的困难只是没有更多的时间用于学习，只要有充足的时间用于学习，就会发现之前的困难停留在了那个阶段，这其实就是我经常提到的“对既有知识的新颖运用”。

管理者在对新品类活动实施差异化时，会经常给自己设定限制而不是制造机会，他们会用所有的时间“专注于困难”，而无暇“创造机会”，结果往往是永远触碰不到实施差异化为新品类活动带来的巨大收益。而实施差异化不仅可以使管理者收获自身的成长，还可以使其带领团队成长。很多“专注于困难”的管理者并不懂得这些，这也是他们未将管理者的职责履行到位的原因。他们不清楚自己应该做什么，及如何行使管理者最基础的职责——有关“创新”及“顾客”，一辈子将自己限制在期望尝试又不敢尝试的现实处境。其实从某种角度来说，不单是大品牌需要对新品类实施差异化，中小品牌也同样需要，或者说更加需要。因为大品牌已经“囤积”了非常多的物资，懈怠几年也能活下去，银行也愿意发放更多的贷款给大品牌；而中小品牌由于市场规模原本就有限，基础也有所欠缺，信用方面也没有足够的积累，显得气势不足。如果中小品牌的产品没有竞争优势，很快就会被市场淘汰，这不是可能的，而是必然的。

国内有非常多的中小品牌管理者存在着风险恐惧症，他们担心这个担心那个，担心不创新会落后，又担心创新了会失败，或者担心小型模仿可能无效，他们在担心中度过了漫长的时间。这些管理者不愿意冒险去做一些没有把握的事情，他们喜欢关上门来进行“自我研究”，可能还会自以为是地找一些乐于倾听的人，来赞同、支持他们的看法，哪怕“没那么错误”也会被理解为正确的、无伤大雅的。在“自我研究”的过程中这些管理者没有考虑到自己只是经营者，并不是市场专家、领域专家。哪怕是全球顶级品牌的管理者也并非无所不能，他们只要遇到稍微没有把握的事情，就会寻找外部专家来处理，通过外包的形式进行强强联合，将目标放在机会上才是管理者与专家需要共同努力的。其实冒险是品牌在市场竞争中的常态，一个拥有伟大胸怀的企业家，最根本的体现就是拥有冒险精神和探索精神，失去了这两点，则几乎与基层员工无异，或者顶多算是一个职业经理人罢了。外部环境是不断变化的，夏天穿背心、拖鞋，到了冬季，下起了鹅毛大雪，你还会继续穿背心、拖鞋吗？管理者也许会说：“肯定不会啊，我会马上拿出我的貂皮大衣、羽绒服、棉袜。”是的，对于气温的变化，人们拥有与生俱来的本能迅速做出反应，这是根本不需要进行思考的。

## 第6节

## 不做“赌徒”，科学对待

对于在新品类活动上实施差异化，你也许没有那么敏锐，但你是否可以调整一下自己的日常行为，增加一些动作，以此来增强你的“本能”反应呢？前面提到如何应对风险，下一句其实就是“只有变化是不变的”，地球会转动，却永远不会停止，否则将不再适合生命体生存。一些短期内风险小的事情，其实长期而言有着很大的隐患，这个长期的隐患会在未被解决之前随时爆发出来，而未被及时解决的问题可能让管理者在无数个日夜寝食难安。

① 只要接得到订单、做好生产，按时交货就可以了。

② 不要打品牌，不要建立固定的销售渠道，则不容易被竞争对手抓住把柄。

③ 代工的风险很小，而且轻资产运作，对于自身而言并没有什么负担。

殊不知这些始终处于市场竞争中价值链的最低端，所付出的精力是品牌化的好几倍，而抓取的利润却只有品牌化的几分之一。另外，市场竞争稍微有点波动，最先受到冲击的其实就这部分没有实施差异化的企业，因为他们没有超级武器，无法在竞争中奋勇杀敌，保护好自己，只能像俎上鱼肉一样任人宰割。像全球最大的代加工企业富士康，在代加工领域内所拥有的市场规模是全球第一，但是在 2008 年国际金融危机来临时也最先遭遇到了冲击，在 2008 年一年内利润下降了 83%。哪怕是在 2021 年大客户苹果公司的 iPhone 销售份额一路强劲的时候，富士康的利润仍然处于大幅下滑的状态。据分析，富士康有将近 50% 的营收都依赖于苹果公司，作为全球最大的代加工企业，却严重依赖苹果这个大客户，其中所存在的风险不言而喻。金融危机到来时，能保持持续成长的只有那些对新品类活动实施了差异化的品牌。另外我还发现了一点，保持持续增长的是一些高度专业化、市场规模很大但内部规模极小或者说极其精简的品牌，无一例外，这些品牌都是实施了差异化的中小型企业，它们都拥有杀伤力强劲的超级武器。

正如腾讯公司，大部分网民都知道，这家企业是因为开创了即时社交之后才强大起来的，而不是由于强大才开创了即时社交。

在实施差异化新品类活动时，一定要有科学的观念，如果你认为成功是因为运气不错，那你会很快丧失成功的敏锐性。有些管理者就存在赌徒心态，而且很严重，他们将失败归咎于运气不佳，并未在失败的基础上寻找能够改善的方法，而是始终将成功与运气挂钩，“只有等天气好的时候，我们才会出动。”这是一种严重的机会主义导向的工作方式，所导致的往往都是失败。

我们再看一个现实中的例子。国内有一家做山寨手机的企业，所有项目的推出都是由董事长、总经理及设计公司“三人智慧”进行决策，几乎总是快速地决定是否进入市场，而并未结合市场的实际情况。如果一个项目失败了，“三人智慧”会庆幸自己的速度比其他人快，进而“果断”地进行另外一个项目。他们希望在10个项目中能够押中至少3个项目，从而大赚一笔，抵消其他项目的亏损并获得利润。该企业最多时有将近200个人，其中开发人员占了70%，其品牌在国内山寨手机中是内部规模比较大的。结果在短短不到1年的时间，这家企业的“运气”就耗光了，同时也迅速在市场上销声匿迹了，而“三人”还在感叹为何没碰到好运气。

新品类活动是一件系统性强且非常严肃的事情，决定了管理者的去留以及企业的生死存亡，也是预示企业整体发展状况的关键因素。管理者作为掌舵者，一定要认真对待，差异化实施新品类活动不能靠拍脑袋，也不能靠赌徒心态，而应该遵循着系统化的方法，科学地进行。

2022年，市场已经进入一个供大于求的时代，靠增加内部运营效益及降低活动成本很难在市场竞争中胜出，要想在市场竞争中取得胜利，参与竞争者要开创一个全新的品类，取一个新的品牌名字，并为新品类活动实施创造足够的差异化，与此同时，还要为品牌找到一个绝佳的定位，以此持续性地为自身构建竞争优势。不断地淘旧掘新才能让自身迸发活力，否则自身会因为充满老旧细胞而面黄肌瘦。倘若管理者能够寻找到具有变革性的超级武器，同样会让你的竞争对手无从防御，甚至可以对竞争对手发动“精神攻击”，因为有效的方式才是市场竞争中最为关键的因素，至于所持有的超级武器以什么形态来呈现，并没有那么重要。

## 第7节

## 创新需要反其道而行

人喜欢简单，自身却趋于复杂。我们都喜欢那些简单的事物，因为简单意味着可以一语中的，而复杂总会让我们去猜测，让我们绞尽脑汁却依旧琢磨不透。

在日常工作或者生活中，面对难度比较大的事情很多人会选择推脱，因为挑战越大意味着成功率越低。由于长期对于失败存有恐惧心理，大多数人耗尽前半生仍旧碌碌无为，安于现状的想法让他们不得不向现实低头，在平庸的道路上一路走到天黑。其实，如果你想建立起自己的差异化特征，做到与众不同，就必须去做别人不敢做的事情，接受别人无法直面的挑战，而那些别人不愿意或者没有能力完成的事情将会提升你的差异化价值。

对于很多会游泳的人来说，游泳这项技能是在自己快要被淹死时才学会的。因此，我们只有身处逆境或者绝境中才能发掘出自身的潜力，并且把这种潜力一步一步放大，最终为我们建立起差异化的竞争优势。付出和回报在同一个环境下发生，多劳多得，少劳少得，不劳不得。在直面挫折和面对挑战时能够处理细节、迎难而上才是建立差异化竞争优势的关键。

优胜劣汰、新事物取代旧事物将是一种必然，在世界经济大环境下，只有新品类才能更好地适应全球化经济发展模式。而对于一件商品而言，越具差异化就越能引起人们的关注，因为差异化自带着同质化产品无法拥有的价值。

进行品类创新完全是为了顺应时代的发展趋势，人类日益增长的物质文化需求给品类以压力和动力。创新并不是一件简单的事，所以在现实生活中能够进行创新的企业少之又少，但成功进行品类创新的企业无一不在最后成为行业中的佼佼者。

美国著名的企业家、发明家乔布斯，一生取得诸多的辉煌成就，他不仅是苹果公司的创始人之一，也是皮克斯动画公司的创始人。苹果公司在成立的前十年，通过不断的创新，最终研发了“苹果 1 号”电脑。1985 年，乔布斯离开苹果公司并成立了皮克斯动画工作室。1996 年他再次回归苹果公司并进行大刀阔斧的改革，先后推出了 iPhone、iPad 等划时代的产品，而且这些产品无一例外地都取得了巨大的成功。2013 年，乔布斯与世长辞，他的生平、个人事迹、领导及管理经验都成为人们热议的话题。乔布斯之所以能取得今天的成就，让苹果系列产品广受消费者的好评，最重要的就是不断创新，而现在的苹果公司也在乔布斯的基础上不断推陈出新，推出了如 MacBook、Watch、AirPower 等全新品类。创新所带来的差异化价值是不可估量的。

中国拥有全球最大的消费市场，但是在创新领域落后于很多发达国家，这或许与我国的历史文化有关，在古代中国，人们对于创新保持高度警惕，对于失败存有一种恐惧心理。今日，成功论在人们的心中已经扎根，人们鄙视失败，甚至对尚未取得成绩的开创者给以言语讽刺。

第一次工业革命和第二次工业革命都产生于西方国家，在很大程度上推动了社会经济的发展和综合国力的提升。而同时期的中国正处于闭关锁国的状态，抵触和排斥新潮理念。到了近代，帝国主义用枪炮打开了中国的大门，在这个时候我们才意识到自己的无知和落后，“师夷长技以制夷”与“师夷长技以自强”的方法论才开始被大家接受，而后期的洋务运动只是那个时代的缩影。

其实，无论在哪个年代，创新一直都是推动科学技术进步的主要力量，国家落后意味着技术被他国垄断，企业落后意味着最终只会成为社会发展的牺牲品，而个人落后则意味着无法拥有差异化价值，意味着在竞争中被迅速淘汰。总之——落后，就要挨打！

## 第8节

## 站在常人思维的对立面

你有表达的权利，但如果我不赞同，那么你的见解我只能听一下，我会把自己当作一个听众，等你讲述完让我会继续坚持自己的观点；但如果我赞同你的观点，说明你的演讲能够说服我，甚至颠覆我对于某些事物的认知，那我一定会崇拜你，并将你视为未来旅程中的偶像。

在现在这个纷繁复杂的社会，不被理解的现象随处可见：年轻人不理解老年人，觉得老年人思想保守、墨守成规，而老年人觉得年轻人的思想过于开放，与传统文化相斥；喜欢安静的人无法理解喜欢热闹的人，无法接受迪厅里嘈杂的电音，也不能理解为什么会有人痴迷于这种可以让大脑炸裂的分贝，而喜欢热闹的人同样不理解为什么这个年代还会存在如此无趣的人，啃书是一件多么无趣的事情，与热辣的节奏和冰镇的啤酒相比，安静的意义是什么？人们总是在表达我能理解你，却总是无法真正地理解。

那些伟大的科学家是最难被常人理解的群体，他们长期把自己关在实验室内，因此无法与外界过多地沟通。由于研究需要集中注意力，他们习惯性地把自己关在一个封闭的空间，在外界看来，这种行为几乎是疯狂的，难以理解。因此每一个科学家都是常人眼里的“疯子”，这也正是科学家与常人的不同之处。

理解是情感的纽带，也为通往彼此心灵深处搭建起桥梁，是人与人之间建立关系的基础。特别是在今天，能遇到一个可以理解你的人更加难能可贵，想让每个人都理解你，这并不切合实际。每个人都有自己的生活方式和成长经历，所以不同的人理解能力自然是不一样的。

普通人之间的不理解主要是因为无法换位思考，学会站在对方的角度去想一件事时，你就能明白对方为什么会这样做。同一件事情，处理的方式不同导致最终的结果产生巨大的差异，在你看来一个很简单的结果其实是对方花费了很多精力才得出的，而你之所以觉得简单，是因为别人给了你思路，如果让你从零开始，你不一定做得比对方好，甚至无法获取成功。

普通人与非常人之间的相互不理解主要是因为角色定位不同，我所说的非常人指的是那些经过千辛万苦站在聚光灯下的先行者或管理者，比如为社会发展做出贡献的企业家，也就是站在金字塔顶层的那个群体。普通人思维的出发点是解决个人生活中的问题以及规划个人的未来发展方向；非常人思维的出发点是带领企业达到更高的高度，创造更多的社会财富、社会价值。因此两者在目标上就形成了差异，普通人不理解非常人为什么要去赚那些已经多到花不完的钱，而非常人不理解为什么普通人赚钱那么难。

优秀的人受到的争议也是最多的，美国总统选举中，很多最后的赢家得票率只比对手多一点点，也就是说，有一大部分选民要么反对他，要么选择弃权。所以正常情况下，有人反对你是一种很正常的现象，如果没有人反对你，此事必有蹊跷。没有几个人能经受得住糖衣炮弹的轮番轰炸，所以，光鲜亮丽的背后往往有所隐藏。

我们都听过这样一句话，真理总是掌握在少数人手中。因为那部分人思想超前，对于未知事物敢于探索，对于既有的观念敢于挑战并不断突破。很多人认为他们违反常规，与正统思想相违背，所以以为创新就是违反了自然法则，违反了平衡发展的规则，而创造就是对既有事物的一种破坏。但是真正能推动社会发展进步的，恰恰就是这些违反常规的思维逻辑，它颠覆了人们的认知，同时也为社会的发展注入了新鲜的血液。因此，大多数人所掌握的道理并不能算是真理，最多只能算是一种通用思维逻辑。

意大利伟大的诗人但丁说："走自己路，让别人去说吧！"这句话深度表达了做自己的重要性。作为一个常人，坚持自己的个性是很重要的，个性让你变得与众不同；但是一个领导者或者对社会具有影响力的人，就不能这样思考，因为你代表的不是个人，你还需要承担相应的社会责任，能力越大，担子也就越大。这就是常人与非常人的不同之处。

作为新品类的开创者，你需要站在常人思维的对立面，去做别人不敢做的事情，想别人不敢想的事情，而且相信自己做的这件事情具有现实意义，能够创造出独特的社会价值。除此之外，对于既有品类和既有观念对你发起的进攻，你必须死守住你的阵地，在成长的道路上坚定不移。

第四章 / CHAPTER FOUR

# 如何实施差异化

第1节

## 如何构建差异化

前文中，我把新品类与旧品类进行了对比，阐述了新品类与旧品类之间的三大不同之处，其中最重要的一点就是：新品类取代旧品类是经济全球化发展的必然，这也是新品类存在的意义。那如何才能为新品类构建差异化呢？

差异化靠的不是创意，也不是小聪明，更不是凭空想象，在构建差异化时我们需要明白它在社会经济环境中是否具有合理性。所谓的合理性也就是科学依据，我们要用论点去佐证差异化，毕竟差异化不是凭空捏造出来的，以既有品类作为发展背景的新品类，必须清晰地界定好自己的竞争对手，从市场竞争的角度出发，去颠覆人们的固有认知。

差异化是由消费者赋予的产品特征，因此，其不能局限于产品外在的形式，不是说拥有奇怪的外形就是差异化了，这个你可以有，别人肯定也可以有。真正的差异化可以跟其他产品进行有效区隔，就比如新品类与旧品类的差异化之一就是新品类具有强大的生命力和发展空间，且已经逐步呈现高速成长的势头，而既有品类逐步走向衰落。

新品类的成长是一个从0到1的过程，它的“新”只存在于某个特定的时间和特定的场景，之所以“新”是因为它表现出的与众不同、独一无二、自成一类。在卡尔·本茨还没有发明汽车之前，马作为人类主要的交通工具在人们的日常生活中有着举足轻重的作用。但是随着汽车的出现，马的这一地位开始逐渐被削弱，最后完全被取代。汽车的“新”是因为它从无到有，它的有效差异就是拥有动力系统。

由此可见，差异化就是区分你和竞争对手的东西，它不一定要与产品相关，但是它要求与竞争对手之间存在具象化差异，可以是卖点上的差异，也可以是营销渠道上的不同，还可以是定义上的差异。希尔斯代尔学院向它保守的支持者提出一个独特的营销方案，也就是拒绝国家的所有帮助，包括联邦担保贷款，这使得它与其他学校存在差异，因此它把自己定位成保守思想的圣地，并且用宣传语“我们免受干扰”不断强化这个差异化概念。

开创者为新品类建立起差异化概念之后，还需要寻找一个论点去说明它存在的合理性，也就是用信任状来支撑这个差异化概念，使这个概念更加真实可信。王老吉的广告语是“怕上火喝王老吉”，因此占据了“防止上火”的概念，它建立的信任状：

① 王老吉是一个拥有百年历史的品牌；

② 它采用草本植物材料配制而成，能有效防止上火，且具有降火的功效。

如果你拥有产品上的差异化，就应该寻找论点去支撑这个差异化，而这个论点自然就成了你的信任状。分销渠道的不同导致同一类别的不同产品整体销量大不相同，因此，在推销产品时，首先要为产品或品牌寻找到一个合适的定位，使之能与同类产品具有差异，并且利用这个差异点为界定的原点人群建立利益核心点。

为新品牌建立差异化之后，你必须第一时间把它推入市场，而不是把它藏起来，如果差异化只有你一个人知道，那么在别人看来它充其量只是一种谬论。因此，即便你拥有了差异化，也并不意味着你就获得了成功，你还必须宣传你的差异化，让那些潜在客户知道并且为这种差异化买单。

在新品类刚孕育成形时，它的差异化概念是十分薄弱的，由于人们对既有品类已经形成相对成熟的认知，新概念并不会被消费者迅速接受，它的传播速度极为缓慢，在某些阶段会遭受既有品类以及既有品牌的打压，甚至会出现被扼杀的情况。因此，在实施新品类的差异化时，初期需要循序渐进，让品类带动自己成长，当新品类进入稳定期，就需要大力度宣传新品类的差异化，并以此扩大品类范围。

媒体是宣传新品类差异化最有效的途径，特别是权威媒体，它能够为差异化概念提供高度可信的信任状。我对你说我是一个优秀的人，你未必相信，但若是一个公众人物，你可能毫无防备地相信他说的每一句话。

另外，明星效应同样适用于新品类差异化的宣传。比如：让“篮球之神”乔丹去代言一款球鞋，并且宣传这双球鞋的防滑功能，那么这双鞋必定会受到运动爱好者的关注；假使让“世界上最快的男人”博尔特代言一款超轻跑鞋，肯定也会吸引众多田径爱好者的关注。

总而言之，为新品类建立差异化需要具有合理性，而且在实施差异化过程中需要为差异化概念建立有效的信任状，并通过媒体等途径进行广泛传播，使得新品类的出现能够刷新消费群体的既有认知。

## 第2节

## 寻找绝佳定位

你必须更快地了解企业开展系统化新品类活动对于可获得的良性增长是多么重要，这是中小品牌的必经之路。新品类活动必须采取系统化的方式开展，这也是你对抗竞争对手的唯一有效方式。中小品牌的管理者相对于大品牌的管理者而言，确实对新品类活动存在一定的认知局限。原因是中小品牌经历过的商业战争较少，平台较小，以至于对市场竞争中的不确定性以及变化反应相对迟钝，不如大品牌的敏锐度高，不知如何对市场竞争的不断变化及竞争对手的进攻进行有效应对，从而导致了在细分市场及新品类活动中的失败。竞争的不断变化主要是对手推出的一些极具差异化的新品类影响自身产品的销售，甚至导致有些产品直接“胎死腹中”。而不知道如何应对进攻主要是由于竞争对手使用的超级武器极具杀伤力，正确的做法应当是站在竞争对手的对立面，采取相反的行动。如果管理者面临着一群竞争对手，而不知道如何应对，最佳的做法是寻找一个最有把握的绝佳定位，这个绝佳定位包含了与竞争对手相对立的差异化。如麦当劳的差异化是标准化，汉堡王后来者居上，站在了麦当劳的对立面，在所有活动宣传中都亮出了超级武器——定制。这个超级武器一出现，就迅速引起了汉堡市场中所有品牌的恐慌，原先独霸市场的麦当劳现在遭遇了强敌，哦，不，是所有品牌都遭遇了强敌，那些原本已经脆弱不堪的品牌，现在变得更加支离破碎。汉堡王以此超级武器成功抢夺了麦当劳的一部分品类份额，随后步伐紧跟麦当劳，在汉堡市场中站稳了脚跟。

汉堡王知道，如果想胜利，就要不停地发起对麦当劳的进攻。2019 年年底，英国全国上下的户外广告中几乎到处可见：每一个汉堡王皇堡背后，都有一个被挡住的麦当劳巨无霸，暗含着汉堡王对麦当劳的“嘲讽”，似乎在告诉全世界，汉堡王的皇堡比另一家的要大，要大上非常多！汉堡王几乎没有错过任何一个可以鄙视巨无霸小的机会，它运用皇堡“体积大”这一超级武器对麦当劳的巨无霸发起不间断攻击，可以说是将进攻的作用发挥到了极致。

在此之前还发生了另一件有趣的事，2019 年 1 月，麦当劳因为与其他竞争对手存在知识产权纠纷，失去了“巨无霸”商标的所有权，这也意味着“巨无霸”开始从独有变成大家共同使用。

连麦当劳都知道汉堡王肯定会第一时间站出来嘲笑它，果然不出所料，汉堡王像是准备好了一样发起犹如圣诞节狂欢派对般的嘲讽：瑞典汉堡王开始把自己的菜单都改成了“不是巨无霸系列”。

汉堡王像是一个“大小孩”，60 余年专挑麦当劳的各种不足，把市场竞争当成一个幽默话题让顾客感受到了欢乐，但对于麦当劳而言，就没有

图 4-1 汉堡王的菜单“不是巨无霸系列”

那么友好了。

一个又一个看起来很幽默的话题中蕴含了汉堡王对麦当劳发起的差异化攻击，还有更早之前的“千里送温暖，我们才是真火烤！”汉堡王的管理者似乎非常热衷于在市场竞争中以“不见血”的方式对麦当劳发起进攻。

汉堡王非常喜欢嘲笑麦当劳的汉堡不是广告中宣传的“真火烤”，而事实也确实如汉堡王所说。因为麦当劳在全世界范围内都是“汉堡标准的制定者”，麦当劳在出餐速度上是汉堡业内最快的，它因为标准化出餐享誉国内外。但是它有个致命的弱点，也就是“强势中的弱势”——因为出餐速度太快，无法按照顾客的要求进行定制，也就是说不支持增加或者删减配菜、料包等。

事实证明，汉堡王通过对麦当劳“建立起对立面”，赢得无数的掌声，在每一场小型战役中，汉堡王都能很快抢占麦当劳的市场份额。商业竞争有一个基本原则：相对较弱的一方以建立对立面的形式更能获利。这是因为站在领先者的对立面有助于提高顾客对自己的关注度。这就导致了市场总是有一部分消费者更青睐麦当劳，而另一部分不喜欢麦当劳的大概率会选择汉堡王。汉堡王通过在战略定位地图中寻找到的超级武器对麦当劳发起大规模的攻击，除非麦当劳放弃自己的超级武器，否则可以预见的是：汉堡王不会停止对麦当劳发起进攻。

## 第3节

# 管理者的错误思维

我经常看到有一些高层管理者会提到他们所处的水深火热的环境，他们似乎不太擅长创新，但擅长总结，总结出来的市场竞争情况是“拼产品、拼价格、拼付款条件、拼命”。我以为自己听错了，市场竞争最强大的武器竟然都没有体现在其中，怎么都没有“拼差异化、拼定位、拼特性、拼信任状”？经过对细节的分析，我才意识到，这些管理者所提到的市场竞争其实是处于金字塔最底层的微小竞争，而我为管理者所提供的指导却是针对在金字塔中层、顶端的领导品牌与领先品牌之间的竞争。前者需要企业拼苦力拿酬劳；而后者需要凭智慧收取报酬，利用系统化、差异化，运用商业法则来加强自身的竞争力，获得的报酬可能千倍于前者。两者的规模虽有所不同，但经营本质的差异才是最为关键的。前者为恶性循环，循环不已，越变越坏；后者则是在企业内部创造出一个能有利于持续发展的环境，并让一些有效的工作相互依托、相互加强。在这种情况下，企业几乎可以通过内部循环轻松地应对来自外部的大部分风险。后者采取促进社会发展、促进品类进步的方式，对国家及人民都是有利的，需要社会加以引导，大力扶持；前者设想顾客只能根据价格进行选择，谁的价格低，就考虑谁，导致在一个品类中大家只有通过降价促销来竞争，把所有利润全部都“无私地贡献”给顾客，直至所有管理者无利可图而黯然退出市场。从品类竞争上看，顾客为品牌的溢价买单，是因为品牌拥有清晰的定位、差异化、特性、信任状，顾客一旦了解自己需要哪些，不需要哪些，就能够迅速做出抉择。而没有定位、差异化、特性、信任状的企业，连被记住的机会都没有，只能草率地描述，对产品进行粗糙的包装，他们也不清楚自己的产品是否具备描述中的功能，甚至还面临着被随时起诉的风险、虚假宣传的风险。所以，没有定位、差异化、特性、信任状的产品没有任何价值可言！

很多品牌在新品类活动进行决策评审的关键阶段，都是老板一人拍板的，或者所谓的“专家”草草地对新品类项目的投放做出决定，这种决定缺乏统一的评审准则。经常发生的情况是，不同的人对于阶段存在不同的看法，最终大家无法齐心协力将新品类活动做得更好，有的人觉得应该做，有的人觉得不应该做，最后可能谁的声音最大就听谁的，那自然是老板的声音最大了，一开始所提倡的民主决定最终还是免不了变成一言堂。由于没有科学的评审方式，很多有前景的项目无法及时抓住，而没有前景的项目却进入流程。由于一些企业存在评审准则的不科学性，实施者对新品类活动的前景缺乏信心，于是只能采取广撒网的方式开展新品类活动，在同一个时间进行多个新品类项目，导致项目团队“疲于奔命”及“不知主次”，这在未系统化开创新品类的企业中尤为常见，“只要有项目，我们就做”似乎成为管理者带领企业发展的非常有说服力的佐证，不管新品类项目都存在哪些类型。“只要能赚钱，我们就做”应该是80%中小品牌做决策的标准，而将稀缺的优质资源投入一些只能取得短期效果的小项目上，无法让品牌真正长远地发展，同时项目团队也在长期的忙碌中“伤痕累累”。

明明知道这些新品类活动前景堪忧、收入有限，也毫不犹豫地加大投入，这是很多未系统化开创新品类的管理者所面临的问题，因为他们看上去似乎无路可走。在无法保证项目实施效果的情况下就贸然启动项目，让项目团队人员始终处于高度焦虑的状态，既费神又费力，又没有成就感，还非常郁闷，本不该存在的过度压力也会造成新品类项目人员的流失。

过度依赖项目团队是新品类实施差异化活动失败的原因之一，因为新品类活动中团队本身的能力、知识量、系统化能力会决定新品类活动的成功与失败。例如在新品类项目一开始的阶段，“不得不用”一些项目人员，在项目进入后期某个阶段时这些人员的劣势逐渐显露，这时候若无法进行有效的改变，则会导致这个有前景的项目变得前途渺茫。有些管理者的领导能力不足，如一些阶段流程的负责人缺乏培养专业人才的能力、沟通能力、协调能力，无法对新品类活动的最终结果负责，也使得新品类活动如无源之水，无法顺利进入下一个环节。我了解到的很多管理者缺乏对新品类活动的系统认识，导致差异化活动受困而不能前进。正面临此类问题的管理者应尽快进入系统化开创新品类活动的学习中，以建立品牌在品类竞争中的卓越绩效。

## 4 第节

## 抓住品类竞争机会

品类竞争有助于提高差异化活动带来的竞争优势，如果管理者能够把握品类竞争所创建的机会，项目就会进行得非常顺利。管理者要对新品类活动与对新品类活动实施差异化这两者进行明显的区分，实施差异化并不是简单的跟随及模仿，需要有管理者为新品类附加上变革性，变革性为差异化带来真正的力量，这一力量会在“超级武器”有效时“终身伴随”。而具有差异化的新品类活动虽然威力强大，也有自身的一些限制性因素，需要管理者正确地认识。

管理者在战略定位地图中寻找到的超级武器，不一定马上就能使用，运用娴熟时才能发挥出最大的杀伤力。管理者要认识到的是，变革往往比模仿和跟随的杀伤力大很多，付出的代价自然也相对高一些。正常情况下，真正有杀伤力的变革性新品类，从差异化的实施到上市大概需要 4 ~ 6 个月的时间，短的也至少需要 3 个月。复杂程度更高一些的品类，他们从差异化的实施到上市大概需要 3 ~ 5 年的时间，短的也至少需要两年半。极具变革性的新品类活动所需要的周期越长，不确定性越高，风险也越大。因为周期太长的情况下，市场格局会受市场竞争的影响发生改变，竞争对手很可能会提前推出与我们相同的新品类，或者进行与我们相同的新品类活动，这不仅会影响我们自身新品类活动的发布，也可能会打乱我们原先对市场的布局。当外部环境发生大的变化时，管理者很难进行及时调整，唯一有效的方式就是加强对市场竞争的了解，充分分析实际形势，结合新品类所处阶段，发现那些有可能影响新品类发展的冲突、阻碍，以及导致失败的问题，并快速地在外部市场据相关问题做出有效的回应。因为若不采取这种行动，谁都很难预计“几年后”新品类开发好了之后是否能有效符合市场竞争的要求。

新品类活动因为是创新活动，往往需要非常高的投入，中小品牌想要开展新品类活动，需要投入几十万、几百万的资金，一些稍微大点的项目，因为涉及跨职能合作、跨领域合作、跨区域合作等，需要动用几千万甚至上亿的资金。工作中经常会遇到低估预算导致后期资金存在较大缺口的现象，如果能迅速补充也算还好，倘若进行到一半就出现资金问题，无疑只能中止项目。所以在启动新品类活动时需要对资金进行正确评估，主要包括设备费用、高级人才费用这两项开支，随着项目推进，需要投入的资金则越来越多。有些管理者总是把新品类活动需要用到的资金当成研发费用，并未考虑到市场营销、扩充渠道、广告、上市准备等费用。随着新品类活动逐步深入，费用往往是数倍增长，如广告费用必然比扩充渠道所需要的费用要高得多，而且还不是一次性的，而是需要持续性输出。

对新品类实施差异化与其他职能类事务不同，一个部门是无法独立完成的。很多管理者认为这是研发部门的事情，其实不然，这应该是管理者与营销部门的事情，因为管理者与营销部门最接近市场前端，能通过日常竞争的环境分析出“哪些新品类能够成功”与“哪些新品类会导致失败”。另外，研发部门不善于与其他部门交流，而营销部门因为活跃于市场，交流技巧较好，也与采购、生产、售后、财务等部门联系较为紧密。新品类项目需要很强的创新性，充分进入市场竞争中才能发现“超级武器”。新品类活动需要多个部门的紧密配合，有时架构内的部门无法满足新品类活动的需要，还需要设法去找外部帮手，我所说的外部帮手绝不是指竞争对手或招聘人员这么简单，最高效也最节省经济成本的方式包括寻找咨询顾问，他们相对客观，只要理念相符且收费合理，咨询顾问几乎总是可以“马上投入新工作中”，而令管理者头痛的问题也会迅速地被有效解决。

因为新品类活动的不确定性非常高，而且风险也呈现逐步递增的状态：越接近市场越成功，但同时，越接近市场风险也越大。如果没有多个部门的紧密合作，是很难取得实质性成果的。需要考虑到的是，内部规模越大的品牌，虽然研发实力越强，但层级也越多，也就是我经常所说的部门墙越厚。倘若管理者无法对新品类活动进行有效的宣贯，有些部门就会产生“与自己并不太相干”“有空儿就帮一下他们，没空儿就顾不上了”等千奇百怪的想法，最终会造成沟通上的障碍、配合上的障碍，为新品类活动的成功实施带来非常大的困难。

中小品牌会以能开发出具有超级武器的新品类而感到自豪，其实这并不能说明什么，开发出一个成功的新品类，并不代表具有持续推出超级武器的能力。像 3M、苹果就有持续推出成功的超级武器的能力，这才是促进良性增长所必需的。

关键的问题还是划分清楚各阶段的任务，如果在某个阶段存在纰漏，新品类活动的创新就很有可能失败，作为管理者在开展新品类活动时，应该明确哪些该做、哪些不该做、哪些应该加大力度做、哪些该放弃，为新品类活动所需的超级武器界定明确的方向及范围。如果没有做好这些，就无法对资源进行有效的管理，也会增加风险。

在为新品类实施差异化时，大部分中小品牌所采取的都是模仿型和跟随型的策略，这跟管理者的知识量有关，大部分管理者只知道公司战略、多元化战略，而不知道品类战略、聚焦战略、叠加战略。其实品类战略、聚焦战略、叠加战略才是管理者需要重点学习的。其中品类战略及品牌战略是我非常推崇的，而叠加战略是我在战略领域研究了十多年，结合豪威尔环、豪威尔优势调研法、豪威尔杠杆，及积累了十多年项目经验之后发现的另一项新型战略。大多数采取模仿型和跟随型策略的管理者，他们的品牌的差异化及特性不仅比不上领导品牌，反而会强化消费者对领导型产品的关注。顾客会这样想：领导品牌确实做得不错，你看又有一家在模仿它了。这无形中为领导品牌增加了说服力，增强了可信度，最终还是成全了领导品牌。模仿型和跟随型的品类价格略低，好像具有价格优势，但顾客想的却是："作为开创者的领导品牌，它的产品肯定更好""价格便宜肯定有问题""差不多的东西我为何要选择模仿品牌"。新品类一开始进入市场，应该收获关注和正面的评价，而不是被质疑。

模仿型和跟随型策略的思路是：通过更低的价格或更好的服务获取一定的市场份额。这其实已经不能称为新品类活动了，而只是一项细分活动，不具有变革性，自然也不伟大，相反，很脆弱，很敏感，存在被"一招击杀"的风险。开展细分活动的管理者非常多，但其与新品类活动天差地别。

开展新品类活动有几个关键问题需要回答：

① 第一个开展新品类活动的是开创者，你是开创者吗？

② 新品类要具有变革性，颠覆、破坏既有品类的基础，你的新品类是否具备？

③ 目前的新品类活动是否具有清晰的定位、差异化、特性？

④ 你的新品类对于社会是否具有实质意义（这个实质意义是现有品类无法带来的）？

如果你能够清晰并简洁地对上述几个问题进行解答，那么你正在开展的就是新品类活动，成功率会很高；但如果你无法对上述问题进行回复，那你正在实施的则是细分活动，失败率会很高。有一些管理者不太分得清自己推进的到底是细分活动还是新品类活动，这其实很好理解：细分活动是针对现有市场提供更好的产品及服务，例如海信冰箱为冰箱市场的消费者提供了更细致的服务；新品类活动是分化出一个新市场，一开始市场份额为0，从无到有，例如可口可乐开创了可乐品类，并成为开创者。

同质化、模仿型、跟随型、细分市场都是对非开创性的一种描述，其实这几种情形相差不多，不存在谁比谁强之说。而开创性的新品类活动则是"三百二十公斤的大猩猩，想睡哪里睡哪里"，总结就是：无人敢动，想动也动不了。

## 第5节

## 越具有变革性的越具有特性

新品类自被管理者开创之日起，就拥有了很多不同的特性，这些特性并不是管理者赋予的，而是新品类本身就具备的，或者说新品类本身就具备容纳诸多特性的本领。增长机会广阔是新品类的共同点，新品类的成长空间越大则意味着可持续性越强，同时自由程度也更高，这种新品类的前景是不可限量的。

新品类具备成百上千个特性，每个特性都蕴含着一个可以建立新品牌的市场机会，而新品类越具有变革性，给予品牌的发展空间就越大。对于任何品牌而言，品类都是核心，是品牌依托的根本，是顾客对品牌认知的根源。前面我提到过，顾客选择某品牌，其实选择的是品类的利益点，品牌因品类的存在才有了价值，品牌需要运用差异化找到超级武器，才能在外部市场中显示出独特性。

但是很多人都搞不清差异化和特性，特性指的是顾客选择购买产品的真正原因，而差异化则是顾客考虑产品的理由，两者之间存在相当大的区别。品牌之间存在相互竞争的关系，顾客会优先考虑自己所青睐的品牌，这个阶段是差异化在起作用，考虑之后才是购买环节，这个阶段顾客开始考虑品牌的特性是否与自己的需求相符。

可以寻找出来的特性可能是具有变革性的、有趣的、描述性的、感受性的，我们可以尽可能发挥创造性来寻找特性，而暂时不考虑这些特性在哪方面起作用。

有一些品类并非没有市场空位，而是存在非常大的市场空间，只是尚未被现有品牌发掘出来。无论要为新品类活动实施什么样的差异化，第一步都是先找到一个品类，而不是考虑能解决什么问题，否则可能会偏离主干，创造出一个“四不像”的新品类。

日常生活中我们每餐都会用到的筷子，从气味、声音、电频、弯曲度、弹性等角度是否可以创造出具有市场机会的新品类呢？这对于不怎么进行试验的管理者来说是有些难以接受的，因为这个想法是反常规的。但是我要告诉你的是：越具有变革性的东西越反常规，否则怎么会有人发明汽车来代替马车呢？

目前许多新品类活动因为反常规，很少有人乐意尝试，其实尚未被发掘的品类蕴藏着非常多的市场机会。这些市场机会可能会在很长一段时间内都无人关注，但是一经发掘，就会迅速膨胀起来，在短期内就显现出强劲的发展势头。我相信一些经历过开创性活动的管理者是明白这种力量的，而开创性的力量只要能被重视，往往只需要运用少量的资源就能迅速发展起来。

针对筷子这个品类中我们能想到的方向，对每个特性都进行充分的分析，像做鱼骨图一样穷尽每一个特性，这是在很短的时间内就可以完成并找到答案的，得出答案后我们就可以将能够被人们接受的特性用到商业上。

管理者应该能够意识到，参与项目的每个成员的目的都不相同。有些成员并不是为了盈利，而是为了一项有趣的试验，这个有趣的试验吸引了他们。而其他大部分成员的目标都是成功，与管理者的目标相一致，不过有时候目的性过强会让人忽略沿途的风景，有些惊喜是意外得来的，这些惊喜可能比项目本身的总体价值还要大，但意外惊喜不易得，需要所有成员细心留意才有可能发现。

管理者在开展新品类活动的过程中也要充分发挥项目人员的积极性，以增强项目成员对新品类活动的兴趣，从而提升成功的概率。

前面提到可以从气味的角度寻找筷子的市场空位，需要思考筷子上的气味是否难以察觉，在什么情况下难以察觉，这些都会对筷子的特性产生影响。

难以察觉是因为筷子的气味被食物散发的气味所覆盖，还是因为人们觉得筷子不应该散发气味，又或者一些特定气味会增强或削弱食物本身的味道。我的建议是把这几个问题交给不同的小组进行探索，最终找寻到一个最佳的范本。

这样做的目的是实现筷子与气味的结合，先不要否认这样做的意义，或者提出没有谁会去买一双有气味的筷子，在还未根据品类竞争理论进行研究分析之前，不要抹杀这种创造可能带来的积极意义。有时候市场调研结果也存在欺骗性，如施乐曾推出一款普通纸复印机，前期市场调研得到的数据显示这样做不可能成功——在热转印复印每张花费 1.5 美分的情况下，没有人愿意花 5 美分进行普通纸复印。但是施乐的领导将市场调研结果置于一边，果断地将普通纸复印机以迅雷不及掩耳之势投放市场，结果普通纸复印机大受顾客欢迎，顾客也因此获得了极大便利，施乐赢得了最终胜利。

再次强调，询问消费者需要什么不仅无法使品牌更加强大，反而会让品牌变得软弱无力，正确的做法应该是尽快加入市场竞争。

管理者是针对尚未出现的新品类进行市场研究的，而这些市场研究都是针对既有品类的。

筷子特定的气味与特定食物碰撞之后产生的新味道，有没有可能会更好、更受顾客的欢迎和喜爱呢？如芥末跟许多食物搭配都不太合适，但加上酱油成为海鲜类事物的蘸料时，竟然大受欢迎，喜欢吃海鲜的人常常会因为没有芥末而大大降低食用海鲜的欲望，不得不说芥末的发明者为芥末找到了一个非常好的伴侣。

芥末如果离开了酱油，还会像如今一样深受消费者的欢迎吗？恐怕会被相当一部分消费者所厌弃。读到这里，你是否想要尝试为自己的产品寻找一个好伴侣？这或许会让它成为前景无限的差异化新品类。当然，我们需要为此进行多次试验，才能得到更好的可能性。

筷子的另一个特性方向“弹性”是否会影响人们对它的使用呢？这种影响对于消费者而言，是有利还是无利的？弹性筷子具体指的是什么？如果能进行详尽的描述，我们或许能够发现许多不一样的答案。

关于弹性筷子，我只有两个想法：在筷子之间增加弹簧片连接和在筷子头部增加一定的弹性，这两种方式都会影响对应人群的使用。前者更适合手指肌力弱的人群，因为手指肌力弱主要是由于肌肉萎缩的分布无规律，最明显的表现就是手指屈伸无力，在筷子之间增加弹簧片连接的这种设计或许可以帮助他们；后者更适合对生活品质要求较高的人群，他们更注重品质跟体验，愿意为了更好的服务及体验支付更高的费用。

但要注意几个问题。一个是这两个品类的消费人群的基础结构不同。前者为进食困难者，后者对生活有着高标准、高要求。前者对品类特性依赖性更强，意味着回购率较高，且品类可替代性不高；后者有更强的消费能力。从这个角度看，“在筷子头部增加一定的弹性”似乎利润空间更大。另一个问题是两种品类的市场基数及使用环境不同，这是显而易见的，不再赘述。

另外，项目成员更想对哪一个品类进行研发和投放，各自的原因跟目的又是什么？他们想开发的只是一个商品，还是想通过这个项目来改善或解决某一个群体的问题？这个分析必不可少，管理者应该引导项目成员进行思考并得出最终的结论，要确保项目成员已经充分了解他们所做的事情是什么，又意味着什么。

每次我在培训的时候讲到这个例子，现场的反应都尤为热烈。但截至目前，我不清楚这个想法是否已经被利用于商业机会，如果有，那将这个想法变为行动的一定是个聪明人，聪明人知道如何才能不错过任何一次机会。

第五章 / CHAPTER FIVE

# 豪威尔方法

第1节

## 豪威尔感知调研法

对于你所想要进入的既有品类，先针对 TOP 3 品牌进行如下分析：

表 5-1 TOP 3 品牌感知情况分析

| 感知情况 | 不感兴趣 ——→ 感兴趣 | | | | |
|---|---|---|---|---|---|
| 独树一帜 | 1 | 2 | 3 | 4 | 5 |
| 设计感知 | 1 | 2 | 3 | 4 | 5 |
| 全球时尚 | 1 | 2 | 3 | 4 | 5 |
| 国内时尚 | 1 | 2 | 3 | 4 | 5 |
| 使用良好 | 1 | 2 | 3 | 4 | 5 |
| 优质触感 | 1 | 2 | 3 | 4 | 5 |
| 无法替代 | 1 | 2 | 3 | 4 | 5 |
| 颜色满意 | 1 | 2 | 3 | 4 | 5 |
| 功能满意 | 1 | 2 | 3 | 4 | 5 |

“感知情况”的内容可以适当调整，但是必须是TOP 3品牌的公有感知，

而不是以管理者的新品类设计出来的特定的感知情况。

每项分析所得的评分会直接决定新品类差异化是否有效发挥作用，如果你能通过豪威尔感知调研法得出一些结论，如TOP 3品牌中，“独树一帜”及“国内时尚”已经被占据，而“全球时尚”的分数却很低，这意味着你可以开始进入战略定位地图中寻找属于你的超级武器，并运用寻找到的超级武器对某既有品类发起挑战。你可以运用豪威尔感知调研法寻找市场空位，豪威尔感知调研法其实就是在品类竞争中综合顾客“感知情况”评选出的结果进行差异化分析。但这肯定与管理者对品类竞争的看法存在着很大的差异，所以在一定程度上限制了管理者的内部思维所起的作用，却能够利用感知情况产生的实质作用。

简单且具有可视性的豪威尔感知调研法方便管理者寻找“市场空位”。这里所说的“市场空位”不仅指“特性”，因为思考方式受到很多因素的影响。例如男女之间的思考方式就是不同的，通常情况下男性的思考方式较为理性，女性的思考方式较为感性（后期我还会针对男性的思考方式来介绍豪威尔特性调研法，里面的分析内容及评分都是从理性角度出发的）。另外，由于品类竞争及顾客的信仰、生存环境、隐私方面存在较大差异，即使在上述的分析中遗忘了一些重要的因素，也可能会产生非常大的差异甚至是错误。但对比可能产生的差异及错误，不采取豪威尔感知调研法所导致的失败风险必然会更高。在品类竞争中，从受测者身上获得特定属性的测量值，有助于我们第一时间寻找到感知中所能达到的位置。

我把“颜色满意”和“功能满意”这两项放在了最底部，因为颜色和功能属于基础性感知，是最容易给品类竞争及顾客带来影响的，同时“水分”也很大，因为这两种感性认知很容易被品类竞争改变，被顾客“背叛”。

另外，香水这一品类是很难运用豪威尔感知调研法进行研究分析的，主要是因为这个品类非常依赖顾客的想象力，而想象力则很考验个人的思维方式。依赖想象力的品类还需要考虑“鲜活”及“直接性”，最终才能构建出清晰的品类认知，直至成为客观的事实。还有一些品类（例如棺材）在日常生活中很难引起人们的兴趣，大家在选择这种品类时，只能通过一些基础因素进行判断。如我国的山东省曹县地区有生产棺材的产业，生产的棺材主要出口日本等国家。出口日本的棺材就需要结合日本文化及传统观念，比如在棺木上雕刻上樱花等元素。

有管理者反馈豪威尔感知调研法存在着一些风险及争议。我就这个问题与项目团队进行了反复沟通，这个模型目前确实可能存在一些理论上的不足，我们会持续地完善它。但是，风险与争议绝不能成为阻碍我们使用此方法的因素，它只是一种让我们通向成功的方法，过于苛求可能会产生：人们培育出跑得更快的马，却无法开创汽车这样具有变革性的新品类。这绝非我们乐于见到的，也是非常可怕的。

另一个问题是，豪威尔感知调研法能够发现市场空位，但并不能被管理者所使用，“李施德林味的泡面”不是人们想要的。这就要求管理者要到市场竞争中去看看，以了解品类竞争的实质，以及所处环境中能让管理者大展拳脚的机会在哪里。

## 2 第节

## 豪威尔维度法

品类竞争中的一些奥秘已经开始显露，你是否已经找到了一些有效的定律了？其中的方式有很多种，比如豪威尔维度法。

表 5–2 豪威尔维度法

| 维度 | 不可行 ——→ 可行 | | | | |
|---|---|---|---|---|---|
| 倒置生效 | 1 | 2 | 3 | 4 | 5 |
| 对立生效 | 1 | 2 | 3 | 4 | 5 |
| 互斥生效 | 1 | 2 | 3 | 4 | 5 |
| 移除生效 | 1 | 2 | 3 | 4 | 5 |
| 倍数扩大 | 1 | 2 | 3 | 4 | 5 |
| 倍数缩小 | 1 | 2 | 3 | 4 | 5 |

商业法则中本身就存在一些非常有趣的理论，我以豪威尔维度法的几个维度从品类竞争中找出实际的例子供管理者参考：

① 空调的冷气与热气，在涡流管的内圈为低温涡流，在外圈为高温涡流，这属于“倒置生效”；

② 汉堡王的竞争对手是麦当劳，麦当劳的肉饼是油炸的，汉堡王就迅速推出烤制肉饼，这属于“对立生效”；

③ 磁铁的正反两极之间相互排斥、互不相容，既有品类与变革性新品类，如同马车与汽车，这属于“互斥生效”；

④ 全脂牛奶与脱脂牛奶，分别对应着普通人群及追求低脂人群，这属于“移除生效”；

⑤ 普林斯制造公司推出特大号网球拍，与标准号码的网球拍形成明显的差别，占领了优质球拍市场，这属于“倍数扩大”；

⑥ 台式电脑与超极本，超极本在体积、重量、厚度上完全碾压台式电脑，这属于“倍数缩小”。

当一个既有维度被一个新维度所“针对”时，新维度会对既有维度产生消极的抑制作用，会阻碍其发展，而新维度则呈现出积极的促进作用，激发对应品类的发展。识别出新维度与既有维度间成分的联系，就创造出了一个新的市场空位。如婴儿在沐浴过程中，如果水温太高，浴室的地垫就会变色，这种贴心的设计保障了婴儿的安全，还减少了父母一定的工作量，从而形成一个新品类。

新维度是以既有维度为基础而诞生的，这就使得创造新维度的过程需要依托既有维度。有时候管理者会认为两者之间的联系是一种偶然，其实不是。管理者在寻找到市场空位时常常会觉得只是自己运气比较好，其实，这完全是相对性在起作用。撞见好运气的管理者或许已经成功了，还没有撞见好运气的管理者，如果不借助豪威尔维度法，就很难依靠所谓的运气获得成功。

对于现有的管理者而言，品牌面向顾客，代表着肉体，而品类面向公众，代表着灵魂。从这个角度讲，品牌是有形的，而品类是无形的，顾客会考虑品类，最终购买的是品牌。品类的力量在某种程度上决定了品牌的力量。

如果品类足够强大，那么品牌就会很强势；如果品类正在消亡，那品牌也将虚弱不堪。现在的营销也好，未来的营销也好，品牌想要有良好的发展，必然离不开品类的支持。但既有品类已被开创者牢牢掌控，市场格局在许久之前已然定好了，那么新品牌未来的路应该怎么走呢？新品类想要获得成功，必然避免不了与既有品牌交锋，最终，输家不得不退出舞台，赢家则拥有了改写历史的权力。

读过《新品类》的读者知道，拥有品类规模比拥有工厂规模要重要得多，品类规模决定着你在一个品类中的位置，而拥有工厂规模仅仅意味着你在一个低利润状态中占据着不错的位置，这两者是有巨大差别的：前者可以无限进化，利润更高，备受赞赏，也能够为树立强国品牌做一个好榜样；后者则会无限退化，追求的是更少的用工数量及更多的加班时长，在市场竞争中还非常被动。

但在 21 世纪，组织只能依靠品牌来竞争，除此之外别无选择。品牌才是企业胜负的关键因素，新品类与既有品牌之间的竞争已经无限蔓延，从最初并无品牌的新品类成长到强敌遍布的既有品类。你想成为新品类中的强势品牌还是既有品类中的弱势品牌，一切皆由你来决定，你所做出的决定将会直接影响自己收入的高低，也决定着你未来的路好不好走。开头很关键，一旦你错失机会，将无法从头再来。尤其是对于管理者而言，你做出的判断不只影响自己，也会影响你的下属，“你的成功”与“他们的成功”一样重要！

## 3 第节

## 豪威尔价值理论

任何新品类的差异化及特性其实都具有两个层次的价值：外在价值和

内在价值。

外在价值主要是指物质价值，如功能、设计、时尚、触感，这些为下层价值。下层价值主要依据的是实用价值、物质价值和支出价值。

内在价值主要是指精神价值，如地位、身份、权力、信仰，这些为上层价值。上层价值主要依据的是知识价值、道德价值和审美价值。

还有介于两者之间的中层价值，我称之为骑墙价值。中层价值主要是指人们难以判断的特定情感。

最重要的是心智价值，如尝试、首选、共鸣和认知，这些为顶级价值。顶级价值主要依据的是原创价值、信誉价值和安全价值。

豪威尔价值法就是由这些理论延伸出来的，使用豪威尔价值法，可以清晰地了解竞争品牌属于下层价值还是中层价值，自己的品牌属于下层价值还是中层价值，并了解为何管理者赋予品牌的是中层价值，却被下层价值相对应的顾客所选择，面对这种情况我们需要及时做出调整，还是放任其自由发展。我认为这种情况出现的主要原因是品牌的定位较为模糊，而且并未进行持续的一致性宣传，这也代表品牌未能在品类竞争中保持自己独特的差异化。品牌在品类市场中，不断迎合品类竞争的风吹草动，定位变来变去，导致顾客对其产生混乱的认知。如海尔到底代表什么？有人说代表冰箱，如果是这样，那又怎么解释海尔的空调、电视、洗衣机等小家电？

海尔作为一个为大众所熟知的大品牌，许多人会认为它拥有非常高的品牌价值，那么它的顶级价值是什么呢？海尔一开始做冰箱，到后期“什么都做”，我们可以清楚地看到海尔目前的问题。尽管现在海尔看上去规模依然庞大，依旧以家电为主，可是人们曾经熟悉的海尔品牌早已改变。

很多失去焦点的品牌“今天看这个好，明天看那个好”，直到什么都做了，却发现利润还没有一家规模仅仅是自己十分之一的企业高。这是品牌泛化之后，难以与其他品牌形成有效的区隔所导致的严重后果！

通过研究分析我们就能得出一些简单的结论：哪些行动更有利于“我们”而不是“竞争对手”。如果赋予品牌下层价值过多，就会使品牌的上层价值严重不足，但顾客是对应上层价值的顾客，也可能是对应顶级价值的顾客。无论品类市场中有没有出现顶级价值，我们都要努力向其靠拢。因为顶级价值才是顾客最终的归宿，一旦出现顶级价值，就会出现对应上层价值的顾客逐渐迁移的现象，迁移确实会有一个过渡的时间，这个时间可以留给我们做缓冲，不至于跌得太厉害，但是倘若出现一种变革性的顶级价值呢？如果我们不提前谋划应对之策，不在品牌发展状况尚好的时候居安思危，向顶级价值靠拢，当变革性的顶级价值来势汹汹，我们真的能抵挡进攻的炮火吗？机会永远留给有准备的人，运气也只是做对事情之后才可能拥有的，幸运不会无缘无故地降临，这样浅显易懂的道理，该是每个人都知道的，但不是每个人都会因之付诸行动。

对于一些管理者而言，活着是为了改变世界。但如今看来，一些中小品牌管理者仍在生存边缘苦苦挣扎，即便想要实现一番抱负，又如何能够随心所欲地施展拳脚呢？生存对于一些领导品牌来说完全不是问题，其思考的是更高层次的需求，但对一些中小品牌来说却是真实存在、迫在眉睫的困扰。中小品牌管理者最大的问题是面对新品类活动应该持有什么样的价值观，管理者要追求的应该是价值而不是利润。因为是价值贡献了利润，但利润却不一定能产生价值，所有的顾客都是为价值买单。如果中小品牌管理者还继续生产出一些同质化的产品，或者进行一轮又一轮的模仿，必然摆脱不掉永无止境的低利润轮回，同时还会为自己的品牌设立重重的障碍。

“新品类是一种企业可用于获得持续竞争优势的强有力的战略工具。”

“没有商品这样的东西，顾客真正购买的不是商品，而是解决问题的办法。”

现在想一想，你的新品类活动是否蕴含别人没有办法提供的方法？

## 第4节

## 新品类拥有远大前景

对于中小品牌而言，通过开创新品类的方式赢得胜利是非常明智的选择，也会更有利，因为新品类是一步一步演化的，新品类可以让开创者如坐飞机一般稳步起飞，然后在云霄中畅游！

对于管理者而言，“新品牌依托新品类进入市场进行竞争”与“品牌依托既有品类进入市场进行竞争”，这两者之间是存在很大差别的。前者是在自己的足球场中肆意发挥，规则由自己制定；后者则是在别人的场地，发挥受到限制，规则也由他人制定。

新品牌依托新品类进入市场时是作为开创者，在新品类这个全新的领域中，从一开始就可以根据自己的想法，制定对自己更有利的品类规则，而这些规则对后进入者则可能是有害的。规则是由开创者制定的，后加入的跟随者在借鉴开创者经验的同时，也被开创者所制定的规矩限制住了。如果你是跟随者，这时候根本无法再制定属于自己的规则，只能被迫限制自身能力的发挥。这种情况下，无论你的超级武器多么有杀伤力，都会因为“场地”原因而大打折扣，场上的足球老将已经够多了，每个人都虎视眈眈，你很难从中脱颖而出。这就如同你在雇用一个人的同时还不得不忍受他的臭脾气，这是任何一个管理者都不乐于见到的。

通过开创新品类活动而诞生的新品牌，仿佛含着金汤匙出生，它们与细分市场的品牌完全不同：它们犹如新生儿一样纯净，没有历史包袱的同时还充满了强大的号召力；它们如同一道道靓丽的风景线，让沿线经过的人们都能感到赏心悦目，也为国家社会发展做出贡献。

在很多国家，通常是先有品牌再有企业，而我国的实际状况是先有制造业再有品牌。随着各国品牌接连迈入全球化时代，我们缺失强势品牌的问题也越来越严重。国外品牌的价格居高不下，而国产品牌始终还是一货难卖，这也拖累了我国的经济发展。你可以在国内的顶级商场中发现，门店数量最多、卖得最贵、销量最好的几乎都是国外的大品牌。

管理者同样也是消费者，在进行消费时必然也能发现，三个非常明显的成功因素在国外品牌上展现得淋漓尽致，而在国内品牌上却很难看到。我国部分用工率很高的地区，它们所谓的成功其实很简单，就是找到一个好产品，以更低的成本制造出来，从而获取更多的订单，然后不断重复这个过程，而不是找到一个好产品，为这个产品赋予一个独一无二的差异化、定位、特性，以此来增强自己在市场竞争中的优势。殊不知，这样获取的成功危害巨大，低成本的路线让我们失去竞争优势，没有差异化的产品逐渐被消费者所抛弃，同时还间接地导致我们在产业变革的战争中无力行动，最终因发展缓慢而被清退出局。而同时我看到的是，最近这几年，那些具有革命性的发明创造在市场中“一芯难求”。这让我们看到了新品类拥有远大前景。

新品类带领我们走向胜利，但人们若想抓住胜利，则需要更快地进入新品类领域，不断地前进。许多品牌想要通过一些全新的方式让自己变得更加与众不同，而这些与众不同往往可以被运用得很好。

新品类活动几乎可以说是没有边界的，但是需要你勇于尝试，不去尝试，注定会失败。有些企业擅长将一些奇思妙想运用在各个地方，例如，美国维珍航空公司推出了一项飞机上的交友服务，可以让乘客为喜欢的同行乘客赠送饮料和餐点。

具体的情况是，维珍航空的机座背后都有数字，乘客可以在航空公司的娱乐系统中刷信用卡支付费用，在点餐系统为她 / 他送上一份餐点或鸡尾酒来示好，之后，接收到饮料的乘客会在系统内通过聊天功能收到信息，双方可以继续交流。维珍航空的新服务使营业额有所增加，也使得本来无聊的旅途变得妙趣横生。

据悉，维珍推出此服务是为了纪念其洛杉矶至拉斯维加斯航线的开通，不过该公司在美国境内的所有航班均可享受此服务。维珍集团老板理查德·布兰森表示，此服务推出后，“一人登机，双人落地”的概率将增加50%。

## 第5节

## 品牌金字塔原理

品牌是品类竞争的基本单位，现如今，没有品牌，很难创造出亿万富翁。依靠关系链发家致富的时代已经悄然逝去，这意味着管理者不能通过单打独斗来体现能力，只能在品类竞争中发挥能力。

工厂制造出来的只是产品，产品与品牌相差甚大，产品没有溢价权，而品牌可以拥有溢价权。从这个层面上看，产品必须要寻找到一个强大品牌，没有品牌的产品很难发挥出巨大的效益，真正创造利润的是品牌。

新品类创造新品牌，这时制造出来的不仅是一个产品，新品类拥有强大的溢价权，新品牌可以从新品类身上吸收养分，新品类可以依靠新品牌成长壮大。每个新品牌在通过新品类获得独立生命时，也形成了一套属于自己的系统流程。如汽车行业中每个新品类都创造了一个新品牌，每个新品类又存在一个霸主品牌。在图5-1所示的金字塔中，同层级代表相近的市场价位，但同层级中的每个品牌之间的差异化、定位、特性却是不同的，我称之为汽车品牌金字塔。让我们来看看，金字塔每个层级中的品牌分别代表着什么。

我们能够很直观地看到，劳斯莱斯处于金字塔的顶层。当大家提起劳斯莱斯的时候，会说它是世界上最好的车，“最贵”意味着“最好”。没有人会说保时捷是最好的车，因为保时捷的上面还有很多世界顶级汽车品牌，如法拉利、兰博基尼、迈凯伦、阿斯顿·马丁、布加迪、帕加尼、科尼赛克，这些世界顶级汽车品牌虽然较少出现在我们的生活中，但我们都知道它们的存在。人们总是知道“当我有多少钱的时候，我想过什么样的生活”，这些世界顶级汽车品牌在某种程度上代表着人们在每个阶段“想要的生活”。汽车品牌在金字塔中占据着不同的位置。

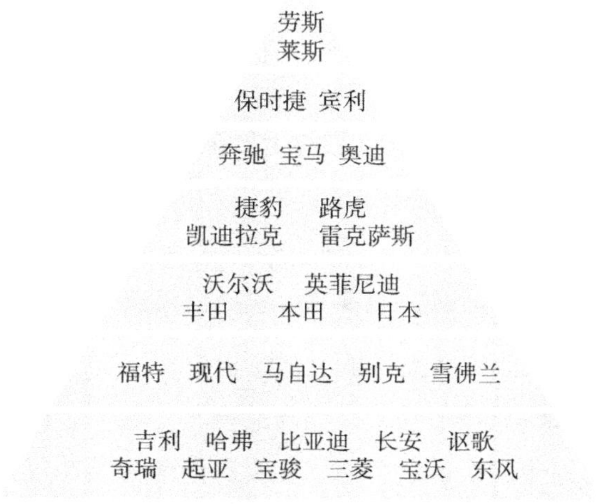


图 5-1 汽车品牌金字塔

有些在“山下”，如吉利、哈弗、比亚迪……

有些在“山中”，如沃尔沃、丰田、本田……

有些在“山上”，如奔驰、宝马、奥迪……

而有些则在“山顶”，如保时捷、宾利、玛莎拉蒂……

甚至有些在“巅峰”，如法拉利、兰博基尼、劳斯莱斯……

每一个汽车品类都被几十个汽车品牌牢牢占据着，汽车品类中包含大型车品类、小型车品类、客车品类、轿车品类、家用车品类、商务车品类、跑车品类、敞篷车品类，其中跑车又分为轿跑、小跑、性能超跑、顶级超跑、GT 跑车、小钢炮、敞篷跑车、肌肉跑车，等等，实在是数不胜数，品类极大分化的同时，也代表着其中存在着更多的品类机会。

塔基被一些价格较低的品牌占据，中部是一些性价比较高的品牌，塔顶则是一些高价值的品牌。塔顶的品牌知名度高、规模程度高，其中包括顶级品牌，也就是我们常说的奢侈品牌，它们处于消费的最前沿，高价格除了代表品质好外，也意味着拥有市场中最强大的超级武器——差异化、定位、特性、信任状、语言钉、视觉锤等（详见豪威尔环）。这些顶级品牌超出人们的基本需求，是大多数人都想要，却只有极少数人能消费得起的品牌。它们的产品占据着特殊市场，代表非常高的社会地位，几乎可以说是很多人一生都在追求的极致。这些顶级品牌，关联着人们的品位、地位、感受等。

顾客心智中的最高位置留给了塔尖品牌，几乎没有人会在有所选择的情况下坚持选择塔基品牌。而品牌想要获得成功，需要在金字塔中占据一席之地，能占据塔尖位置最好，因为这意味着成为全世界顾客的首选。其次也要成为塔身品牌，这意味在一定区域内成为顾客的首选。而成为塔基品牌，则意味很难进入大部分顾客的心智中，我相信会有人炫耀自己开保时捷，但几乎没有人认为买了一辆低价品牌汽车是一种荣耀。这也导致了人们购买选择上的差异，有相当一部分顾客几乎不会考虑塔基品牌，如果他们仅有 10 万元，会想购买 15 万 ~ 20 万元的品牌，甚至会直接把 10 万元作为 30 万元汽车的首付。作为一名顾客，他们有很多选择，你更想成为第一选择还是“被迫”“退而求其次”的选择呢?

## 第6节

## 明确新品类战略定位

新品类与新品牌之间的关系如同父母与子女之间的关系，新品类承载着许多孕育新品牌的机会。新品类把所有的机会开放给任何想要加入进来的品牌，在对所有新品牌都一视同仁的同时，也给予了新品牌最大的发挥空间。

在人际交往中，最先吸引我们的往往是一个人的外表，但时间久了，我们更在意的是对方的品格以及有别于他人的部分。品牌也一样，顾客会优先选择购买那些有差异化的、特性突出且靠谱的品牌。

如果一个人的性格变化无常、喜怒不定，大多数人会对他敬而远之。这也是人们对待品牌的态度，我们不会去选择一个每天的宣传内容都不一样的品牌，更倾向于选择那些有明确定位的品牌。

顾客在品牌之海中与某个品牌邂逅时喜欢上了这个品牌，这不代表顾客会忠于这个品牌。随着顾客对该品牌消费次数的增加，顾客与品牌之间的联系加深，顾客成为品牌的好朋友，甚至将这个品牌作为自己的首选。

但品牌如果不断地转变自己的定位、差异化、特性，就会让顾客感觉自己被背叛了，这种情况下顾客感受不佳，可能会放弃这个品牌，不会再顾及品牌之前带给自己的美好感受。

聪明的管理者会将品牌的差异化不断地呈现给顾客，不断使用差异化与顾客增强情感的联结。正因为如此，品类的开创者需要有博大的胸怀接纳其他的竞争对手加入品类中共同发展。开创者如果这样做的话，也是在给自己更大的发展可能性，无论竞争对手发展如何，只要不超越自己，最大的受益者始终都是开创者。

杰克·韦尔奇曾经说过：“一旦你产生一个简单而坚定的想法，就要不停地重复它，坚持、重复就是你的制胜法宝。”是的，成功有时候就是如此简单！

顾客愿意为一个品牌付出额外的钱，是因为品牌代表了一种生活方式，这种生活方式为顾客带来了附加值。苹果之所以能够迅速发展成为全球知名品牌，正是因为它代表了某种生活方式，因而受到众多顾客的追捧。

新品类应该与既有品类有非常大的差异，极具变革性。如果一个新品类不过是既有品类的跟随者或模仿者，那我建议你立即停下来。跟随与模仿无益于你的成功，连尝试都不需要，毫无胜算可言。

正确方式是你应该开创一个具有变革性的新品类，寻找到“没有竞争对手进入的品类市场”或“竞争对手放弃的品类市场”。管理者必须要知道，大池塘内的小鱼已经够多了，当小池塘内的大鱼会更有趣。小池塘的面积看似不大，但“人均面积”不一定比大池塘小，甚至更大，而且小池塘比大池塘要安全得多，同时也更加有利可图。

通过战略定位地图找到有价值的新品类市场，是管理者不断努力的方向。如果你能成功找到超级武器，你就拥有了在小池塘内自保的可能，甚至是统领这个区域的可能。这时候小池塘还未鱼满为患，每条小鱼的实力相差不多，小池塘内的机会也是最多的，拥有超级武器的小鱼比手无寸铁的小鱼更能保护自己，也更具攻击性，而手无寸铁的小鱼始终处于被动状态，随时可能被清退出局。先到达小池塘的小鱼会迅速成长为大鱼，后进入小池塘的小鱼，则不免要遵守小池塘内的既定规则。管理者要保证的是，让自己拥有一项简单且重要的本领，不用管它是大还是小，只要能保证胜利。

在评估自身价值的时候，不要总想到过往，过往的价值并没有那么重要，因为过往已成历史消失在尘埃中。实际上，凭借着绝佳的品牌定位拥有领先优势而在股市中表现十分一般的企业比比皆是。同时，投资者并不会关心企业的过往，更关心的是品牌是否能够持续增长，以及如何做到持续增长。投资者的这种思维方式固然没错，但对于增长的定义却会模糊品牌的差异化、独特性。因为投资者会不断迫使管理者妥协，进行品牌延伸、多元化发展、跨品类竞争、全线出击等。这些都极大程度地降低了品牌的适应性，导致品牌影响力受损，从而让品牌走向深渊。

迈克尔·波特也曾经说过，增长的欲望会对战略定位造成巨大威胁。管理者不能仅仅带领企业开拓市场，还应该为企业明确战略定位，因为战略定位才是管理者最终的方向。我们不能为了短期的增长而忽略品牌在品类市场中长期的发展。

## 第7节 战略定位的重要性

战略定位指引品牌到要去的地方。不是简单地找寻到一艘船，然后草率地驾船出海，随波而行，这当然不是经营品牌的正确之道，在海上遭遇风浪、暗礁、旋涡时，随波而行的下场必然是船毁人亡。在充满不确定性的海上远航，不仅要求船舶质量良好，还需要有经验丰富的航海者和指南针的指引，这样才能顺利绕过危险，平安前行，最终到达目的地。

大海广阔无垠，如果漫无目的地航行，不仅无法发现什么，还可能让所有人员及物资葬送，所以，在出海之前要将所有可能发生的风险考虑到位。如台风天是不适合出海远行的，出海者若贸然行动，则可能造成无可挽回的损失。

现实竞争中也是如此，开创新品类的成本高昂，漫无目的地行动，不仅无法获取真正有效的价值，还会在你发现宝藏之前就耗尽一切财富。而系统化开创新品类是经过现实验证的新品类活动理论——一切有效的理论都如同科学结论一样，需要验证可行性，管理者也碰巧需要这些被验证过的理论。

最有效的系统化知识却往往因为过于简单而容易被人轻视，很难获得大家的支持。这时，人们会觉得它“不值钱”而抛弃它，虽然在学术领域中这种想法被证明是一种谬论，但由于大家趋向相信复杂，无法接受简单，所以它的实际利用率是比较低的。苹果、IBM、宝洁、可口可乐、奔驰等都是新品类的开创者，它们不仅是独树一帜的，更是史无前例的。系统化可以帮助管理者发现那些被忽视的宝贵机会，指引管理者在竞争对手发现这些机会之前先行进军这些领域，并在进入该领域的大门之后，牢牢关紧大门，让竞争对手无机可乘。

每个针对新品类活动设计的系统化都不同，这是由于各个品类的竞争情况不同，竞争对手数量、优劣势数量、进入壁垒、防御壁垒都呈现不稳定的状态。当下所采用的战略方式放在明日未必适用，品类竞争就如同实际战场，时时刻刻都在发生变化，所发生的事情在上一秒是无法预料的。所以大部分战略定位都是短期的，而系统化活动也需要根据短期的战略定位不断调整，以增强品牌在品类竞争中的适应性。虽然系统化存在变动的因素，但不可否认的是其作用力通常能为管理者解决很多事情，如在市场中建立品牌定位、品牌差异化、品牌特性、品牌信任状等，在与对手竞争的同时，与对手一起将品类做大，融资、建立市场外部关系、形成品类联盟、组织技术联盟等。所以系统化能为管理者带来前瞻的视野及敏锐的洞察力。在我所参与的项目中，有时候管理者会要求我提出更多有效的理论，他们表示只有有效的理论才对他们有帮助。但我的回复是：“知识不在于多，而在于能否正确运用，运用我所提供的理论，一定能对可能发生的事情做出正确的判断。”一个人一生要学很多东西，但大抵上是“学一个丢一个”，最终留下来的往往是那些经过“千锤百炼”的，而本书的内容之所以有效，也在于“千锤百炼”。因为有一些管理者在学习完这些知识后，仍然尝试运用自己那套不完善的理论去推动新品类活动，发现没有效果，甚至产生反效果，最终还是回来使用这些知识。

这就像是一个存在视力障碍的人试图在崎岖不平的路上急速奔跑，还想在奔跑的过程中迅速识别出一个又一个阻碍，这是难于登天，甚至是痴心妄想。我们若对某个领域缺乏全面了解，应该做的是认真学习，而不是盲目乐观。

几百个国内的企业按照我提供的方法开展新品类活动，已经完美实现目标且最大程度避免了风险。本书的写作旨在让国内新品类活动的相关知识更加完善，帮助管理者为新品类活动赋予集中性、杀伤力、高效率、高产出、高报酬率等。这些理论为新品类活动开启了一个新领域的价值大门，有助于管理者通过新品类活动让企业内现有资产实现更大化，与社会资产产生紧密的互补关系，同时让新品类为社会创造出具有积极意义的变革性产品。我所担心的就是：虽然已经学会了利用市场，但还未找到充分利用的途径。

## 第8节

## 新品类防守战略

### 1. 避免正面防守

虽然正面进攻对竞争双方的伤害是最大的，但出于对高收益的渴望，竞争者往往还是会采用这种方式。有时候竞争者甚至会发动自残式进攻，这种进攻几乎无法抵挡，也不应该抵挡。

如果竞争对手的将领与秦武王嬴荡行事风格相似，我们更应该敬而远之，因为大鼎砸下来的时候，周围的人无一可以幸免。正面迎战虽有可能顺利击退进攻，但“敌损一千而我伤八百”的局面绝非我们乐于见到的。

在这个阶段，管理者一定要确认情报的虚实，情报通常来源于我们所说的市场调研。众所周知，市场调研存在欺骗性，甚至很有可能是竞争对手放出来的烟幕弹，所以一定要谨慎对待。

有时候企业的竞争对手不止一个，尤其是在大规模的品类竞争中，往往存在多个竞争对手，这些竞争对手会不断地发起正面进攻。正面防守会导致我方资源储备严重不足，如果其他竞争对手在这个时候向我们发起新一轮的进攻，结果将难以想象。

### 2. 兵贵神速

管理者需要了解竞争对手，以便在竞争对手行动之前对其进行预判，这样才能最大程度地使自己避免受到伤害，将可能的伤害转移，使竞争对手遭到反噬。发现竞争对手弱点后的第一时间，迅速给对方猛烈一击，让竞争对手永远无法再站起来。敏锐的管理者若是用兵如神就能够在短期内抢占先机。越是在关键时期，管理者的敏锐目光越是能发挥重要的作用；越是关键时刻，越需要冷静以待。

这个战术要求管理者随时作好抢先进攻的准备。

### 3. 抵挡侧翼攻击

侧翼攻击算是较为有效的一种进攻方式，虽然发起的难度较大，但防守的难度也同样很大。从历史数据上看，侧翼攻击成功率一般，但收效甚快。

对比其他形式的进攻，侧翼攻击要求领导者足够大胆。在遭遇侧翼进攻时，管理者须多加注意，因为你在同一名优秀棋手进行博弈。这不同于与胆小鬼，鲁莽、优柔寡断的竞争对手进行博弈。优秀棋手发动成功的侧翼攻击时，可以使竞争对手完全无法预测，且突袭性越强，竞争对手反击和收复失地所需要的时间也会越长。

所以管理者需要避免过于明显的弱势，在发展时要将必要的资源投入较弱的侧翼，以防被优秀棋手左右突袭。

### 4. 游走消耗竞争对手在范围外的攻击

易守难攻的现象不仅出现在军事战争中，商业战争中同样存在。由于防守者占据先天优势，进攻者需要在战争中付出更大的代价，要迅速赢得胜利，以减少相应的损失。当防守密不透风，进攻方没有任何机会发动进攻时，便会产生沮丧和急躁情绪。

防守的领导者在此时只需要保持阵容的统一性、稳固性、连贯性，断绝一切可操作的进攻，同时不间断地对进攻者施压，但这种施压不能以破坏防守体系为代价，而是要保持耐心，逐渐施压。防守是一门艺术，若想反击，首先要保护好本方球门，并且限制竞争对手的进攻。一味地追逐进攻者会让原本处于优势地位的防守者落于下风。

敏锐的管理者会参详竞争实况，计算成功的可能性，然后迅速做出反应。防守战术以消耗竞争对手的体力为主要目标，同时找准时机给出致命的反击。

实施豪威尔品类防守战略的管理者不会因为维持现状而得到更多的东西，维持现状是基础，保持现有业绩，才有可能带领品牌更上一层。忽视防守的重要性，必然会造成市场份额的下滑。成功需要积累，失败同样也会积累，市场竞争本身就是强者愈强、弱者愈弱，保存实力才能让我们变得更强。一旦给竞争对手可乘之机，他们一定不会手下留情，倘若核心业务遭到攻击，品牌只能采取降低价格或者更为激进的手段来回击竞争对手，如果在这时还遭到竞争对手追击，可以说是没有了回天之力。

品类市场就那么大，要么抢别人的饭碗，要么被别人抢走饭碗，没有其他的选择。顾客不会为弱者买单，还可能会要求弱者做出更多的让步，比如提供更加优惠的价格。所以防守得当、保存实力，才是我们首先要做的。

第六章 / CHAPTER SIX

# 新品类战略

## 1 第节

## 新品类的战略意义

大部分管理者确实忽略了新品类对于战略的重要性，他们没有意识到拥有差异化带来的力量可以有多强大。众所周知，如今市场中的产品越来越多，与之相反的是日益下降的差异化，有差异化的产品越来越少。这种情况出现的一个原因是随着科技的日新月异，企业管理者的学习能力也在快速提升，要想跟竞争对手保持有效区隔越来越困难。我们必须要明白，哪怕是一个普通的差异化都比没有差异化要强上许多。差异化就是超级武器，符合顾客所需要的利益点，与此同时还能给管理者带来巨大的帮助，管理者只有经营差异化的品牌才能在品类竞争中获得胜利。

理想很丰满，现实是大部分品牌确实不具备任何差异化，这预示着，这些经营没有差异化的品牌、生产同质化产品的管理者只能被迫转向以顾客需求为导向，以此来维持品牌的生存。

许多同行喜欢把闲暇时间用于炒股，而我却将少有的空余时间都花在了乡下，当一些管理者希望我在股票上给他们指导时，我也只能以我对品牌的了解进行一些简单的回复：“任何一个品牌，如果不知道自己的生意从哪里来，它的股票不要买，因为这个品牌的管理者不懂得做生意。”这是股市规避风险的一种方法。但如果要购买具有升值空间的股票，那就更简单了，只需要选择有以下特征的品牌的股票：

① 该品牌只代表一个品类；

② 该品牌是这个品类的开创者；

③ 该品牌占据所在品类 45% 以上的市场份额；

④ 该品牌高度专业化，且已经成为品类的代名词。

如果符合以上四点，那该品牌基本上已经占据了所在品类 70% 的总体估值。选择这样的品牌，就不会出错。以上几点如今已经被很多管理者视为选择牛股的重要标准了。

说来也是，如果一个品牌只有财务目标、利润增长、股东回报，却不懂得市场竞争的真正意义，这样本末倒置的企业大概率是没办法发展起来的。企业存在的原因是通过创新赢得了顾客，这是我一再强调的，也是需要所有管理者时刻记在心中的。而将最基础的发展机会寄托于“公平化竞争”，甚至希望这个世界只有同质化产品的管理者，无疑是想将现有的文明拉回猿人时代。他们是否能得偿所愿呢？如今看来，应该是没有可能的。

在人人都想发展的时代，没有竞争优势就意味着弃权。市场竞争如此残酷，技高一筹才有可能赢得最终的胜利，成为行业老大。相反，若是谁在竞争中棋差一招，生死存亡就握在其他人手中了，说不定还需要从头再来。商业竞争虽然没有血腥，却比军事战争更加无情。

为何要开展新品类活动？很多管理者都会提出诸如此类的疑问。答案其实非常简单，这就像一个准备出门的人，都没有出发，又怎么会达到终点呢？管理者无论想要到达哪一个终点，都需要先有一个方向。而最终是否能到达终点，或者到达什么终点，则取决于管理者在一开始制定的方向。沿着前人走过的路线前进，固然会安全很多，但收获也会少很多。另一个方法就是开辟出一条新的道路，虽然会有一些危险，但沿途可以看到更漂亮的风景，也会收获很多意外之喜。

新品类活动就像是开启一段人生，人生的道路各不相同，你活成什么样子，就代表你拥有了什么样的人生。品类竞争也是如此，你现在所处的环境决定了你最终发展成什么样子。你不能“这个想要，那个也想要”“想要面面俱到”“要感性又要理性”，这样做只能落一个“什么都要不到”的下场，幸运不会降临到每条路都想走的人身上，因为他们迈出第一步都很困难。只有走出去的人，才有可能遇到幸运之神。

商业竞争中，你必须进入战略定位地图中寻找到一个超级武器，并保持高度的专业化，才能获得成功。高度聚焦、高度专业才是你唯一要做的事情。其他的，抛到一边，别想了，想再多也是无用。市场竞争不是你想做什么就能做什么，也不是你想做什么就能实现什么。可以思考一下，海尔做得这么大，它成功了吗？如果你在自己不擅长的市场中与他人竞争，最终只会伤痕累累。记住，如果你的品牌无法马上被顾客识别出来，那你就不是在经营品牌，而只是在做产品。哪天顾客能够立刻识别出品牌，并知道品牌代表什么，这时候品牌才是真的成功了。比如当我们看到农夫山泉，可以马上意识到它是什么。

经济全球化使企业在竞争中胜利的概率增加，同时也开始面临更多的挑战及挫折。世界经济在不断地进行洗牌，管理者想要生存下去，就必须持续依靠新品类活动，以此为企业带来增长。发生国际经济危机的时候，经济往往呈现低迷状态，这时候也是管理者扩大品类份额的最好时期，因为这时候企业基本趋向于维持生存。经济越是在走下坡路，越需要变革性的新品类来刺激市场，以获得更多的新顾客。管理者要思考，依靠新品类活动带来持续的良性增长，但短期增长无法实现，只能够长期盈利，这样的结果是否愿意接受？当然，这种长期盈利将会是可持续性增长，同时所有能够长期盈利的也必定属于良性增长，否则也无法带来长期利润。良性增长还可以对社会发挥积极作用，如保护环境、解决就业等。像格力曾推出零碳源空调，使空调从“耗电大户”转变为“低碳先锋”，这样的产品就可以减少能源的消耗及污染。安全和环保是许多顾客都会关注的问题，管理者想要实现稳定的增长，可以将超级武器与良性增长相结合，并引导所有利益相关者共同参与，确保大家朝着一个方向努力，这样才能够事半功倍。

## 第2节 竞争才能建立品类优势

每个管理者在经济繁荣的时期都会养出一些“脂肪”，这些“脂肪”也分为多种类型，主要为良性脂肪和恶性脂肪：良性脂肪会因为被管理者用于正确投资，最终转变成为对品牌有利的能量；恶性脂肪会由于管理者的盲目投资造成浪费，使品牌受到无限的伤害。

在经济繁荣时期，每个企业都会有 20% ~ 24% 的开支是浪费的，这种浪费在日常运营中不容易发现，只有在经济萧条时才能显露出来。管理者需要适当地对造成浪费的项目进行清理，以便品牌能够高速运作起来。显然，敏锐的管理者会在每个经济周期进行自我瘦身，清理掉体内一些多余的恶性脂肪。

在经济萧条时期，管理者不仅会减少广告的投入，还会减少对促销活动的投入，毕竟广告能带来的收入很多时候都是一种假定，或者广告仅仅是展现自身信息的一种方式，大多数时候不能带来明确的投资回报。这个时期大部分品牌都开始大幅度缩减营销预算，而敏锐的管理者却会抓住这个机会，扩大营销开支。聪明的管理者明白经济危机中蕴藏着巨大的机会，他们将经济萧条视为好时机。经济低迷，购买需求呈下降趋势，所以在营销上开支更多的品牌很容易抢占大部分品类份额，等到经济状况好转的时候，人们就会发现市场上出现了非常明显的两极化。

我认为不论是在繁荣时期还是在萧条时期，品牌都需要不断地与竞争对手进行切磋，才能产生竞争优势。

如果无法在品类市场中做到数一数二，就很难获胜，无法在竞争中获胜的品牌最终只能被动地发展，面临被清算退市或被兼并的惨淡结局。

领导者实力雄厚，他们绝不会容忍品类份额受到一丁点儿的损失，所以千万不要追击品类中的领导者。但是我们可以开创一个新品类，让自己的品牌代表这个新品类，从而使自己成为该品类的领导者，这是本书所提到的“关键中的关键”，这才是管理者应该要做的正确事情。

对于既有品类，顾客会更加依赖领导者，而不是同时依赖多个品牌。大部分顾客预算有限，而这有限的预算花在谁身上，则取决于谁最具差异性。所有的管理者都需要明白，即使我们在品类竞争中脱颖而出，也不意味着我们赢得了顾客，顾客并不依赖我们，但，品牌依赖顾客。

顾客不需要参与竞争，顾客只是品类竞争的结果，赢得顾客是战略的最终目的。相较于打败竞争对手，我们更需要获取众多顾客的青睐，这才是我们想要实现的。同时，倘若我们赢得了顾客，也意味着我们已经将竞争对手打败了。所以，我们应该将大部分目光放在顾客身上。

经常有一些管理者跟我抱怨说现在所处的品类已经高度成熟，几乎没什么市场机会，他们因此备受打击，甚至辗转反侧无法入眠。我分析之后发现，其实根本原因并不在市场，而是由于管理者思想受限，行动上又束手束脚，甚至不愿意进行简单的尝试。

品类竞争中始终存在非常多的市场空位，这些就是能够为管理者带来增长的机会。例如本书所提到的开创新品类活动，就是一种可以让企业迸发出活力的方法。开创新品类既能使其能成为开创者，又能让其拥有成为领导品牌的先行优势，这几乎是显而易见的。

但大部分管理者却优柔寡断，迟迟不肯做出选择，他们总是试图在坐以待毙中找出一个代价最小、收益最高的办法。我明白他们通常会有什么结局，但你永远无法叫醒一个装睡的人，所以我不会尝试说服他们。

我想说的是：“故步自封的风险远远大于努力创新的风险。”

现实的情况是：每个成熟的母品类中都存在非常多的机会。本书频繁提到寻找超级武器的方式、寻找定位的方式、寻找特性的方式，如果能够合理利用这些方式，就可以在品类竞争中寻找到机会，并建立起独特的优势地位。

管理者必须用最直接的思维、最简单的方式找到答案，以便将其顺利传达至基层。晦涩难懂的语言很难让所有实施人员充分理解，最终效果也会不尽如人意。

我工作的这些年发现商业真正的秘诀其实很简单，那就是——好的方法普通人都能懂。

第3节

## 建立强有力的信任状

品牌想在品类竞争中取得胜利，就要不断地为自身的定位、差异化、特性寻找到强有力的信任状作为支撑，这决定了管理者能否在竞争中取得胜利。

顾客的需求有时太难满足，有时又变化无常。管理者在作为顾客时都难免会背叛自己所忠于的品牌，更不用提市场中的顾客了。像化妆品品类中，顾客总是希望找到能使肌肤更美白、透亮、紧致、细腻的新品类，这一系列的诉求需要管理者在新品类活动中实施一整套的差异化，并为自己所宣传的功能提供足够的信任状。

信任状如何使用呢？我从十余年的项目经历中得出的结论是：信任状是通过使用一个可靠的证明、公认的事实来帮助品牌把定位变得可信化。信任状可以在一定程度上消除顾客可能在金钱、功能、人身、社会、心理等方面承担的风险。概念很简单，但是大多数管理者并不能深刻理解，更不用说有效使用了。正是对信任状的忽视和不了解，导致他们与成功失之交臂。

信任状需要为品牌提供可信的承诺，可以是实物，也可以是创始人的声望、名人的代言等无形资产。同时信任状要求品牌在市场竞争中能够充分体现出自身的能力，并且是显而易见的，能够被顾客自行验证、找出事实的依据，包括产品本身可感知的质量、包装品质、门店形象、品牌能见度和常识。所以信任状的运用方式是多样化的，寻找信任状主要有两条路径：

中心路径——高性能部件、制作工艺、原创地位；

外部路径——领导者或开创者、历史传承、第三方认证或权威证书、主流媒体支持、网上好评、名人推荐、市场信誉、区域信任状、渠道光环等。

运用好这些信任状会给你的品牌定位增加极强的可信度，也会让顾客更加相信你所实施的差异化活动是有根源的，甚至将你的品牌作为品类首选。而当你成为品类首选的时候，你就成为品类的代名词，如：

茅台代表国酒；

高露洁代表牙膏；

益达代表口香糖；

周黑鸭代表卤味；

瓜子代表二手车；

香飘飘代表杯装奶茶；

小葵花代表儿童用药；

红牛代表维生素功能饮料；

……

这些都是非常鲜明的例子，如果你已经成为品类的代名词，甚至可以说你已经到达了山峰顶端！

完整的信任状共有三条路径，分别为内周路径、中心路径及外周路径，路径间区隔明显。为了方便管理者充分了解信任状并将其应用于实践，我将在下面列举出豪威尔信任状的使用方式。

信任状作为顾客相信你的理由，需要你好好把握，所有品牌在一开始的时候都是没有信任状的，但是可以通过豪威尔信任状的方式进行梳理，以找到适合自身的信任状。

内周路径：领导者、开创者、历史传承。（7 ~ 10 分，共 4 分）

中心路径：高性能部件、制作工艺、原创地位。（4 ~ 6 分，共 3 分）

外周路径：第三方认证或权威证书、主流媒体支持、网上好评、名人推荐、市场信誉、区域信任状、渠道光环。（0 ~ 3 分，共 3 分）

如：内周路径中每增加一个独立信任状，则加 1 分。

可以对所有信任状进行评分，例如“全球品牌”“中国品牌”“福建品牌”，显然这三个信任状的力量完全不同，作用力也完全不同，当这三个品牌放到一起，“全球品牌”的分数一定是更高的，也是更受消费者青睐的。

信任状得到的分数越多，则说服力越强，品牌在宣传的时候越容易说服顾客，同时也更容易被顾客接受。

最接近“周圆孔”的路径信任状效果最好，作用力也最大；距离“周圆孔”越远，则效果越差。但哪怕是拥有效果最差的外周路径，也比没有路径要好很多。

正常情况下持有内周路径信任状很少有能达到 4 分的，每拥有一个信任状加 1 分，但如果你想拿到内周路径中“开创者”这一项的分数，就必须是这个品类的开创者，否则无法拿到。

能在内周路径中拿到 4 分，几乎意味着你已经成为全球品牌。但是反过来讲，即便你已经成为全球品牌，也不意味着能拿到 4 分，原因可能是原本的全球品牌犯错，被你取代了，这种情况下新的全球品牌自然是拿不到“开创者”一分的。因为品牌是否是所在品类的开创者，大部分顾客是很清楚的，所以，如果你不是开创者，一定不要这么宣传，一旦犯错，就很容易遭受致命的攻击。同时，如果你是新品类的开创者，就要好好利用这一“特权”了，可以通过这一先决优势加大宣传力度，并以此作为起点逐步积累，从而获得长期优势。

“名正言顺”是品牌信任状的最佳体现。

## 第4节

# 企业的社会责任

在当今社会，越来越多的顾客开始关注自己所购买的品牌是否对环境、健康、教育、公益、家庭、社区等发挥了正向的影响。这能在很大程度上说明该品牌是“简单的赚钱机器”还是身负使命、努力建设美好世界的一员，仅仅是追求业务量的增长还是致力于改善人类的生活质量。实际上，顾客讨论的品牌实力其实是品牌在社会上的声誉，也就是品牌对社会做出的积极贡献，而不仅是品牌的产品功能。所以企业的管理者在发展品牌的过程中是不能够忽视社会责任的，管理者应该关心社会发展及世界发展，而不是只在意利润增长。

品牌的社会责任感与管理者的个人品德是分不开的。如果管理者正直无私，其经营的品牌会更富有社会责任感，而社会责任感越强的品牌会收获更多的顾客、一流的人才以及投资者的青睐。如果管理者喜欢逃避问题，习惯推脱责任，在品牌发展过程中也没有承担相应的社会责任，那么品牌则可能面临“百年累之，一朝毁之”的风险。对社会责任漠不关心的品牌会被质疑和批评，媒体也会不留情面地将其曝光，如耐克的海外工厂就曾因雇用童工而深陷舆论危机。

有多项研究表明，关注社会发展及世界发展的品牌能获得更高的品牌声誉，降低自身被中伤、诋毁的风险。如果品牌将财富的积累与社会问题的改善紧密挂钩，那么相关从业人员在赚取经济收益、实现个人能力提升的同时也可以为社会带来更多改善，所以承担更多社会责任的品牌无疑能够吸引更多的一流人才。

通过以上简单的描述，我们可以发现品牌在致力改善社会问题时会带来一些光环效应，这些光环效应会成为品牌的隐形财富。企业承担社会责任所形成的光环效应包含：

① 强化品牌形象；

② 提升品牌影响力；

③ 降低运营成本；

④ 吸引投资；

⑤ 提高市场份额；

⑥ 增加股值；

⑦ 增强品牌抗风险能力；

……

这些其实都是在品牌积极促进社会改善的同时，社会给予品牌的回报。

而关于品牌到底需要履行哪些社会责任，虽然全球各地由于经济文化背景的区别有着不同的答案，但品牌需要履行的共性的社会责任不外乎以下几点：

① 维护国家安全；

② 维护环境安全；

③ 维护食品安全；

④ 维护员工安全；

……

三星电子就在社会责任上采取了相关的行动：

在教育上，设立儿童保育中心、人力资源开发中心、奖学金项目；

在健康上，设立导盲犬学校，推出视力保健活动；

在环境上，设立全球环境调研中心，保护大自然；

在体育上，成为奥林匹克运动会合作伙伴。

这些都是三星电子在履行社会责任上的具体行动，这些行动体现了三星电子作为世界级品牌的担当与力量。

有些管理者认为履行社会责任需要花费大量的时间及资源，这种观念是错误的。贡献多大的力量，跟品牌所具备的能力大小有很大关系，一般来讲，品牌越大，需要承担的社会责任也就越大，但最终履行多少社会责任还是取决于管理者想要将品牌发展到什么程度。

有些管理者还会担心将精力放在社会责任上会影响品牌的发展，其实，品牌履行社会责任不仅不会损害品类份额的增长，相反还会对品类份额的增长有利，因为履行社会责任会让品牌倍受青睐。我从来没有听过品牌因为“过于专业”而倒闭的，更没有听说品牌因为做了好事而被唾弃。具有社会责任的管理者会选择分享自己的财富，他们觉得品牌及个人的财富是从社会中来的，所以也要将财富用于回报社会，这对促进社会的改善非常有意义。

自主履行社会责任的品牌与从未践行社会责任的品牌，两者之间存在很大的差异。前者把社会责任作为品牌的道德准线，而后者却将社会责任当作投机取巧、博取眼球、应对公众压力的一种方式。自主履行社会责任的品牌的管理者会果断地带领员工不断投入社会活动当中，齐心协力为公益事业投入大量的资金、时间、精力，这才是社会与顾客乐于见到的“良心企业”。

## 第5节

## “超级武器”与社会责任

管理者在选择超级武器的时候，不仅要考虑企业利润，还要考虑社会责任。超级武器如果能够与社会责任结合，将会爆发出更大的能量。

保护环境是社会责任的一部分内容。

众所周知，大部分企业在生产玩具时，都会使用塑料制品及化学制品作为原材料，这不仅需要高昂的成本，还存在极大的安全隐患。很多玩具都是给婴幼儿使用的，婴幼儿在玩耍过程中极容易出现吞食、划伤等问题。

父母在给婴幼儿购买玩具的时候，也会将安全问题考虑进去。同时，许多顾客也会考虑到有些玩具对环境的危害极大，如一些含有化学成分的玩具很容易对人体造成伤害，塑料制品及化学制品无法降解，危害自然环境。如果玩具生产企业用生物降解材料代替塑料制品及化学制品，那将极大程度地降低玩具可能造成的伤害，并减少环境问题。

水稻作为主要的经济农作物，起到了无法替代的作用。稻谷生产和加工的过程中存在一个问题——稻壳无法被合理应用。而类似稻壳这样的生物“废料”还有许多，如果能被合理利用，制作成生物降解材料，将会极大程度地减少环境污染。

生物“废料”存在一个重要特性——容易被自然降解，所以二次使用的价值极高。比如水稻的“废料”就可以转化为生物降解材料，用来生产日常生活用品，这些用品在被人们使用之后仍然可以作为肥料。这样做不仅可以产生极大的经济效益，还能极大程度地减少环境污染。

目前国内大部分地区还是采用填埋的方式处理无用的塑料制品，但是这种做法是伤害环境的，比如，垃圾填埋场是甲烷“超级排放者”。同时，从资源的利用性上看，焚烧塑料也是非常浪费的，不可降解的塑料制品被迫缩短了生命周期，经济上的损失也是非常大的。所以，使用可以对生存环境起到改善作用的超级武器，在增加经济效益的同时，还可以对人们的生存环境起到非常大的保护作用。

管理者应该思考如何运用好超级武器，努力使其对人类生存环境起到相应的保护作用，而不是为了维持生存想尽一切办法削减成本或通过降低价格来获取微薄的利润。过度的成本削减会导致更多的人失业，严重时还会引起经济动荡。而降低价格实际意味着压缩利润，会削弱品牌力量，使其在强大竞争对手面前不堪一击。弱势品牌要么面临清退下市，要么就是被对手以极低的价格收购，并没有其他路可以选择。

## 第6节

# 中小品牌竞争方式分析

新品类活动如何实现增长及繁荣，是管理者长期面临的问题，对于如何抓住机会，每个管理者都有自己独特的见解，这些见解都是管理者们从学习和实践中总结而来的。在实施过程中，每个管理者关注的中心问题都不太一样，常见的不外乎以下几个：

① 如何打造强势品牌；

② 如何打造强势战略；

③ 如何在海外市场发掘成功；

④ 如果在海外做到数一数二。

但是走到后面管理者会发现，不管选择哪条路径，最后都没有取得巨大的成功。这到底是为什么呢？因为他们没有清晰地认识到仅仅关注其中一个问题，片面地理解新品类活动，难免一叶障目，无法了解问题的全貌。必须要全面地关注所有问题，将解决这些问题的过程串联起来才真正有效，其实也就是启用系统化模式，让品牌进入系统化模式。

动物界就蕴含着很多解决问题的真理，许多企业发展也需要遵循一定的“自然规律”。如果猎豹参加 100 米短跑竞赛，它最快仅仅需要 3.2 秒就能完成比赛，从而赢得胜利。3.2 秒跑完 100 米可以说是闪电速度了，而在人类世界中，运动员博尔特在柏林田径世锦赛中用 9.58 秒跑完 100 米，是人类迄今为止的最好成绩。这种差别是什么造成的呢？

仔细看猎豹的外形，猎豹的体长一般为 112 ~ 135 厘米，肩部高 67 ~ 94 厘米，总体重约为 38 ~ 43 千克，相比于老虎、狮子等其他猫科动物，体型显得弱小很多。

猎豹没有体重优势，牙齿又比较短，它的优势在于速度，所以不会像其他猫科动物一样直接捕杀猎物，而是采用不同的方式——拼速度，不拼耐力。同时猎豹不会像其他猫科动物一样在体内堆积太多的脂肪，因为这样会影响奔跑的速度。哪怕是猎杀到一头大型食草动物，它们仍然会“极度克制”，只享用少量的食物。

在捕猎时，猎豹会先悄悄接近目标猎物，潜移到距离猎物 50 米以内的地方，找准时机，才会发起进攻。猎豹高速奔跑的能力，加上对时机的把握，使它能够成功捕食到猎物。但是猎豹每次进攻之后，身体都会马上呈现出虚弱的状态，因为捕食过程中的高速奔跑严重消耗了身体的能量，这个时候很容易遭到狮子及鬣狗的抢夺。所以猎豹在捕猎成功后的第一时间，常常会将猎物拖上树，以保证自身及猎物的安全。

每次狩猎结束，它们还需要找一个安全的地方恢复体力。猎豹如果连续捕猎五次都没有成功，就可能活活饿死。连续五次的高速奔跑会消耗掉猎豹所有的体能，没有食物补充体能的猎豹再也没有力气进行新一轮的捕猎。

通过上述的分析，我们能看到，猎豹虽然也属于凶猛的猫科动物，却是猫科动物中轻量级别的存在。它不会选择对猎物发起正面进攻，而是选择发动奇袭，奇袭战是战争中最有效的战术之一。

市场竞争中，大型品牌拼的是耐力，它们有雄厚的资金及规模优势。这样看来，中小品牌管理者与猎豹的生存环境是极为相似的。中小品牌管理者若想像猎豹一样高速狩猎，最佳的选择无疑是开展系统化的新品类活动。因为大部分中小品牌无法在竞争中直接用身躯撼动对手，大型品牌铺天盖地的预算是中小品牌无法比拟的。所以，中小品牌的管理者必须像猎豹一样，充分发挥超级武器的作用，以确保“完美狩猎”，整个过程需要一气呵成，决不能拖泥带水，否则很容易陷入层层包围之中。

新冠肺炎疫情可以说是人类近几十年来遭遇的最大灾难，每当灾难来临，经济也会随之衰退。在经济寒冬到来之前，管理者需要提前准备好“过冬粮食”，以免在寒冷的冬天被饿死。

大部分管理者似乎并不怎么将防守放在心上，觉得只要不断进攻就可以赢得持续的胜利。其实不然，随着品类竞争越来越激烈，管理者能获得的市场机会必然越来越少，如果无法通过新品类活动让企业迸发出应有的活力，进攻不仅意味着无效，甚至还可能会耗散企业的“过冬粮食”。

品牌在发展过程中不仅需要增长战略，也需要豪威尔品类防守战略，在经济萧条的时期尤其需要。与“冒险”“以守为攻”等战略方式不同，豪威尔品类防守战略主要是通过“维持”和“稳定”的战略方式，巩固品牌已有的品类地位，维护好现有的竞争优势，伺机而动，变被动为主动。这就要求管理者保持对自身有利的局面，稳扎稳打，步步为营。

## 7 第节

## 如何建立强大的品牌

其实我们国内并不缺乏品牌，只不过大部分都是流行品牌，它们转瞬即逝，来也如风去也如风。我们缺少的是真正强大的品牌，历经风雨仍屹立不倒的品牌。

那么，品牌如何能够长存呢?

品牌长存的前提是品类一直存活着，只要品类一直在，品牌就有生存下去的可能。品类的寿命一般要比品牌长，在还没有变革性的新品类产生的时候，既有品类会像大树的根系一样牢牢抓住土层，努力地吸收养分，健康生长。

另一个重要的原因是品牌足够专业，十年如一日地经营同一品类，顾客对它的认知从未改变，同时品牌也很争气，会主动履行社会责任。

各个时代对品牌的要求都不一样，但上面两个方面是每个时代中品牌能够存活下来的根本原因。

每一个成功的品类都养育了一个成功的品牌，同时成功的品牌又培养了一个伟大的管理者。那成功的品类从何而来呢？其实是伟大的管理者开创出来的。这三者之间存在着必然的关联：伟大管理者开创出一个具有变革性的品类，同时建立了一个新品牌，为新品牌找到了清晰的定位，又确定了可用的超级武器，即差异化，并以一个特性作为顾客首选，同时建立支撑差异化及特性甚至定位的信任状，赋予品牌清晰的视觉锤，用语言钉将定位植入顾客心智。

一个品牌之所以能够始终强盛，是因为它在无数的品类战役中存活了下来，它比竞争对手更能适应生存环境，有着独一无二的抵抗风险及不确定性的能力，最终获得了市场的认可。大部分富可敌国的品牌，都是经过充分的战斗才获得最终的成功的。

新品类是超越了产品的存在，因为只有新品类能孕育出品牌。

虽然顾客选择的是品牌，但根本原因是品牌代表了品类中的某一特性。从表面上看，品牌似乎无所不能，但其实：

顾客购买的是智能手机而不是 iPhone 这个品牌，是智能体验给予了 iPhone 这个品牌活力；

顾客购买的是“去屑”而不是海飞丝这个品牌，是去屑功能给予了海飞丝这个品牌活力；

顾客购买的是保温杯而不是象印这个品牌，是保温功能给予了象印这个品牌活力；

顾客购买的是酱香白酒而不是茅台这个品牌，是酱香口感给予了茅台这个品牌活力。

品牌若是什么都不代表，那就没有任何价值，顾客也不愿意记住它，试问有谁愿意记住一个无用的事物呢？

同质化的竞争导致品牌只是一个名字而已，名字很多，但都不会成为顾客的选择。顾客会排斥这类“无用品牌”，他们无法记住这么多同质化的品牌。同一个品类中存在太多一模一样且什么都不代表的品牌对顾客而言是没有任何用处的，因为这些品牌甚至无法清晰地阐述自己的价格。这类品牌是空洞无物的，只是占据了一个位置而已，属于占位品牌，顾客并不知道“这是什么”。

现在管理者应该明白自己为何会在品类竞争中频频失利了，顾客购买品牌的产品或服务，是因为品牌有所代表，品牌蕴含了顾客“谈论”或“选择”的价值。所以管理者应该告诉顾客自己的品牌代表了什么。

有些品牌之所以能够取得长期胜利，就是因为其通过分析一些成功品牌做过的“正确事情”，找到了商业秘诀。

① 品牌定位：使顾客能够在品类市场上看到你的位置，定位使品牌存在并有机会作为首选，如茅台的定位是“国酒”。

② 品牌差异化：使顾客看到你与竞争对手最与众不同的地方，是顾客所讨论的，也是你受到顾客青睐的原因，如茅台的差异化是“空杯留香”。

③ 品牌特性：是顾客愿意花钱购买的原因，也蕴含了最重要的利益点，如茅台的特性是“酱香”。

这三点都存在的时候顾客会产生购买意愿，但这个意愿是不稳定的，还需要有信任状来进行辅助，如茅台的信任状是：

① 世界三大酒之一；

② 酱香白酒鼻祖；

③ 800 多年历史。

品牌想在品类竞争中取得胜利，就要不断地为自身的定位、差异化、特性寻找强有力的信任状作为支持。同样，也只有拥有了这些，品牌才有可能成为强大的品牌。

品牌与所有的动植物一样拥有生命力，动植物的生命力取决于各自的基因以及后天的发育，而品牌的生命力大小则取决于管理者的培养。越是优秀的管理者，越明白在培育品牌的过程中需要坚持一致的方向，一致的战略方向是品牌拥有强大力量的基础。如杰克·丹尼就是一个具有强大生命力的品牌，它采用的是典型的品牌战略。

杰克·丹尼在发展过程中一直遵循“一个品牌”“一个战略”“一句宣传”，远销 140 多个国家！世界上没有任何一位爱酒人士不知晓它的大名。

杰克·丹尼是第一家在美国注册的蒸馏酒酒厂，“第一”使它拥有了先行优势，而它又在一百多年的历史中始终坚持自己，也正因如此，它得到的远比失去的多。

除非发生一些不可抗的因素，否则杰克·丹尼会一直存在，顾客也希望它一直存在。这就是强大的品牌生命力所迸发出来的能力，如此惊人。

8 第节

## 品牌的战略布局

品牌每天都在品类市场中与竞争对手博弈，因博弈的形式及战术不同，管理者无时无刻不面临着“非常选择”。这些“非常选择”大部分是临时性、非标准化的，管理者做决定的时候也无法参考过去的经验或所学的知识，但是做出的每个决定都会产生一系列的连锁反应。

这些连锁反应可能会从根本上打乱我们的战略布局，甚至可能会瓦解我们现有的结构优势。

正确的决定会让我们赢得胜利，而错误的抉择让我们走向失败。有些管理者面对胜利的时候不清楚是如何胜利的，而在面对失败时更不清楚为何会失败。其实，这其中存在着一些规律。

既然其中蕴含着规律，那我们只需要找到通往胜利的入口，同时小心避开存在的陷阱就可以了。其实企业家和咨询师经常挂在嘴边的战略并没有人们想象的那么高深莫测。相反，战略其实很简单。管理者如果能够熟练地掌握战略的运用，就可以在商战中无往不胜。

战略一经制定就要启用，否则不会主动发生作用，战略不是一场作秀，而是需要企业上下实实在在去践行的。优秀的战略能够让品牌焕发生机，带领品牌走向胜利。制定和实施战略确实是非常有用的，管理者只要能够将战略运用得当，就完全可以轻松带领品牌到达目的地。

这一点不需要怀疑，我们不能总试图把战略复杂化，正确的应该是将一切简单化，只有简单化才能被我们使用。

战略制定出来后，管理者就要进行宣贯，务必让每个成员都能对战略有充分的了解。同时还要打通品牌内部的各个层级，使品牌内所有成员共同推动战略的发展，以便能够尽早实现战略目标。

不同种类的战略之间存在着显而易见的差异。如宝洁采用的是品类战略，TCL 采用的是企业战略，而茅台采用的则是集团战略。战略方式有好有坏，较差的品牌自然会对应着较差的战略。

企业战略是以企业发展作为战略目标来制定的，而不是以品牌发展作为最终目标。所以企业战略往往会涵盖很多品类，比如 TCL 就采用企业战略，结果却不如人意。

不同的战略会产生不同的结果，在所有的战略中，最适宜中小品牌使用的是差异化战略、叠加战略和品牌战略。

中小品牌没有足够的资金可以发动品类战略，品类战略的实施过程需要大量的资金，这不是中小品牌能够承担得起的。

每个品牌在创建的时候都与别的品牌存在一定的差异，品牌之间存在的差异导致各品牌需要制定不同的战略。如音乐播放器品类中的领导品牌是 QQ 音乐，它是腾讯公司旗下的一个品牌，需要以腾讯整体战略为中心，所以 QQ 音乐采用的是企业战略；而酷狗音乐的情况就大不相同，酷狗音乐采用的是品牌战略。

战略具有预见性和主动性，其实是方向起到了决定成败的作用。那为什么很多管理者还是没有制定战略呢？并不是他们不想做这件事，而是没有找到正确的方法。

简单地说，战略就是指挥部队到达指定地点进行作战。管理者就是指挥部队的将军，只有将军知道自己的部队应该去向何方，部队按照将军指示的方向去实现宏伟蓝图。但如果将军想在同一时间去多个地方，部队会无所适从。将军需要将要去的地方按先后顺序清晰地排列出来，并完整地告诉部队。

第9节

## 国家品牌心智资源与资源协调

战略对于管理者而言非常重要，管理者需要通过战略来发展品牌。所以当有些管理者问我是否可以把战略比喻成一幅世界地图时，我的回复是，将战略比喻成什么都是可以的。因为战略是活的，战略涉及很多参赛人员，每个参赛人员都处在变化之中，同时也在不断改变自己的行为。这些行为是富于变化的、好玩的，而不是一成不变的、乏味的。

下面我就以管理者提到的比喻，结合实际情况对战略进行进一步分析，以便让管理者更深入地了解战略。

如果将战略比喻成世界地图，那么每个国家都有着不同的代表品类：

中国的茶叶、刺绣、丝绸、火腿、玉石、滋补品、白酒、陶瓷、青铜器、传统；法国的红酒、黑松露、鹅肝、奶酪、咖啡、香水、狼狗、薰衣草、时装、浪漫；美国的蔓越莓、冰淇淋、花旗参、鱼油、蜂胶、大蒜油、鲍鱼果、金融、美国梦；英国的皮革、银器、威士忌、泰迪熊、烟斗、红茶、雪利酒、羊绒、雨伞、绅士；德国的啤酒、甘菊、黄牛、香菜、相机、汽车、厨具、家电、柏林熊、香肠、严谨；

……

我在列举每个国家的代表品类时，最后讲到的都是心智品类。这些心智品类是我们对各个国家的认知，比如法国的国家认知是浪漫，所以这个国家也代表了一系列与浪漫相关的品类。

一个国家正因为拥有了心智资源，才会令许多人心生向往。每一个想要追求浪漫的人，无一不向往着法国，期盼着终有一天能够去浪漫之都巴黎。这就是国家心智资源产生的效应。

战略中最无法避免的就是得与失，正是因为存在得与失，才形成了完整的战略，一整套完全不同于竞争对手的战略规划。

品牌战略最终的目标应该是使品牌成为该品类中的领导品牌。注意，是成为所在品类中的领导品牌，而非所在行业中的领导品牌。品类是有严格界限的，也可以进行衡量，且有一定的标准，但是行业范围过于广泛。战略决定着我们要去的地方，方向不对的情况下我们是难以取得胜利的，所以要将目标界定清楚，我们是在品类中竞争，主要竞争对手也应该在同品类中。

不过也需要加以区分，要明确品牌是在新品类中还是在既有品类中实现这一战略目标，这一点尤其关键。

新品类中隐藏着可以实现这一目标的机会，尤其当你是新品类开创者的时候，你拥有开创者标识，占据着先行优势，若与此同时你还能够将豪威尔的一系列商业工具运用起来，几乎就可以在商战中无往不利了。运用好这些先决条件，顾客自然会牢牢记住你。

但如果你决定继续在既有品类中发展，而你最大的竞争对手是可口可乐，意味着你要跟一个红色巨人进行战斗。这时候我劝你赶紧撤退，不要试图对红色巨人发起攻击，这不仅白费力气，还有可能会让自己一无所有。

战略一词早已在全世界广为流传，不同的学派对于战略的理解都不相同，因此管理者对战略既熟悉又陌生，因为迄今为止有太多的书想要讲清楚战略，但这些所谓权威的专家对战略的解释却非常的模棱两可，同时略显冗长。

我经常迫于无奈接受一些管理者的邀请去参加一些品牌的战略会议，超大型会议厅内挤满从全球各地赶过来的人，其中就包括各种各样的专家。

品牌的最高管理者还会在会议上分享品牌的战略规划，往往是先播放一个看起来很美好的短片，伴随着 *victory* 的战歌会议将走向高潮，与此同时，最高管理者开始发表他将带领全体成员在“全球领域内同一时间对多个品类进行出击并迅速做到第一”的伟大愿景。每当这时我都不太敢吭声，这个梦想实在过于伟大了。

他们所提到的多个目标品类中开创者都是其他品牌，且这些品牌在市场规模、资源，还有专业上都已经做到了第一，又如何去战胜这些“第一”，自己成为第一呢？我不免疑惑。

最后大家分组讨论并充分认同本场会议的成功，还放了一些精心准备的礼炮及气球并表示会议圆满结束。

我参加过太多这类会议，已经麻木了，所以并不会感到一丝一毫的惊讶。

参加这类会议，我往往面无表情，不愿意说任何话，否则我的下场可能会过于“凄惨”，为自己带来很多不必要的敌人。

大部分管理者总是依靠习惯性或临时性来制定战略，正因如此，制定出来的战略错误重重，无法实施。究其原因还是制定的战略中存在无序、混乱、同质化等问题。不过在我看来，这些都没关系，因为是“赢”决定了我们能够成功，而不是“输”，“输”已经成为过去，我们应该把关注点放在“赢”上。

其实战略真的很简单，如果把一个问题拆分，并使其简单化，就可以将问题逐个击破。优秀的战略需要对资源进行协调性分配，但能意识到这个问题的管理者少之又少，他们不断地用不具备协调性的方式来分配资源。最常见的不具备协调性的分配方式是将更多的资源分配给那些注定会失败的品牌，尽管这些品牌看起来有点像“暂时未成功”，不过在我看来，它们已经失败了，因为它们从被创建的一开始就遗漏了多个重要环节，根本不可能获得成功。另外，让一个重要成员参与多个品牌的活动，且在其中担任重要职位，也是导致战略失败的主要原因之一。

## 第七章 / CHAPTER SEVEN

# 战略方案制定

## 第1节

### 战略必须切实可行

不要试图同时照顾多个品牌，这样做只会导致资源上的浪费，资源是存在时效性的。具体来说，战略规划的某个阶段往往需要倾注大量资源，如果资源能够及时输送，那么前线因为有了充足粮草的补给，获得胜利的可能会更大；如果资源输送不及时，则很容易导致失败。试想，前线的士兵饭都吃不饱，怎么有力气拿起武器冲入阵营杀敌呢？管理者们试问下自己，若是饭都吃不饱，能有力气杀敌吗？如果我们自己做不到，就不能提出无理要求。

战略失败的源头往往是企业管理者，他们总是提出一些荒唐的、宏伟的、不切实际的战略目标，再用一系列复杂的思维逻辑使人相信这个目标能够实现。

如果宏伟脱离现实，那将是荒唐，二者在本质上没有区别。但荒唐更加简单，让人能够一眼看懂，而脱离现实的宏伟在光鲜亮丽的包装下却不容易被识别出来，所以存在很大的欺骗性。

战略不等同于管理者的抱负，管理者想要做的事情很多，但要结合实际情况，战略需要结合当下的品类竞争情况来制定，因为这样制定出来的战略才算是切实可行的，战略绝不是在真空中制定出来的，也不是靠想象就能完成的。

不切合实际的战略必将以失败告终，我们不要以制定战略的艰辛为失败充当理由，每个人都不应该把一个失败的结果转嫁到自己的付出和努力上，这不仅无法起到激励的作用，还可能让管理者被动地承受二次打击，没有任何意义。

战略不能是空有其表，切实可行、能落地的战略才是优秀战略，无法落地的战略只是纸上谈兵。战略要有可执行、有依据的行动方案，这才是最重要的。我经常为国内的中小企业管理者提供一些战略层面的指导方法，其中有一些战略必须明确。举例来说：

1. 品牌：贝蒂斯

2. 品类：橄榄油

3. 战略类型：①品牌战略；②叠加战略；③差异化战略。

4. 品牌定位：①卓越品质；②橄榄油领导品牌。

5. 品牌特性：①营养；②浓郁果味；③口感醇厚。

6. 品牌差异化：①皇室用油；②生产工艺；③活性营养物质。

7. 品牌信任状

（1）①西班牙皇室供应商；② ISO 质量认证；③ 1924 年被指定为皇室用油；④国际质量大奖；⑤安全认证……

（2）①酸度≤ 0.5%；②全球橄榄油十大品牌之一；③西班牙原装进口；④国际奖项……

8. 品牌视觉锤：与皇室、贵族相关的图案标识，凸显尊贵感。

9. 品牌语言钉：百年品质。

10. 战术体现：围绕皇室用油。

11. 战略目标：世界橄榄油第一品牌。

以上信息是品牌战略必须明确的内容，企业的管理者也可以将其理解为一个简单的小型框架。

但战略问题不只存在于大型框架或小型框架，而是在于战略的内容是否明确，管理者必须确保上述项目都有明确的结论，而且结论能够具体落实，否则这个战略很可能就是空洞的、无效的。

一个三两句话就能说清楚同时又适用于品类以及品牌的战略，远比大多数看起来很复杂又很厉害的战略要有用得多，东西不在于广而多，在于少而精，要尽可能精简一些烦琐的流程，一切皆以战略能够有效落地为主。

我为管理者提供的战略内容，都是较为简单且实用的，远比那些需要一沓厚厚的 A4 纸才能说明白的战略方案要好。如果战略需要花费很大一部分时间去理解，那你基本可以放弃了。正常且有效的战略只需要两张 A4 纸就可以说清楚，长篇大论的东西通常都是废话，如果有人给你的战略内容达到了几十页，那你就需要小心了，那只不过是利用 A4 纸的厚度去伪装自己的价值罢了，而你需要为此付出更多的费用，用真金白银买他的一堆废纸！

简单的东西管理者能够轻易理解，也更容易被顾客所接纳，也就是说，你给顾客的感觉是什么样子，顾客就觉得你是什么样子。

制定战略的目的就是弄清楚“如何先让品类发展得更强大，以此来带动品牌”这个问题，但现实工作中却有一些管理者自以为是地先发展品牌，而忽视了品类，结果品牌是名声大显了，品类的市场份额却少得可怜。所以，管理者要明确区分好品类和品牌的意义及作用，如果这一点无法明确，制定出来的战略从一开始就会往错误的方向发展。

别忘了，品牌是活在品类之下的，甚至可以说是寄生于品类之下。品类有活力，品牌才会备受关注，这是个显而易见的商业法则。另外，管理者也必须清楚，没有一个品牌能活得比品类更长久，这是一个“单一优势无法脱离整体”的简单道理。

## 第2节 避免制定问题战略

失败战略中有些属于问题战略，千万别忽视了问题战略所带来的危害，如果只看名字，有些管理者觉得针对问题进行修补之后战略可以继续执行，但这很可能是一个陷阱，因为从一开始就朝着错误方向发展，即使在路上再怎么整理行囊，依然走不到终点。

这些问题战略是把错误的结论置于虚幻的想象之中，但参与人员却无法判定这是否可行。大部分企业管理者在参与战略制定时表现得异常兴奋，然而在战略制定之后却不知该如何落地。

现实中很多战略制定情况是这样的：在一个办公室内，战略制定者与品牌最高负责人连同所召集的三五人共同就战略制定进行探讨，很快得出最佳结论，所假定出来的战略让参与的每个人都感觉到热血沸腾，大家开心地散会，接下来的一段时间，似乎忘记了制定战略这个事情，继续各自忙碌，等某天品牌最高负责人询问战略落地情况时，大家面面相觑，都觉得这个事情并不是由自己负责的。

那到底是谁负责的？没有人知道，然后战略执行又再次被搁置了。

这是一个非常典型的问题战略的例子，以这种方式制定的战略，在未经领域内专业学者指导或第三方协助的情况下，通过企业高层反复讨论之后又没有得到彻底的贯彻落实，所以，未参与战略制定的人员完全不清楚战略目标是什么，又如何能够将战略落实，又如何实现战略目标呢？

问题战略产生的原因是没有认真分析当前的局势，如果说脱离外部不会对战略产生影响，那管理者所制定出来的战略也不过是一厢情愿罢了。

制定战略的过程中经常会遇到冲突，让大部分企业管理者无法抉择，甚至无法进行正确的判断，大部分管理者会觉得这种情况对于品牌会产生非常不利的影响。

其实不然，这不仅是正常情况，而且是有利于战略落实的情况，管理者大可不必担心，因为战略本身就存在着取舍，战略就是界定原点人群，界定原点市场。

战略所需要的资源供给是有限的，如果资源供给只能满足实现一部分战略计划，而另一部分战略计划也需要资源供给，就会产生冲突。

战略实施中会遇到各种各样的突发情况，我的建议是管理者不需要过于恐慌，按照既定的战略继续执行即可，因为战略只要是正确的，就一定会带来好的效果，所以不应该随意更改战略。

另外，管理者应该果断舍弃一些“看上去也不错”的战略目标，这些目标可能是充满危险的沼泽，是具有诱导性的死亡陷阱，它正等待着贪婪的管理者自投罗网。有时候管理者会把目标当成战略，使战略实施产生错乱，所以管理者要尽早明确目标跟战略的差别，因为这是两码事，如果无法确定我们面对的挑战是什么，就很难制定出一系列应对措施。

战略法则之一是“高度聚焦”，将所有的资源集中于一点，全力攻击，会产生奇效，这能让你轻松地收获成功，对竞争对手起到震慑作用。

在品类竞争中，管理者需要以己之长，攻彼之短，要先找到竞争对手强势中的弱势。我们举大卫与歌利亚之战的例子：牧童大卫年幼，在与歌利亚交战之前，因无法承受盔甲之重，将盔甲弃置一旁，一身轻装直冲巨人歌利亚，在接近歌利亚的过程中，大卫手拿着一颗石头，用机弦瞄准巨人歌利亚的头部，射了出去，而巨人歌利亚因为身穿厚重的盔甲无法灵敏地躲避，头部被击中，当场倒地而亡，牧童大卫径直走向巨人歌利亚，割下了这个让扫罗王军队惊恐不已的人物的首级，结束了这场力量悬殊的对战。

既然在力量上处于弱势，就需要通过寻找对手的软肋取得胜利。在这个故事中，为什么只有牧童大卫能想到以弱胜强的方法呢？这是因为大部分人没有摆脱惯性思维，而牧童大卫利用了非惯性思维。

| 牧童大卫 | 年幼 | 速度快 | 使用轻巧机弦 | 痛击巨人歌利亚头部 |
| --- | --- | --- | --- | --- |
| ↓ | ↓ | ↓ | ↓ | ↓ |
| 小品牌 | 新品类 | 超级武器 | 高度聚焦 | 击中强势中的弱势 |

之所以可以精确击打巨人歌利亚，是因为牧童大卫能够熟练地使用机弦。这是一种充分利用自身优势、全力进攻对手强势中的弱势的战略，它所产生的有效击打能够最大限度地让对手持续处于被动状态，这时找准时机，就能让对手付出惨重的代价。

随着时间的推移，企业在发展中面临的问题也越来越复杂，战胜对手的前提条件是正确分析自己的优势及劣势，以及在面临机遇或风险时避开竞争对手制造的麻烦，从而在万事俱备的条件下建立起战争优势。

## 第3节

## 如何制定可行性战略

问题战略有时候也是由一些看上去水平很高的“专家”提出的，他们不仅擅长提出大量的战略目标，还擅长将简单的问题复杂化，而对于问题解决方案，他们只做碎片化的总结，甚至直接避实就虚。

依靠那些“战略”他们可以获得丰厚的报酬，在我看来，正是这些高额的报酬驱使他们将自己塑造成高水平的“权威专家”，但实际上管理者需要的是可执行的解决方案，只有切实可行的战略方案才能带来利润的增长，利润并不是通过复杂的概念产生的。

战略越是复杂化，就越不具备可行性，难道我们要为那些复杂的问题战略买单吗?

一些战略的制定者会用复杂且空洞的词语对战略中存在的缺陷进行遮掩，因为那些词语别人看不懂，似乎显得他高明，但这不仅拖慢了战略实施的进程，还让身负巨大压力的管理者倍感挫败，从而对于战略如何实施、企业如何确定发展方向难做抉择。

真正的专家应该是直面问题，因为只有直面才能解决问题，直面问题意味着在战略的制定上是坦荡的，而不是为了博取眼球或者单纯地获得酬劳。每个企业都应该为效果付费，而不是为战略方案付费，如果战略方案无法执行，那么它只是一堆废纸，没有任何价值。

我见过很多非常精美的战略方案 PPT，把战略呈现为十分精美的表格，再把页面设计得生动形象，但这些花里胡哨的东西利于战略的实施吗？我想这对于战略应该没有任何影响，反而会增加投入成本及拖延战略实施进程。

无法有效落地、故作高深的战略比比皆是，其本质就是画大饼，用了非常多的流行语如愿景、文化、个人 IP、超级符号等，对战略进行烦琐的包装，这些词对战略制定有什么帮助吗？我们也是品牌的消费者，这些词与我们有什么干系，我实在想不出来，说出这些词的“高水平专家”都应该反省并承认自己的无能，然后好好去学习下战略到底是什么，而不是对战略进行毫无意义的包装，战略好看却不可执行，存在的意义是什么？

复杂的内容完全没有必要出现在战略方案中，战略方案应该是让管理者感觉到轻松、愉悦、快乐、可行的。

吉列：一个品牌、一种产品、一个宣传语。

多么简单的战略，这么简单的战略却产生了巨大的作用，为吉列带来了超过了 65% 的剃须刀品类市场份额，这种经营战略往往可以运用几十年，甚至不需要更改，也不需要花多余的钱去请那些“高水平专家”来制定方案，不仅管理者自己能够看懂，全体执行者在执行战略时也能够得心应手。

顾客在看到吉列这个高度聚焦的品牌时，也能清晰地说出：吉列是一个高度专业化的剃须刀品牌，我没有理由不相信它。

相反，如果战略让管理者感觉到呼吸困难，那这个战略很可能是失败的、糟糕的、不切实际的。我所知道的就有十几家咨询公司试图贬低吉列，以此来获取关注，并顺利获得业务，这些投机取巧的“专业人士”直到现在也未曾放弃过吉列这个香饽饽，但我要告诉管理者，吉列的战略很优秀，很棒！

虽然每个战略都会存在漏洞，但是有些小的漏洞是必然存在的，我们可以直接忽略，毕竟品类中还是需要留一些机会给那些十八线品牌，一是为了社会上能有更多的创新，二是小品牌也需要生存，它可以借此机会来获取更多的养分。

美国国际收割机公司在20世纪还是美国TOP5的企业，波斯艾伦咨询公司协助该企业进行了战略的制定，它们联合完成了一份公司战略规划，豪迈地包含了五个部门独立制定的规划（我感觉糟糕透了），包括：

① 燃气轮机业务：3亿美元。

② 零部件业务：10亿美元。

③ 工业设备业务：10亿美元。

④ 农业设备业务：30亿美元。

⑤ 卡车制造业务：40亿美元。

一共93亿美元的业务，此战略规划旨在让公司的每一项业务能够面面俱到，同时还包含削减一些广告成本、市场营销成本，以期提高利润。但这份战略的制定并没有考虑来自外部市场的压力，如在农业设备业务上其实就有非常多的强敌，如凯斯、弗格森、福特等，这些竞争对手在某些领域甚至强过国际收割机公司超过50%的市场份额。

那么，国际收割机公司如何在短时间之内通过削减广告成本、市场营销成本来取得优势呢？我看了一下这份公司战略规划，并没有找到有效的处理方法——如果你不花点时间来查看这份规划，根本无法发现，因为它是如此的“大部头儿”。这份为TOP5企业制定的战略规划，厚度让人感到无比惊讶，至少我觉得，阅读完这一份战略规划需要花费十多天，而且这段时间没有办法再去做其他事情。

CEO的时间如此宝贵，你觉得他有时间来阅读这长篇大论吗？如果没有，那这份战略规划又要靠谁来实施、靠谁来推动呢？

我通过查阅一些历史资料也了解到，当时国际收割机公司的劳资公司在美国是非常糟糕的，不单常年“榜上有名”，还经常发生大规模的罢工现象。

事件的源头其实是波斯艾伦咨询公司，它在前几年的时间内削减国际收割机公司的行政费用，从账面上看是提高了利润，但也造成了该公司长达半年多的罢工，员工希望通过这种方式恢复以前良好的劳资关系，但公司的管理者却不做出任何让步。在罢工结束之后，该公司在市场中已臭名昭著，股值暴跌、股东期望值急速下滑。后来很多人表示，再也不愿意购买国际收割机公司的产品了。

那时，国际收割机公司人员规模庞大，人数达到了 10 万以上，裁掉了将近 9 万人，只保留了 1 万多员工。试想，这么一个庞然大物，你的家人或朋友就有可能曾经在这里工作，你的印象会好吗？你还愿意继续购买他们的产品吗？答案是显而易见的。

另一个例子是我在曾做过的某个项目中认识了一个品牌的创始人，他是该品牌的最高管理者，该品牌在局部范围内有不小的知名度。由于在时间上能够安排得开，我接受了他的邀请，主要的工作内容是：为品牌的战略进行全员宣贯。

该品牌主要是一些家电类型的电器，盈利的做，不盈利的也做。我同他见面后，经过一个多小时的了解，发现这个品牌目前存在很多明显的问题，而该管理者似乎并没有意识到问题的严重性。

当谈到战略的时候，他说他的战略方向很简单，就是让品牌的市场份额每年以 15% 的速度增长或者让每年的利润增长达到 15% 也行，进展顺利的情况下，甚至要求更高。当他说到这个数字时，我特意询问：“为何是增长 15%，为何不是 2%？”对方的回复是“2% 太少了，根本不值得我去做这个努力”。

15% 这个数值可是不小的，因为在一个成熟的品类市场中，市场已经趋于饱和，如果一个品牌每年能增长 15%，那只需要 7 年的时间，品类的总体份额就能够翻一番。所以每年增长 15% 不是个小目标，是要花费不少代价的，这个代价可能包括为这 15% 的增长额外付出超过 50% 的努力。

当时，要不是第一次见面，我会问他："为什么您需要每年都有利润增长，难道现在的利润太低了吗？"

他谈到，现在品牌面临的任务，就是让全体成员充分认识到战略的重要性，并为战略付出更多的努力，保证自己能跟得上品牌的发展。

我在听取这些信息后，额外问了一句："在战略中，除了提出增长的目标之外，还有其他内容吗？"他表示没有了，品牌做到这个盈利程度，就已经很了不起了。对此我也感同身受，是的，有多少品牌的管理者并没有意识到经营品牌的困难程度，而盲目地对品牌做出一系列无效举动。

他表示："制定这份战略用了一个多月的时间，广泛征求了品牌内部各个部门成员的意见，是大家经过深思熟虑得出来的，我们都相信它能够实践得很好，员工也表示愿意为品牌的发展尽全部的力量，大家对这份战略很满意。"

于是我问："您制定了一份很漂亮的战略规划，那接下来将要怎么实现战略目标，您将采取哪些行动呢？"

顿时，办公室里静寂无声。他点了根烟，然后回答道："需要全体成员的努力，同时需要我们不断自我突破，我可以让工作时长增加一些，付出任何代价也在所不惜！"

果如我所料，战略是制定好了，但要怎么去做他并没有想好，甚至从来没有考虑过这个问题。这个问题很难，却是无法回避的，因为想要让战略发挥出效果，就必须找出实施的方法。

把一堆可以盈利的和无法盈利的产品放在一起，如何为品牌带来每年15% 的增长？这完全不切合实际。这时候战略取舍显得尤其重要。战略就是要明确方向，在做什么和不做什么之间抉择，要利用好有限的资源全力实现已经定下的目标，同时必须放弃一些其他目标。

当管理者无法在多个选择中做出取舍的时候，全体成员就可能面临抉择困难，出现方向不清的情况，进一步淡化战略的有效性。

由于上面的一些问题无法得到有效回复，我们后面的谈话已经产生了一些断层，当气氛开始变得尴尬，我中止了本次交谈，表示该战略规划还需要慎重执行，并补充了几个问题：

① 品牌定位是什么？

② 品牌差异化是什么？

③ 品牌特性是什么？

④ 品牌信任状是什么？

⑤ 品牌视觉锤是什么？

⑥ 品牌语言钉是什么？

⑦ 对手允许您这样做吗？

⑧ 增长 15% 依托于您的想法，还是实际情况允许我们发生的？

⑨ 为了这 15% 您会怎么做？

我提出这些问题时，他惊呆了，他说自己从未想过，也没有人告诉他应该这样做。

他表示，从未了解过这些关于品类竞争的问题，觉得只要有产品，全体成员比竞争对手更努力就能够胜出。我告诉他，如果想要保持长期的增长，就必须要带领品牌往良性方向发展，否则根基不稳，大厦随时有倒塌的可能。

本次谈话半年之后，他在网上读到了我的文章，某天半夜 11 点左右，他很兴奋地拨通了我的电话："我现在知道该怎么办了，15% 的市场增长是不合理的，增长是事情做对之后所产生的结果。"

我当时还觉得莫名其妙，表示了祝福，并匆匆结束了交流，毕竟当时的项目工作强度让我不得不立刻休息，但第二天醒来之后，我突然意识到这通电话对于他有很重要的意义，他似乎学到了什么。

事情还没结束，一年后的某天中午，他再次打来电话，让我为他制定一份具有差异化的战略，还特地要求我必须加入豪威尔环，我问他为何又想这件事情，是否做好准备了，他表示自己已经准备好了，并让我竭尽全力为他制定一份合理的、可落地的战略规划。

我表示这需要见面沟通，于是他马不停蹄地在当天夜里赶到了我所在的城市，我们在当天晚上就敲定了此事。这一次，双方的洽谈异常顺利。

我知道当一个人沉浸在宏伟的规划蓝图中时，根本听不进去任何声音，除非你无条件地认同他，否则双方大概率会不欢而散。

倘若我们没有办法对困难进行分析，就压根不会拥有真正的战略，所拥有的充其量是一个目标、期许、愿望罢了。

## 第4节 战略需要不断升级

在新品类活动以及战略活动中，经常会有客户询问我做这件事能带来多大的回报。

我的回复是，项目的潜力无法估计，但能确定的一点就是一些可控风险也时刻相随，对于这些风险的把控同样重要，因为风险本身存在不确定性。但只要方向是正确的，就不用怀疑所制定的战略的效果。

制定有效的战略，你会每天都能看到品牌在不断成长，而且成长的速度是可以不断叠加的，就如同豪威尔环的威力一样，彼此间相互加强，环环相扣。因为你的信任状越具说服力，顾客就会对你的差异化越感兴趣，就会越愿意为你的特性买单，同时越加支持你的定位，这最终形成一个可以产生强大威力的战略。

当企业这样做时，品牌就会获得众多消费者的青睐，而投资方也更愿意对品牌进行投资，上市之后同样可以带来股值的增长，就像特斯拉一样，当你好的时候，你的一切都是好的。因此，我曾无数次告诉我的客户，运用好豪威尔环，它的威力很强，你不需要对它有一丝的质疑：如果我站在你的角度来思考这件事，我一定会这么干。

参与商业竞争不仅需要努力和坚持，还需要战术和独到的眼光。仅仅是高强度的劳动，不会为管理者在商战中建立强大的竞争优势。

有些战略的制定会变成“展望活动”，如：“想想让规模大到现在的两倍会是什么样子？”“你是否想知道如何在三年内达到400%的增长？”

这些企业家把战略目标原本的“大一点”变成了“超级无敌大”，其实制定的充其量是一个财务目标，与真正的战略目标相差甚远。很多管理者在企业或品牌发展到一定规模的时候，受到内心增长欲望的驱使，都会想要制定出一个战略，或许这能让管理者达到某个阶段目标，并激发品牌的潜在力量，为企业带来利润的提升。但很多时候，制定战略的过程会让企业管理者感到失望，甚至绝望，他们觉得简单的战略无法帮助他们实现宏伟的商业目标，跟他们头脑中的战略并不一样。他们所想的战略目标就非得是做到数一数二，至少是名列前茅，否则就觉得战略没有多大的意义。

我不禁对这种无知感到同情，是谁告诉管理者战略是这样的？或者这只是他们凭空想象出来的？那这种凭空想象是否能站得住脚，是否有依据？如果你这样想，别人是不是也这样想？管理者对战略必须要有个正确的认识，只有这样才不至于产生荒谬的想法。

一个好战略不一定就非得让企业或者品牌在同行业中名列前茅、数一数二，一个优秀的战略是可以不断升级的，这就如同当企业还是一棵小树苗的时候，需要有一个量身定制的战略带领它成长，每个阶段都需要有不同的战略，当眼前的战略已经不再适合现在的成长节奏，就说明战略需要升级了（注意，是升级，而不是更换）。优秀战略有时候需要十几年至几十年的时间去沉淀，甚至需要几代人去坚持才能发挥出最大的作用。

我们以春秋战国时期秦国的战略来类比，秦国的战略规划就是靠着几代帝王的努力才得以实施并取得成功的。纵观秦国的战略发展史，总结以下几个环节可以让管理者一目了然。

① 秦惠文王在位期间：北扫义渠，西平巴蜀，东出函谷，南下商於，为秦统一中国打下坚实基础。

② 秦昭襄王在位期间：任用白起为将军，先后战胜三晋、齐国、楚国。

③ 秦国在攻取魏国的河东郡、南阳郡和楚国的黔中郡、郢都后，发动了长平之战，大胜赵军。

④ 秦国攻陷东周王都洛邑，俘虏周赧王，迁九鼎于咸阳，结束周朝八百年的统治。

⑤ 秦庄襄王登基元年，宣布大赦天下，施德布惠于民。同年，秦庄襄王命蒙骜伐韩，韩国被迫割让成皋、巩等地。秦国的地界延伸至大梁，初置三川郡。后庄襄王命蒙骜攻打赵国，夺取了三十七座城池，攻取了魏国的高都和汲，王龁攻打上党郡，设立太原郡。

⑥ 嬴政出生于赵国都城邯郸，后回到秦国。前 247 年继承王位，时年十三岁。前 238 年，平定长信侯嫪毐的叛乱，之后又除掉权臣吕不韦，开始独揽大政。重用李斯、王翦等人，先后灭韩、赵、魏、楚、燕、齐六国，最终完成了统一大业，建立起一个中央集权的统一的多民族国家。

从上述的秦国历史中不难看出，战略都是需要资源配置的。若想确保目标达成，就需要进行资源配置，让资源能够最大程度地被利用。除此之外，管理者也需要了解战略包含了以下这些工作：新品类活动、定位、差异化、信任状、视觉锤、语言钉等。只有这些项目有机结合，才能形成一个有效的战略定位。

而管理者的责任就是判断哪条路径可以促使战略目标的实现，这一点最为重要，判断之后则是集中全部资源进行战略配置。用卧薪尝胆来形容战略制定可能有点夸张，但高度专业化确实是管理者需要长期秉持的。优秀战略在我的职业生涯中，就是十年磨一剑，打磨好一把剑，就能在上阵之后所向披靡。

优秀战略的宗旨在于克服一系列的困难，将不可能变成可能，重点是要有一套切实可行的行动方案。在面对困难的时候，我们往往看到的只有结果，但真正应该关注的是诱发的原因，如果能够找到问题的根源，处理问题时就能事半功倍。总之，除非先找到问题的根源，否则就很难制定出优秀的战略解决方案。

想要在战略上获得成功，必须要有积极乐观的心态，同时还需要有足够的耐心等待战略的成长。

战略就像一棵树，想吃果子就需要提早种下树苗，而开花到结果也都是需要时间去沉淀的，想吃到香甜的果子，就必须等到果子充分成熟，所以耐心等待是战略达成必不可少的。

同时资源具有稀缺性，正因为它的有限，我们才需要制定清晰的战略，即利用有限的资源最大化地达成战略目标。

有了明确的战略目标，就需要确定选择哪条路线，而其他的路线全部要舍弃，否则企业就如同水中浮萍一般随波逐流、摇摆不定，只会原地打转。这也是对可能导致失败的诱惑说“不”的最佳方法，因为如果不做出有效抉择，将很有可能面临被海浪逐步带入暗流的威胁。

## 5 第节

## 如何制定关键性战略

优秀的差异化战略就是要分析当下的形势，提出解决现有问题的方法，在应对每个阶段的重大困难时还能牢牢把握住市场外部的机会，同时形成一套独特的战略定位，并根据独特的战略定位开展连贯性的运营活动。

在制定战略的过程中，最重要的是把与战略相关的问题先提出来，接着再去搞清楚：

① 是否已经完整提出问题？

② 哪些是刻不容缓的关键问题？

③ 哪些是可以置之不理的琐碎问题？

④ 哪些是决定胜利的关键问题？

⑤ 哪些是导致失败的首要问题？

“完整提出问题”要求考察问题具备准确性、可靠性、相关性和结构性等。比如与战略有关的问题大部分是不够真实、值得怀疑的，甚至可能是敌方主动释放出来的错误信号，目的在于让竞争对手产生错误判断，以让自己的战略定位处于优势位置，并让自己及时做出最佳的战略部署。因此，针对准确性、可靠性、相关性、结构性进行测试才能“完整提出问题”。

对于需要马上处理的“关键问题”，管理者必须马上投入所有精力进行解决。其实“关键问题”只要做到事情的 20% 就能达到 80% 的效果。

而对于“琐碎问题”，管理者可以等有时间了再处理，或者根本不需要理会，“琐碎问题”哪怕做到事情的 80% 最终也只能产生 20% 的效果，因为战略的成功与否，决定因素总是在重要问题上，而不取决于小问题。二者对于战略的重要性完全不同。

对于“决定胜利的关键问题”，管理者要给予足够的关注和资源，并密切观察胜利的动向。高手对战，双方一开始就密切观察局势中所显露出的赢的迹象，一旦发现，则好好把握局势，大加宣传，以便一步占得先机，步步占得先机。

高超棋手会运用好赢的迹象，不断引导战略朝着胜利的方向发展。同时也知道，如果一开始会赢，后期大概率也会赢，最终在取得各阶段胜利之后，获得整套战略的胜利。

例如市场份额领先、利润率领先、股值领先、股东支持、顾客支持等，都是战略在初期会显示出来的优势。

而对于“导致失败”的问题，管理者则需要小心翼翼，步步踏到实处，要清楚在敌人抓住机会之后，自己如何撤离、退出，做到损失最少。

水平低的棋手失败主要是因为贪功、冒进，接连的失败导致优势逐渐丧失，这个阶段要学会面对失败、接受失败、放下对于失败的执念，应该觉得失败也是正常之事，思考如何使损失最小，最大限度地留存实力，以便在后期东山再起，不至于在失利之后输得片甲不留。

市场份额逐步降低、利润率降低、估值降低、股东否决、顾客不信赖，都是初期会显露出的输的迹象。

一个优秀的差异化战略，不仅能迅速让当前战略情况显示得更加清晰，还能解释清楚当前局势。举例来说，如果秦国与赵国发生战争，我方作为诸侯国之一，是否要援助赵国，要如何应对局势？或许我们要展开如下思考。

① 这是规模战役还是范围战役？如果是规模战役，我们是否要加入？加入会对我们产生什么影响？我方出兵主要是为了获取什么利益？

② 如果赵国受到重创，是否会影响我国的利益？如果出兵，何时出兵才是最好的选择？

③ 按兵不动是否也会被秦国归为“援赵党”，并在赵国失败之后，成为秦国下一个入侵目标？

④ 赵国存在或消失，哪个对于我们更有利？目前还有哪个国家愿意主动支援赵国，与秦国抗衡？

⑤ 秦国攻击赵国，是否就是为了试探并证实赵国是否有援兵，以为自己的统一大业做打算？

针对当前的局势我们接下来该采取哪些行动？因为战略往往要面对错综复杂的局势，而大部分管理者属于非战略领域的专才，如果无法分析当下的局势，也就不知道接下来要如何采取行动，只有将复杂的局势加以简化，并分析出哪些问题是关键问题，哪些是琐碎问题，才能走出战略局势的迷雾。在采取下一步行动时，对手会采取哪些行动，而我们又该如何应对？这就是我们经常说的，预判你的预判并做出预判。高超的棋手能做到常胜不败，就在于其预判能力更高。而高超棋手的对手，往往也不是普通人。正是逐渐积累、不断向上突破，才造就了高超棋手这一战略角色。

对所有在战略迷雾中的人来说，分清战略局势可以为其提供有效的指导，同时对改善结果能够产生一定的帮助。问题绝不是一朝一夕产生的，也不是一朝一夕能解决的，不能操之过急，需要循序渐进。有些管理者会在研究了局势之后彻底改变原来的战略方向，也会影响最终的战略结果，这是正常的行为，同时管理者也应该把关注点放在正确的战略行为上。之所以会产生这种情况，原因在于之前未对原来的战略局势进行分析，或者局势分析不够完整。局势分析其实只发挥了先导作用，这也是后续行动开展的前提条件。

6 第节

## 优秀的战略措施

为何要分析出完整的战略局势？主要原因在于管理者能够借此站在有利地位，同时能充分调动现有优势，这就如同杠杆作用，将事情做对之后，成功所带来的效果就可以成倍放大。但有一点需要密切关注，那就是战略所带来的优势都是具备竞争性的，在战略中你需要不断地参与竞争，才能不断地获取优势，脱离了这一点，你无法获取足够大的优势。

制定好一个优秀的差异化战略，就能够迅速提高战略中的资源利用率，并为你创造出巨大的优势。

《新品类》中就曾经提到品类联盟、创新联盟、系统化的新品类活动、更充足的经验等内容，其实都属于差异化战略领域的重要部分，这些重要部分会直接影响差异化战略的作用。

管理者需要用更加广阔的视野来看待战略，绝不是一个人说战略是什么它就是什么。战略的本质在形式上存在多种变化，而变化是战略本身导致的，2018 年的战略形势跟 2022 年的战略形势会一样吗？肯定不一样。

对于战略，我们的理解不能过于片面，战略的形式多种多样，不过无论战略如何变化，管理者所需要的始终是一个好的战略、适合自己的战略，请注意这不是学术辩论，吸取众长、巩固自身的地位才是重中之重。

在战略领域中偏居一隅，会导致对战略的理解产生盲目性和片面性，同时在将关注点转移到内部时，也大大增加了风险。真正的战略存在于市场外部，需要不断与竞争对手较量，优秀战略需要经受考验，让管理者获益。这不仅是短期获益，更广阔的视野要求我们在战略中长期获益。优秀战略如果带给我们更高的风险，那它就是失败战略，也就是无效战略，我们就应该及时摈弃它。

无法落地的战略更是如此，就如同没有战略一样。如果一个事物是无效的，你如何分析它的有效性呢?

优秀战略能够告诉我们在面对竞争对手时应该采取哪些措施，只有先弱化当前的复杂问题，我们才能找到解决关键问题的方法。有些所谓的专家会对一个只有 100 个员工的品牌提出“你们应该有干掉可口可乐的雄心壮志”，这个专家的见解，价值在哪里呢？应该是没有价值的。当这个品牌发展到 100000 个员工的规模时，或许可以尝试挑战红色巨人，即便那样，也不是正面撼动，应该是有技巧的，以侧翼战、游击战的方式去巧妙对抗。

战略之所以失败，原因可能是上面所说的结构不合理，给一个 100 人规模的品牌制定一个只有 100000 人规模的品牌才能使用的战略方案，必然没有任何实际用处。这样的方案几乎不需要什么成本，随便挪用一个案例，套在品牌身上，就成了个别“专家”的战略方案。

细心的人会发现，只要找到一个有丰富案例的资源库，就可以让自己成为“专家”，这也就是说，即使是一个只有 5 平方米的杂货铺，也会有千千万万的“战略方案”可供选择，但你能否在其中寻找到有用的战略方案呢?

战略其实需要你对各项行动进行整合，使其相互加强、环环相扣、交错联结，这可以让你在商业竞争中获得优势。

你要知道，倘若没有采取任何行动，战略方案也只是一张废纸，它不会自动发挥作用，自然不会为你带来任何的希望和价值。

战略的真谛在于行动，只有不断地在新品类市场中活动，你才能接近顾客，同时也意味着你不断地向目的地靠近，最大化利用好资源，这样才能确保你能够抵达想去的地方。

所以管理者要对目标进行判断，把资源及精力聚焦到关键点，放弃那些琐碎的小事、不盈利的项目。如果不这样做，各事项无法做到相互协调，这样的战略只会加大资源的损耗，最终导致品牌的消亡。

在福特汽车工作的一个朋友告诉我："在家用汽车中，公司需要每个品牌达到140万以上的年产量，否则福特就很难有什么市场竞争力。"我认为140万以上的年产量有点低了，但我的朋友提醒我说这可是每个品牌呀！

福特有多少个品牌，它如何做到每个品牌达到140万以上的年产量，这是多么不符合实际的想法啊。同时，福特的市场份额呈现逐年下降的趋势，就算能够生产出来，能卖得掉吗？

接下来，我找到了原因，福特汽车收购沃尔沃及捷豹之后，走了通用汽车的老路。通用汽车在20世纪上半个世纪时，就曾经犯过一个致命错误——用同一条生产线生产雪佛兰和凯迪拉克，结果就是两者越来越像，顾客却疑惑了，如果凯迪拉克用的也是雪佛兰的生产线，我为何要多付出那么多钱呢？

在那段时间，凯迪拉克的市值直线下降，通用汽车的管理者似乎忘记了凯迪拉克曾经代表着豪华汽车。现在，你觉得凯迪拉克代表什么呢？我觉得凯迪拉克失去了自己独特的价值，变得什么都不是了。

而在六十多年之后，福特汽车似乎忘记了老大哥的教训，为了做到每个品牌达到140万以上的年产量，在同一条生产线上生产两种汽车，从而让这两个品牌失去了自己独有的定位、差异化、特性、信任状，也稀释了自己的品牌价值，让顾客感觉到我买的沃尔沃其实不怎么安全了，捷豹也并没有那么快了。

最近在跟一位朋友聊天时，他表示对捷豹品牌有点担心，捷豹原本的竞争对手是宝马、奔驰、奥迪等豪华车品牌，但与这三大品牌相比，并不具备竞争优势，所以捷豹开始了在品牌定位上的大调整，未来将会大力提升自身的品牌定位，将对手转变为如阿斯顿·马丁和宾利的超级豪华汽车品牌。

听到这些，我很担心，如果这是真的，本来捷豹的处境就不妙，那接下来，就更加危险了。

# 第7节

## 豪威尔环分析

很多人都有过买车的经历，如果踩雷了，其实不是运气不好，而是冥冥中注定的事情。

在购买第一辆车时，考虑到车辆购置税很高，我犹豫是否买准新车。当我到二手汽车市场时，有销售人员接待了我，二手汽车市场品牌众多，当聊到宝马、奔驰、奥迪、捷豹、路虎、凯迪拉克、沃尔沃时，销售人员说道："八折虎、七折豹、六折老沃找人要，五折凯迪偷着笑。"我十分惊讶，原来二手车跟新车的价值差距这么大!

他接下来说，这四个品牌其实是无法与宝马、奔驰、奥迪相提并论的，BBA 是豪华汽车中的二线品牌，堪称豪华汽车中的"穷人乐"。他说买这几个品牌的汽车，并不需要花费太高，也能获得高级的享受。

同时销售人员还热情地跟我聊起一些二手汽车的行内笑话，在国家第五阶段机动车污染物排放标准清库存时期，凯迪拉克的优惠信息几乎成为网络上各家媒体争相报道的对象，这被戏称为"一个品牌养活了无数的小编"。曾经无比高傲的豪华汽车品牌，就是因为陷入同质化发展，沦落到低价还无人理睬的境地。

当我询问到沃尔沃 S90 时，他给我看了下这个定位为 C 级轿车的主角，在上市之初官方指导价高达 40 万元起，与五系、E 级以及 A6 价格相当，但是在上市后不久，价格便一跌再跌，尽管车内装有 Bowers&Wilkins 音响，同时优惠一度高达 12 ~ 13 万元（也就是说第一批车主落地价高达 46 万元的新车，在一年过后的二手市场上，残值只有 25 万元左右，一年贬值高达大约 21 万元）。

离开了二手车市场之后，我在网上查阅这些品牌的信息，发现捷豹旗舰车型——起售价高达 88.8 万元的 XJ，终端售价已经降到了 46 万元！要知道，这可是一台有着 3.0 T 机械增压发动机的 D 级进口轿车。这个配置，应付各种场合都是绰绰有余的。而捷豹旗下的跑车 F-Type，也已经降到了 40 万元以下，现在好像去跟福特野马、雪佛兰科迈罗等对手争夺年轻人的市场了。

这些品牌对于战略局势的不明朗分析，导致了对自身价值的模糊认识，让不少老车主都寒心，也让一些对沃尔沃、凯迪拉克、捷豹存在潜在意向的顾客望而却步。

捷豹的销量不容乐观，只能说，它的市场定位、差异化、特性、信任状过于模糊，处于尴尬地位，导致了骑墙现象。福特的错误导致捷豹汽车的存在感实在太低了，尽管降价也无法引起消费者的注意。

那为何宝马、奔驰、奥迪能够具有较高的溢价权及超低贬值率，原因是其在定位、差异化、特性、信任状上有非常高的识别性，如：

表 7-1　三大汽车品牌的识别性

| 品牌名 | 品类 | 定位 | 差异化 | 特性 | 视觉锤 | 语言钉 |
|---|---|---|---|---|---|---|
| 奔驰 | 豪华汽车 | 豪华座驾 | 地位象征 | 乘坐 | 三叉星徽车标 | 为路而生，道路就在脚下 |
| 宝马 | 豪华汽车 | 终极驾驶机器 | 驾驶体验 | 运动 | 进气格栅、蓝天白云车标 | 开宝马，坐奔驰 |
| 奥迪 | 豪华汽车 | 豪华商务用车 | 科技 | 操控稳定 | 四个圆圈车标 | 突破科技，启迪未来 |

上面这些豪威尔环的信息，是否与你的心智相匹配？或者说这是不是你看到的 BBA。

作为第一，奔驰的所有豪威尔环都是最好的，留给奥迪的空间自然就不多了。

如果你能轻松提炼宝马、奔驰、奥迪的豪威尔环信息，是否可以试着写出捷豹、路虎、凯迪拉克、沃尔沃的豪威尔环？除非你翻阅资料，否则很难在心智中“油然而生”，因为它们的豪威尔环过于模糊，以至于现在什么都不代表。

阿基米德曾经说过：“给我一个支点，我就可以撬动地球。”这确实行得通。他提出了一个可以解决的问题，接下来问题就在于如何解决了。或许在科技足够发达之后，我们寻找到一根足够长的杠杆，就可以轻易地移动地球，这听上去虽然不可思议，却为我们在科学发展上指引了一个明确的方向，这个方向为我们带来了机会。世界上本就有太多做不到的事情，两百多年前的人们怎么会想到现在只需要打一个电话，就可以在几秒钟内迅速穿越大洋与他人通话呢？

如果能找到一个非常好的支点，你也可以撬动地球，这时你微小的力量在一定的范围会产生巨大的作用力。只要找到超级武器，并将力量集中在超级武器上，你就能拥有豪威尔杠杆的力量。

优秀的战略无一不通过集中知识、行动、资源来获取充足的竞争优势，这会带来一连串让管理者惊喜的消息，如果能充分运用好豪威尔的一系列独有理论——豪威尔环、豪威尔优势调研法、豪威尔杠杆、豪威尔感知调研法、豪威尔维度法、豪威尔价值法、豪威尔品类防守战略、豪威尔信任状，你会在品类竞争中如鱼得水。你也可以为自己制定出一份完美的战略，相信自己，这并不是什么难事。

找到一个超级武器不仅可以让你变得很富有，也会让你变得很酷，但这并不是拥有一种超越自然的力量，相反，这基于你对品类竞争的了解、对竞争对手的了解，如根据对手的习惯、喜好、以往做过的事情来判断，这并不是难度太高的事情。同时，对本书的重点知识进行多次学习也会让你成为一名商战高手，这就如同当你掌握了“道”，就能够轻易地根据某人以往的行为风格对其接下来的行为进行预判，而大体上你总是会得到想要的答案，这跟商战中所常用的手段并没有什么太大的不同。

这个超级武器能发挥出很大的杠杆作用，或者说帮助管理者找到一个着力点，以放大精力及资源的使用效率，事半功倍。管理者往往只需要在这个点上做出一个小幅度的动作，就能发挥出倍数的力量。通常，在一些未被充分满足的新品类市场中，只要你能找寻到一个着力点作为超级武器，就能够轻而易举地获得成功。

8 第节

## 消除限制性因素

在既有品类中，管理者最怕的就是新品类活动，因为新品类活动存在多变性，而且随时就可能产生一个强劲的对手，存在无法预判的因素。每个管理者都想在面临危机时迅速做出预判，但如果只是为了弥补短暂的缺陷而采取临时的措施，几乎没什么作用，更何况具有变革性的新品类往往不是临时措施能够抵挡、改变的，这也验证了形势的变数越大，你的预判准确性就越低，也就越无法对局势加以分析并得出有效结论。

差异化战略在配合新品类活动时，往往会偏向于先在一个小市场中形成主导地位，而不是将资源平均配置在一个较大的市场，因为较大的市场已强敌遍布，同时等量的资源投入较大的市场也无法突破“广告噪声”，大部分懂得商战法则的管理者也知道必须先让一个特定群体、特定地区获得明显的优惠，以这个市场作为原点市场，再逐步扩大，以点覆盖面，逐渐朝着周围扩散，这样能取得的市场成果也是最好的。

各个击破比同时击破的成功率高出很多,同时击破会引起敌人的注意，导致多方失利，因为新品类活动对既有品类发起差异化战略的攻击，往往其管理者并没有足够的精力从容地完成多方统战的管理。

试想，能力差不多的管理者，前者能够从容应对后者的攻击，而后者需要同时多方向攻击，自然打击的力度、频率、作用会差很多。

在一个地区通过聚焦充足的精力及资源来解决一个问题，自然会取得更高的收益，以聚焦的方式采取切实的行动更容易引起媒体的关注及广泛报道。

如果一开始在特定群体、特定地区中做到了主导，那接下来的很多行动效果都会被不断地倍数放大，从而增强全体人员的士气，也增强了顾客对品类市场的信赖。

比如让 20 个人多学习一些商业法则，对比让两个人学习 10 个商业法则，是不是后者的作用会大上许多呢？这是显而易见的。后者具有聚焦所带来的强大威力。同时，两个人学习之后变得更加厉害，也能更容易影响他人，并吸引更多的人主动参与进来。

真正的负责不是在问题发生后表示自己愿意承担责任，对于品牌而言，更需要的是提出一个切合实际且能够解决问题的方案。管理者在制定差异化战略时，并不是单纯地为了品牌发展，其实是为了能够完成品牌的战略目标，甚至超越的目标。

在国际棋局的对弈中，如果表面领先的一方总是试图制约对手或赢得某一步棋，那他很可能不会赢，而只会输，这是为什么呢？原因在于，高手间的博弈大多数是通过每一步棋来改善自己的处境，并不总是一步到位，高超棋手能够意识到对手的强大并思考应对之策，例如提高己方棋子的机动性，增加抵御风险的能力、活动空间，做到这一步之后，才考虑限制对方的行动自由，最终制造出稳定局面，然后则是双方实力的较量。如果对手操之过急，就可能做出急功近利的举动，而高手并不看每个棋子的得失，总是以全盘为局。哪怕手中只有一颗棋子，但只要存活下来了，胜利还是属于你的。

这其实是为自己带来持久的竞争优势，逐渐削弱对手，让对手逐渐陷入弱势局面。

问题跟目标是两码事，如果混淆这两个概念，那你就可能无法突破战略的迷雾。同时，任务跟目标也是两码事，任务无非就是你想占有多少市场份额，想达到多少利润率，其实跟战略定位没有太大关系。

制造业企业也能获得非常高的市场份额，拼多多上的低价经营更可以卖个天价销售额出来，但这顶多算是绩效考核，离制定战略定位可谓相差甚远。

局部胜利和最终胜利还是两码事，局部胜利可以为你带来暂时领先，但你是否能发挥好这一暂时领先的优势，就是另一个问题了。

龟兔赛跑的故事大家听过，也对其中的道理了然于心了，我就不过多解释，要明确的是，若要通过差异化战略赢得商战，每一步，你都需要胆大心细。

如果你不考虑这些问题，这些问题会自动解决吗？我听过最多的回复是“不一定”“我还有信心”“让我再试试吧”，那么我只能摇着头找机会抽身。

你知道一个大学教授如果某天有事无法上课，那无论多少讲师也无法充分代替他。你知道一个科室专家如果某天有事无法进行门诊，那无论多少医师也无法充分代替他。你知道一个实战专家如果某天有事无法制定战略，那无论多少咨询师也无法充分代替他。

如果你还对一个糟糕的、不能带来创新及顾客的战略抱有幻想，那么强迫全体成员加班或者要求他们更加努力，非但于事无补，还有可能引发全体成员的怨恨及不满。

消除这些限制性的因素，你就很有可能获得成功。其实很多管理者始终受到这些限制性因素的影响，这是因为单一优势无法脱离整体，同时在一定情况下，单一优势也影响不了整体，如果你什么都准备好了，而只有一个环节没做，你也不可能成功。单纯地制造单一优势并不会显著提升整个系统的效率，相反，系统效率还可能大幅度降低，所以只是努力提升单一优势，并没有什么作用。

专业人员并不会在原地等着你到来，倘若你需要一个强有力的助手，你应该主动去寻找。刘备三顾茅庐，才有诸葛亮的辅佐，假设刘备没有丝毫礼节，诸葛亮自然不会考虑出山相助，而假设刘备没有诸葛亮相助，必然无法建立蜀汉政权。

为了获得长期收益，你必须要有足够的耐心来承担短期的亏损。从长远来看，短期亏损也是长期获利的一个小阶段。

# 第9节

# 差异化战略方案的构成与优势

战略方案的制定由四个方面构成。

（1）战略：方向及布局

步骤：规划→制定→实现

方式：多元化战略、企业战略、品牌战略、差异化战略、技术战略、人才战略、竞争战略、职能战略、融资战略、资源战略

（2）策略：组织成员进行战斗

方式：不战而胜、先发制人、集中攻击、量力而行、避实就虚、借鸡生蛋、狡兔三窟、暗度陈仓、围魏救赵、背水一战、釜底抽薪

（3）战术：对战斗进行指导

步骤：部署→协同→指挥→行动→保障

方式：进攻、防御、移动、驻止

（4）即战力：战略的核心力量、是否快速反应、预备队数量

方式：地形、气象、人数、技术、组织、武器、力量

目前发达国家企业运用最多的是差异化战略，而我国企业运用最多的是企业战略。差异化战略是目前被全球500强企业运用最多的战略形式，比如苹果、丰田、奔驰、沃尔玛、家得宝、房利美、美国康卡斯特电信公司、美国劳氏公司、塔吉特公司。而国内的海尔、TCL、美的、长虹、恒大、海信、美团、华润、神州用的则是企业战略，管理者可通过以下数据进行比较，评估出哪种战略方式更加有效。

表 7-2　2021 年采用差异化战略的品牌的数据

| 采用差异化战略的品牌 | 营业额（百万美元） | 毛利润（百万美元） | 毛利润率（%） |
| --- | --- | --- | --- |
| 苹果 | 274,515 | 57,411 | 20.91 |
| 房利美 | 106,437 | 11,805 | 11.09 |
| 康卡斯特 | 103,564 | 10,534 | 10.17 |
| 家得宝 | 132,110 | 12,866 | 9.74 |
| 丰田 | 256,722 | 21,180 | 8.25 |
| 劳氏 | 89,597 | 5,835 | 6.51 |
| 塔吉特 | 93,561 | 4,368 | 4.67 |
| 沃尔玛 | 559,151 | 13,510 | 2.42 |
| 戴姆勒（奔驰） | 175,827 | 4,133 | 2.35 |

数据来源：《财富》

表 7-3　2021 年采用企业战略的品牌的数据

| 采用企业战略的品牌 | 营业额（百万美元） | 毛利润（百万美元） | 毛利润率（%） |
| --- | --- | --- | --- |
| 美的 | 41,407 | 3,945 | 9.53 |
| TCL | 76,830 | 4,388 | 5.71 |
| 华润 | 99,438 | 4,330 | 4.35 |
| 海尔 | 30,395 | 1,287 | 4.23 |
| 海信 | 48,393 | 1,579 | 3.26 |
| 美团 | 76,856 | 1,378 | 1.79 |
| 恒大 | 73,514 | 1,170 | 1.59 |
| 神州数码 | 92,060 | 624 | 0.68 |
| 长虹 | 94,448 | 45 | 0.05 |

数据来源：《财富》

可以看到，同为第一的品牌：采用差异化战略的品牌苹果毛利润率高达 20.91%；采用企业战略的品牌美的毛利润率只有 9.53%；两者毛利润率的比值达到了惊人的 2.19 ∶ 1。

对比排名最后的品牌：采用差异化战略的品牌奔驰毛利润率高达2.35%；采用企业战略的品牌长虹毛利润率只有0.05%；两者毛利润率的比值达到了惊人的47 ∶ 1。

对比营业额大致相同的品牌：采用差异化战略的品牌康卡斯特毛利润率高达10.17%；采用企业战略的品牌华润毛利润率只有4.35%；两者毛利润率的比值达到了惊人的2.33 ∶ 1。

对比类似品类的品牌：采用差异化战略的品牌康卡斯特毛利润率高达10.17%；采用企业战略的品牌华润毛利润率只有4.35%；两者毛利润率的比值达到了惊人的2.33 ∶ 1。

我们从上述几个维度分析，得出一些结论：无论从开创者、聚焦、战略角度、超级武器等哪个角度来看，胜利一方的品牌始终具备这四个胜利因素，而且也都与下列理论完全符合：

① 豪威尔环；

② 豪威尔优势调研法；

③ 豪威尔杠杆；

④ 豪威尔感知调研法；

⑤ 豪威尔维度法；

⑥ 豪威尔价值法；

⑦ 豪威尔品类防守战略；

⑧ 豪威尔信任状。

因为相比发达国家，我国企业较晚接触到差异化战略，一时之间想从企业战略转变为差异化战略较为困难。

2008年世界500强企业榜单上，中国有35家上榜。2021年，在世界500强企业中，我国居然有143家企业上榜。但是，有一些企业，它们曾经在世界500强企业榜单上，如今又消失了。细心的管理者能够发现，它们已经离榜单越来越远，甚至已经消失无踪了。

差异化战略为何有效，其原因在于差异化战略无法复制，需要根据品牌的现阶段及未来发展，制定出一套适合品类市场的、与众不同的运营及市场活动方案。另外，差异化战略存在要素相互加强、环环相扣、交错联结等三个作用，每一个作用都无法单独剥离，这正是差异化战略的优越之处。如果能够被单独剥离，那也证明战略本身不是一个真正的差异化战略，充其量是一个技术战略或者品牌战略。

国内品牌究竟为何落榜，发生了什么事情呢？我通过研究发现，绝大部分品牌犯了同一个错误，就是想做的事情太多，导致品牌无所不作。

在老一辈战略专家中流传着一句话："这些管理者什么事情都想做，但就是赚钱的事情他们不做。"贪心、冒进，导致你想拥有的越多，失去的也越多。

所以，哪怕知道差异化战略有用，习惯了企业战略的管理者仍然无法接受，因为采用差异化战略必然意味着要进行取舍，他们或许单纯觉得做得多，就意味着收获多，从而沿用周围人都在使用的企业战略。

## 10 第节

## 建立差异化战略

在一个圈子久了，如果有一个人想要跳出来，绝对会有一群人出来阻拦，告诉他做这么多利润还这么低，做得更少肯定行不通啊！

而他们却浑然不知，成功之道的精髓就在于做得少而精。

我们周围有太多深信企业战略有效的人，但是，试着观察一些高度专业化、发达的市场，没有一个品牌能够同时做多件事，一旦有人这么干，就会立马被清理出局。

当你是一匹狼，在羊群中生活久了，你也会变成羊。

企业战略可以说是自上而下的整体性规划，最高层制定一个"自己想要的营业额"，然后分发给下级各个单位，而罔顾品类市场中的现实情况。

结果总是能预想得到，就是任务根本无法完成，降职的降职，裁员的裁员，甚至有些企业无限接近破产结算。

企业战略通常也被称为公司战略、职能战略、业务战略、产品战略，它通常会赋予企业一种尴尬的角色——模仿者、跟随者。

甚至有些企业战略的管理者，因为学习过一些错误理论，便确信自己能同时拥有多个战略，而且多个战略之间相互加强会更有效。同时，依托企业战略发展的品牌“唯一能做的”“核心能力”就是复制开创者的技术及创新能力，这决定了它们自身发展的速度，也从某一方面决定了该公司竞争优势能够持续多久。

要么就是放出豪言壮语宣传“明天要购买哪些品牌”“后天要合并哪些企业”，又或者“与国际上领先品牌进行技术联合”。说一千道一万，就没想过自己怎么做，总想着借助外力。

企业战略所考虑的也并非基于市场中的品类竞争，而是不断地审视企业内部，以试图挖掘出机会，有一些行业专家曾经笑谈：“企业内部能挖掘出市场机会？”

让我们来看一下企业战略所审视的“机会”：

· 所有者和最高管理层的意图

· 企业的外部环境及其变化

· 企业的资源条件

· 企业的核心能力和优势

确实，通过上面这几点，是无法发掘出足够的机会的，本书中所提到的所有的品类竞争，都是基于市场的实际情况，在我看来，企业战略所提到的应该是企业内部运营效益，也就是说，有些企业错把运营效益当成了战略，这一点或许是它们远离榜单的主要原因。

企业战略还擅长与其他企业通过所有权与经营权同时有偿转移，实现资产、公共关系、经营活动的统一。共同建立一个新法人资格的联合形式，同时采取合并战略，能优化资源结构，实现优势互补，扩大经营规模，但同时也容易好坏皆收，增加吸纳不良资产及扩大合并的风险。

企业战略失效的主要原因，主要是战略方向模糊所导致的管理失控、经营亏损、资金不足、市场疲软、通货膨胀、产品进入衰退期，最终导致了资源匮乏等危机。

如果你有取舍的话，对手学了你，就会伤害他自己，这就迫使对手做出取舍：或者彻底放弃自己已有的核心优势；或者放弃抄袭，至少不会有效地抄袭你。

营销、制造和物流都必须和对手不同，这样才能有特色，否则只能在运营效益上竞争。要做清晰的取舍，确定哪些事不做。制定战略的时候考虑取舍的问题，可以使你的竞争对手很难模仿你的战略。

战略要有连续性。任何一个战略必须要实施持续几年的时间，在前面介绍秦国战略时提到，一个好的战略往往需要几代人持之以恒的支持。试图用几个月甚至更短的时间就达成战略目标，意味着战略必定遭遇失败。

几个月能实现的战略不算是战略，充其量是个目标，如果每年都改变战略，就等于是没有战略。今天市场行情这样我就跟着这样变，明天市场发生新的转变，我也立马跟着改变，这很容易陷入随波逐流的状态。

如果你自己都不清楚要去哪里，如何判定你前行的方向是否正确？

不要轻易改变自己的战略，但不意味着你不能变，不断创新是管理者为品牌谋求发展的必胜手段。

寻找到更具有变革性的新品类，其目的就在于能结合上超级武器，以此来升级现有的差异化战略。

如果有了变革性的新品类，该如何使用超级武器来使差异化战略变得更具杀伤力呢？在这个时候，拥有一个很清晰的差异化战略，会让接下来的发展非常快，非常迅猛。

运用优先排序使差异化战略列出明显目标，确定哪些属于关键目标、哪些属于琐碎目标，接下来要做的事情就非常简单了。

而如果没有排序，所有的问题都将是大问题，因为你会觉得一切都非常重要。琐碎目标本来可以先不管，结果你却优先做了；关键问题本来应该立马处理，反而被搁置了。

真正的差异化战略在企业内形成之后，会有几个对企业有利的因素产生，并始终支持企业的发展。如从外部市场中寻找到的定位、差异化、特性对目前的品牌是合理有效的，且也符合企业当下的实际，那么彼此之间的关系是相辅相成的。这时候这几个有利的因素就会很自然地产生：相互加强、环环相扣、交错联结。当产品在市场中遭到攻击时，这几个有利的因素就可以灵活地予以“支援”。

可以是先发制人的战略，也可以是后发制人的战略，成功地实施了，它就成为在一个品类市场中能够赢得高水平收益的叠加战略。其实，竞争带动差异，竞争就是差异！

追求产品品质的优异化，创造独家所有，确保市场占有率低而投资回报率高，这些是差异化战略中经常见到的：

① 追求品类在市场上的差异化；

② 追求品类在定位上的差异化；

③ 追求品类在服务上的差异化，

④ 追求品类在特性上的差异化；

⑤ 追求品类在信任状上的差异化；

⑥ 追求品类在视觉锤上的差异化；

⑦ 追求品类在语言钉上的差异化；

⑧ 追求品类在创新上的差异化；

⑨ 追求品类在售后上的差异化；

⑩ 追求品类在专利上的差异化；

⑪ 追求品类在质量上的差异化。

这些最终形成了“追求品类在战略上的差异化”。所以差异化战略也不怕模仿，因为这几乎不存在什么秘密。如果有人对上述其中一个环节进行模仿，通常是无济于事的，只会增加模仿的成本，使自身变成“四不像”。同时，这对开创者还更加有利，如同向市场宣告：“是的，它很有效，所以有人模仿它。”

第11节

## 品类战略必须具备差异化

对整个差异化战略进行局部改变，无法形成与众不同的差异化，要同竞争对手抗衡，你必须制定一个全新的差异化战略才行。模仿、跟随只会强化开创者的地位，而如果全面推翻自己现有的战略，你就需要考虑放弃当前的业务，这也导致市场上有这样的现象：某汽车企业模仿奔驰的豪华装饰、保时捷的罗盘、宝马的格栅、奥迪的大灯。

为了企业能有一个更长远的发展，该企业决定模仿其他品牌的汽车外形，稍加改动之后，就套在自己生产的汽车上。到 2019 年该企业的估值也只有 28 亿元，处于财务危机当中。企业处于危机当中，但是其创始人却没有受到影响，以套现的形式获取高额的个人收益并迅速地与企业脱离关系。套现之后遗留下来的严重问题给经销商以及员工造成了最大的伤害，巨额亏损没有相应的方式进行填补，这使得该企业面临着倒闭的尴尬境地，截止到 2021 年已经巨亏 100 多亿元。

这就是模仿创新、跟随创新所造成的典型失败案例，正是因为采取了企业战略，不顾品类竞争中的实际情况，才会有这一幕的发生。

战略不能被认为是管理者的抱负，因为管理者的抱负与品牌实际发展情况并没有任何关联，也不能以此捆绑试图让品牌来实现管理者的抱负，因为管理者的抱负往往是偏离实际的，很容易导致品牌发展失利。

还有一些常见的误区，如“战略就是成为品类中的数一数二”“战略就是发展”，这些并不是战略，这些只是目标，甚至只是希望而已。

战略绝不是仅仅是一个目标，而应该是行动跟方法，或者说战略其实就是定位，根据品类中的实际情况为竞争对手定位，为自己定位。

差异化、特性、信任状，这些关键所在让别人谈论到品类时，就能联想到你的品牌。最成功的莫过于让你的品牌成为品类的代表，或者开创出一个新品类并成为该品类的代表。

战略的核心是整合所有有效的资源并集中在一点上，发挥出最大的效果。

一个企业只有一个战略，不能有很多战略。

企业要将各项业务、所有想做的事情整合在一起成为一个整体的战略，而不是把很多战略随意摆放在一起。

成功必须有一定的远见，充分运用好豪威尔优势调研法，必须建立竞争的优势，这需要你从一开始就要想清楚，看清楚机会所在。

提高企业运营效率是你与对手竞争的前提，这只是发生在企业内部，更非企业战略，真正的战略发生在品类市场中，真正的战略经得起风吹雨打！

制定差异化战略的人并不是决策者，决策者是品牌的最高负责人，而制定差异化战略的人只是军师，提供智慧，这好比诸葛亮为蜀汉设计称霸三国的战略，而不管是蜀汉江山还是三国天下，赢了之后都与他无关，真正受益的其实还是刘备及其后人。

新品类扩大，参与其中的品牌往往受益，但其实受益最多的是新品类的开创者，因为开创者拥有最为正统的“血脉”，而模仿创新者及跟随创新者想要称霸新品类，师出无名，自然只能吃一些残羹冷炙。甚至在成熟的品类市场中，还存在着一家独大的现象，领导品牌的背后，其他跟随者都很难生存。

## 第12节

## 战略需要信任状支撑

品牌的扩大其实是在竞争中获得成功所带来的结果，而不是如同一些管理者所说的“在真空环境中安静成长”，任何一个领导品牌，无一不是经历过大大小小几千场战役最终存活下来的，其间不知道打败了多少对手。

那么，制定好一份优秀的战略计划就显得尤为重要了，挑战越大，虽然投入越大，但收益也越高，所需要考虑的相互加强自然也就越多，要想发挥出杠杆作用，就必须在各个环节的布局中合理安排。

东阿阿胶号称“滋补国宝”，拥有3000多年的悠久历史，是补血的首选品类，并以此开创了滋补产业中的新品类市场。这样，东阿阿胶不仅成为阿胶的代名词，还成为补血、滋补的代表词。那么它需要满足哪些条件，来支持“滋补国宝”这一定位呢？

首先，东阿阿胶宣传，历代的《本草》皆列其为上品，称呼其为圣药，且其所产都来自东阿，并用东阿水熬制，自1871年开始，进贡清朝皇帝至今，东阿已经成为阿胶最有名的发源地。

其中有三个信任状都佐证了该论点：

陶弘景曰：“阿胶出东阿，故名阿胶。”

国医大师王绵之曾说：“阿胶是天赐的，没有东阿水就没有阿胶。”

《水经注》曾记载：“东阿有井大如轮……岁常煮胶以贡天府。”

其次，品牌方把正宗阿胶定义在“水源”上，他们主动引发关注：没有东阿水，就没有正宗道地好阿胶。

众所周知，山东省东阿县处于鲁西平原，东依泰山，南临黄河，但东阿地下水是济水的潜流，独立形成了东阿水文地质单元层。这里拥有得天独厚的优势，造就了与众不同的水源。普通的水比重为1.00，而东阿水比重为1.0038。官网介绍：中国科学院地理科学与资源研究所2011年发布的检测报告显示，东阿地下水为低矿化度、重碳酸型饮用水，富含锌、铁、钙、镁等有益微量元素及适量的矿物质元素，能达到锌型、偏硅酸型、锶型等天然饮用矿泉水的标准。东阿水不仅便于阿胶炼制，还有助于迅速提纯杂质，对阿胶的药效最大程度发挥起着非常关键的作用。

东阿阿胶在熬制时严格遵守“六字要诀”和“密炼八法”，不惜花费人工物力，只为熬出与古时上贡时同样的品质。

作为阿胶的开创者，东阿阿胶守护传统工艺的延续，使得滋补国宝能够走入千千万万寻常百姓家中，让寻常百姓也能享受到清王朝皇室御用贡品。

同时，在2009年，东阿阿胶的股东赵丹阳亲自将茅台酒及东阿阿胶作为见面礼赠给了股神巴菲特。

以下是东阿阿胶的豪威尔环：

豪威尔环彼此间相互加强、环环相扣、交错联结，形成一个强大的差异化战略。如果你采用现成的阿胶材料，也能熬制出高品质的阿胶，但这种阿胶却算不上滋补国宝，正是豪威尔环的相互加强，才造就了东阿阿胶强大品牌定位“滋补国宝”。仔细协调各部分使之形成一个独立的整体，产生巨大作用力，这就是东阿阿胶的差异化战略！

差异化战略需要精心规划，这需要用到许多基于实际情况的品类参数，如“滋补”“补血”等超级武器的竞争对手参数。

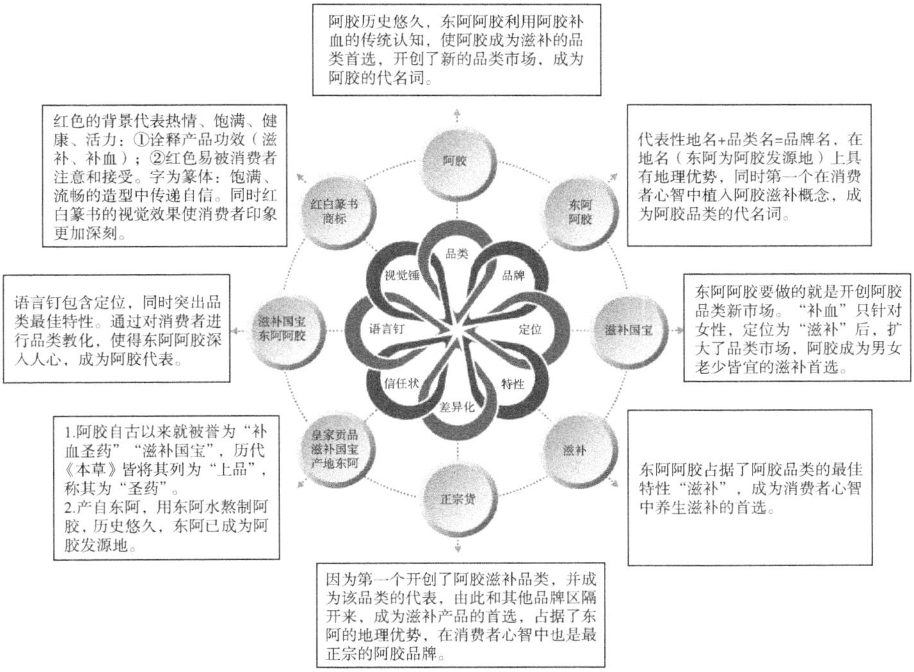


图 7-1　东阿阿胶的豪威尔环

例如，补血品类中的几个强劲竞争对手：仁和“益气养血口服液”；红桃K的“8倍补血”；九芝堂的“驴胶补血颗粒”；同仁堂的“阿胶固元膏”；云南白药的“气血康口服液”。

例如，与其他品类竞争的高档价位既有品类：人参；灵芝；鹿茸；铁皮石斛；冬虫夏草；燕窝；海参；雪蛤。

例如，与其他品类竞争的中低价位既有品类：制黄精；肉苁蓉；桑葚干；高丽参精；黄花鱼胶；黑芝麻丸；铁棍山药；银耳；龙眼；蜂蜜。

并不是所有的竞争对手都是你的竞争对手。在新品类创建之初，竞争对手只有一个，就是既有品类；随着品类的不断发展，竞争对手就会不断变动，如青春期时的竞争对手可能就是高丽参精、人参等滋补品，而在稳定期时竞争对手可能就是铁皮石斛及鹿茸。

所以，如果不知道在品类生命周期中如何识别自己的竞争对手，就不知道该与谁进行竞争，市场份额也就无从而来。

这时管理者可以运用豪威尔感知调研法来判断，将我们的品类与一些潜在竞争对手的品类放在一起，并找出真正的竞争对手。

“军师”的精心规划就是要巧妙地实现资源与行动的配置，在复杂的品类竞争中迅速创造出有利的优势。竞争的激烈程度越高，越需要对资源进行最大化运用，越需要团队紧密协作。

资源最大化运用、团队紧密协作发挥的作用越大，则对资源质量的要求越低；反之，资源最大化运用、团队紧密协作发挥的作用越小，则对资源质量的要求越高。

资源运用效率、团队协作紧密度与资源质量之间存在一定程度的相互转换性及互补性。如果有较多的资源可以被管理者使用，那么在前两者上就不需要过于急切了，但中小品牌管理者往往是既缺少资源又缺少睿智“军师”。

通常很少有品牌能够长期保持竞争优势，这是因为成功之后品牌容易对战略进行缝缝补补，而这些缝缝补补又导致了品牌逐步迈向战略失利，逐渐开始走下坡路。很少有品牌能躲过这一致命定律，确实如此，在一个品牌长达几十年的战略中，最高级别管理者会有变动，如何能够确保战略始终如一，朝着正确的方向前行呢？正是这个问题才让许多优秀的战略最终消散在品类竞争中。

想让品牌长期保持鲜活，必须不断参考品类市场中甚至是跨品类市场中那些长期成功的品牌，同时看看那些后起之秀，因为它们所采用的战略往往是当下竞争中最有效的，你会发现它们之所以非常成功，原因在于它们之间的各种合作相互加强、环环相扣、交错联结。优秀战略是精心规划出来的，就是要让不同的环节相互间能够联结，以此形成一个战略整体。

第八章 / CHAPTER EIGHT

# 建立战略优势

1 第节

## 战略的超级武器

战略并不是品牌的最高级别管理者所说的话，因为有时候他们虽然身居高位，却不了解品类竞争的情况，更不知道品牌成功的原因在哪里。

你如何保证一家拥有 10 万人、层级达到 15 层以上的企业能够实现内部顺利沟通呢？既然无法做到，那最高级别管理者如何聆听市场一线的心声、掌握市场最真实的动态呢？

我跟管理者聊天时，最经常提到的就是增长，很多管理者对于增长有强烈的欲望，想在 3 年内增长 2 个亿，也有的想在 5 年内做到 8 个亿，对此我总是深感担心，因为增长其实是品牌发展过程中健康状态的一种体现，它是事情做对之后所带来的结果，这不需要处心积虑，也不需要废寝忘食，更不用肝脑涂地，其实只需要依托品类竞争，做对、做好那几件能够成功的事情就可以了。

因为品牌的增长，也是市场需求增长所表现出来的结果，是品牌巩固既有定位、为社会带来实质意义、服务好顾客的结果。健康状态会表现为市场份额及利润率同时增加。抓住这条定律，你就能评估品牌现在是否健康了。

管理者经常提到的增长并不只是市场份额增长，相反，如果单单以市场份额增长来解释品牌的增长，那很有可能导致品牌的发育不良，或做得越多，亏得越多。

需求的增加意味着品类利润的提高，但如果你没有做对事情，这又与你何干呢？同时，需求的增加所带来的利润增长很有可能是短期的假象，这会让你过早地提高产能，如果提高产能所带来的回报能够让品牌健康成长那倒还好，但如果未能将需求放缓，很有可能变成一股潮流，来得快，去得也快，逐渐形成经济黑洞，黑洞不断吞噬着这些“快速需求”，品牌完全不知道自己因何而败。新品类在孕育期、婴儿期、学步期、青春期死亡的现象比比皆是，皆是其“军师”不懂协调好品类的增长，制定出错误的战略规划，放任自然发展等原因所造成。

经济黑洞通常在品类形成之后，会对该品类内的品牌形成迅猛的破坏力，同时吸收的资金比该品类投入的资金要多得多，二者大约为 5 : 1 的比例。

经济黑洞一旦达到了临界点，就会像晚期的恶性肿瘤一样迅速扩散。当周边已经受到影响时，管理者就很难依靠自身的力量将恶性肿瘤消灭掉，如果不立马进行一个伤筋动骨的大手术，那等待品牌的就只有消亡了。经济黑洞所产生的引力导致强大无情的毁灭，很难轻易逃脱。

我把差异化比喻为超级武器，其实有些管理者不太理解什么是超级武器，简单点说，就是用来进攻及防守的。超级武器还分为两种：武器及武具。前者用于主动进攻，后者用于防守，这两个作用主要体现在威慑及抵抗上，超级武器也与军事武器一样，具有这两个作用。超级武器应遵循效果最大化的原则，这不仅要求对敌方要能产生巨大的杀伤力，还要求对我方产生最小化的附带伤害。

从某种意义而言，任何能够产生杀伤力的东西都可以被称为武器：牙签、棒子、保温杯、石头、键盘，甚至一杯热水，都可以用作武器，对敌方造成伤害。但武器的类型也分为很多种，所造成的击打程度、创伤面积、毁灭面积也是完全不同的。

如果将普通武器分为三个等级，所造成的伤害就产生三个层级，上一层级的杀伤力相对于下一层级几乎是质的飞跃。普通武器往往都能造成不小的伤害，那么超级武器呢？

无论是在军事战争中还是在商战中，普通武器和超级武器两者之间的作用不同，应用领域也完全不同，完全不是一个级别的。如果进行比较，超级武器的威力将会是普通武器的几千倍，甚至几万倍。

我对军事武器的了解不多，但为了让更多的管理者能够清晰认识到普通武器与超级武器之间的一些区别，特地去查阅了一些相关的书籍。

我将超级武器比喻成普通武器的升级版，或者高级版，这有助于管理者知道二者之间的关联，虽然是升级版，但只是形式上的。很多超级武器的外形、作用跟普通武器没有半点关系，例如：你能否说出 AK47 与第四代核武器之间的区别？

普通武器在军事上逐渐被弱化，我们在一些警匪、缉毒、边防等题材的影视剧中经常能看到。简单地说，普通武器其实是豪威尔环中的“特性”，就是顾客购买你的原因，这在豪威尔环中排名第四。

一些学生、白领经常在网上购买一些半成品、速食食品，我特地为自嗨锅制作了豪威尔环，便于管理者理解，其中包含“对应普通武器的特性”及“对应超级武器的差异化”。

顾客购买自热火锅，是因为这个新品类的“便捷”。在一堆便捷的自热火锅中，顾客会选择哪一个呢？无疑就是自热火锅的开创者——自嗨锅。是自嗨锅这个品牌开创了自热火锅这个新品类，自嗨锅进行了一系列的新品类活动，通过运用豪威尔新品类步骤法进行分析，得出了发展顺序：内部研发→技术领先→特有专利→先行开创者→为新品类取个新名字→形成一个全新品类→取了个新的品牌名→进行品牌定位→找到品类差异化→选出品类特性→结合信任状→宣传语言钉→设计视觉锤→形成一套独有战略定位→引起媒体报道→市场广泛关注→作为既有品类的替代品→取代既有品类→进行广告宣传→做大自身品牌→养活跟随品牌→占据领导地位。

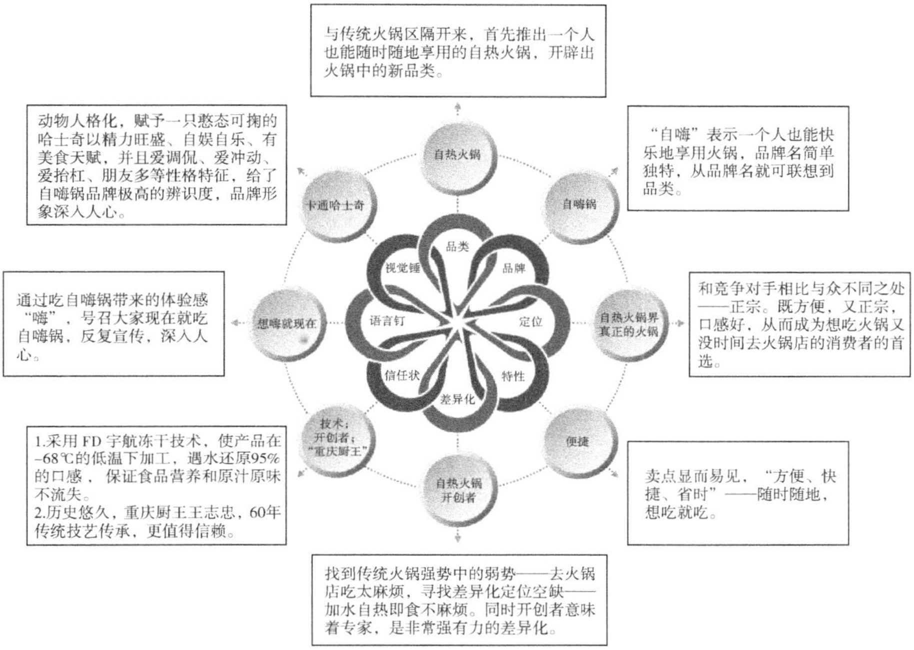


图 8-1　自嗨锅的豪威尔环

# 第2节

## 超级武器就是与众不同

很多管理者错误地把打造品牌理解为取一个新名字，甚至一些管理者分不清楚公司名与品牌名的作用，直接把公司名用于品牌上，尽管在前期投入了大量的资源，但结果只能是失败。

豪威尔新品类步骤一共包括22个步骤，涵盖了新品类从0到1的过程。这些步骤不仅包含品牌内部的技术、专利研发，还结合了后续进入品类市场中的实际竞争。你不能说只需要内部而不需要外部，否则如何获得成功呢？

成功从来不是在内部发生的，相反，成功源于外部市场的认可！

这不是根据顾客的需求来开创的新品类活动，而是根据市场竞争，是根据既有品类的实际情况，有针对性地制定一套完全符合品类竞争需要、适合自己的运营活动，以此为自己建立一套具有差异化的战略，“相互加强、环环相扣、交错联结”。

而且这个品牌不断地将新品类的市场份额做大，现在购买自热火锅，自然会考虑到“开创者的原创性”及“领导品牌的权威性”这两个方面。

所以，特性是普通武器，是顾客购买的原因，而顾客谈论是因为差异化，也就是超级武器。你先持有超级武器，才能占有普通武器，这就好比一个国家如果不具备军事上的绝对掌控，如何能对普通武器的流通进行有效控制呢？

管理者需要先注意，超级武器是新品类与既有品类最重要的因素，也就是说，超级武器是新品类与既有品类最明显的区别，如果品类超级武器过于模糊，就会被认为是细分品类。

细分品类，指的是为既有品类提供更丰富的商品及服务的品类，不是一个全新的品类，也不是了不起的东西，是顾客认知中的东西。

超级武器所造成的杀伤力更大，经常用于国际战争。在商战中，每个世界500强品牌都会拥有一个。它们之所以如此强大，正是因为拥有了超级武器，在利用超级武器不断发展的同时，也让手中的超级武器从第一代升级到第二代，甚至第三代，其威力可远远不是一些品牌的普通武器所能比拟。一旦双方发生商战，拥有超级武器的品牌几乎总是获胜，而持有普通武器的一方几乎毫无招架之力。

以下是世界最强的十大军事武器，其破坏力已经超出了人们的想象：第四代核导弹、陆基洲际弹道导弹、高超音速武器、电磁脉冲炸弹、电磁轨道炮、激光武器、第四代航母、反卫星武器、第五代战斗机、攻击型核潜艇。你是否已经感觉到超级武器的威力了？

超级武器与普通武器相遇时，自然是超级武器获胜。超级武器的破坏往往在大战之后许多年人们都不愿谈及，而且在战后多年都无法进行修复，而普通武器往往无法造成大规模的伤害。

iPhone 的超级武器是 iOS 系统，华为手机的超级武器是鸿蒙系统。相较于 iOS 系统，鸿蒙系统面市较晚，这也是全球范围内的顾客大多谈论 iPhone 而较少谈论华为手机的原因。这两者之间存在着不对等，既有品类与新品类之间产生优劣势就在于差异化，也显露了双方的不对称性，不对称性造成了在同一价格、同一质量的情况下，顾客会更倾向选择新品类，更愿意支持新品类。

所以新品类排挤了既有品类，造成既有品类的销量直线下滑。在新品类为自身诞生提供了一系列的信任状之后，加上媒体对新品类的支持，顾客也大大增加了对新品类的信心，这时候新品类的成长便迅猛如飞。详细的内容可以参考豪威尔新品类步骤法，你是否也是遵循这个原则开展新品类活动的呢?

3 第节

## 开放式的新品类吸纳战略

从某些方面来看，新品类对于品类市场更有吸引力，是因为既有品类存在着一些无法改变的缺陷，新品类正是留心发现这些缺陷之后进行了创造，因此取代了既有品类。有一些缺陷连顾客与品牌的最高级别管理者都发现不了，因为这需要领域内专业的研究者去归纳总结，这部分人也就是我前文中提到的“军师”。

从经济学的角度看，因为新品类的超级武器打破了自由市场的平衡，通过新品类的主动攻击，人们才发觉到自由市场中信息的不对称性，市场最擅长进行自我修复，从资源的配置、资源的使用效率上，只要有新的竞争对手出现，就会产生种种解决办法。有时候是新品类解决 70%，而自由市场会解决剩余的30%。既有品类被取代，导致原有的利益分配结构严重失衡，这时候新品类的开创者是无法一家独享的，因为市场不稳，需要以开放的心态吸纳更多的“阶段同盟”加入进来。

这表现出人们不仅喜欢新鲜事物，还会对新鲜事物所阐述的豪威尔环深信不疑，因为豪威尔的8个结构本身就是“相互加强、环环相扣、交错联结”的。

新品类在取代既有品类的过程中，应该做的是履行企业的责任——“创新”“顾客”，这时候主要的责任体现在：减少暴利行为，提高资源分配的效率，维护市场的相对公平，成为市场的监督者、保护者，而不是享受者。

历史给了我们非常多的参考经验，如史书上有名的闯王李自成。李自成发起农民起义时，带领着数百万主要由农民组成的军队，成功打下北京，为毁灭明朝打下了牢固的根基（1）。

但是打江山容易，守江山难，士人对比农民更了解如何制定有效的政策、目标，形成完整的发展规划（2）。

李自成出身于农民阶层，深知农民阶层的贪婪，也只看到他们的坏处，同时又对地主、士人阶层不了解，产生了不信任。最终明朝末期的士人都不愿意归顺李自成，也就导致李自成在没有明确罪名的情况下，肆意捕杀大臣，让更多的人迫于杀身的压力宁愿舍弃功名利禄。所以李自成身边没有可用之人，这些都体现了李自成的用人不当（3）。

农民阶层起义的军队，其自身的局限性还体现在胜利之后的贪图享乐。农民阶层一直处于被压迫的地位，生活一直都非常艰苦，在成功夺得北京城后，他们被北京城的繁荣深深地吸引了，所有人自然要大为享受一番。李自成之前还是逃犯，现在摇身一变成为皇帝，拥有至高无上的权力，他的很多部下也都成为一人之下、万人之上的将军，这些将军手中握有千万生杀大权，连崇祯皇帝都惧怕他们。

说起明崇祯皇帝，只能说他没有看清明朝气数已尽，更朝迭代、盛极必衰乃是正常之事。他从明熹宗手上接过千疮百孔的大明王朝，自己倒是勤俭自律、励精图治，试图重现明皇朝曾经的辉煌景象，但似乎陷入了“经济黑洞”，最终的结局是“非亡国之君，却当亡国之运”（4）。

李自成的将军大多坐拥大好田地，剥夺百姓钱财。一众将领如此作为，军队底层也开始出现贪污受贿现象，军队战斗力直线下降，一无作为（5）。

同时，这一时期，李自成没有意识到真正的敌人是谁（6），一心只想建立新政权（7），却忘记现在还不是建立政权的时候，满人才是与他争夺天下的竞争对手，所以在军事战略部署上出现了错误倾向。

李自成的军队散于各地（8），一定程度上巩固了地方统治，但驻守在北京周围的军队数量明显下降，导致后来清军从山海关进入、攻打北京城时，李自成无法快速集结大军予以抵御（9）。

对于清军入关，李自成的战略部署也存在非常大的问题。几乎在各重要地区，李自成都会派遣亲信将领镇守，唯独没有在最重要的山海关派遣心腹大臣，而是继续任用明朝原先的驻地官兵，导致后来吴三桂有机会放清兵入关（10）。

此外，前期行军打仗的习惯直接影响到了军队后续的发展，没有建立起系统、专业的军队管理制度（11）。军队官兵主要由农民组成，本就没有接受过军事化训练，没有组织纪律意识，当初能够集结完全是因为有一颗追求成功的心，现在赢得了胜利，散漫之心逐渐显现（12）。

“得民心者得天下”（13）。李自成在攻下襄阳之后，就已经自称新顺王，刚打下西安就俨然一副皇帝做派，穿黄衣、打黄伞，一切象征皇帝的东西都用在自己身上，称帝之心人尽皆知。后来李自成在西安称帝，但在他心中这并不是真正的皇帝，因为北京还有一个血统纯正的皇帝（14）。于是在众多条件都尚未成熟之际，受到称帝思想的影响，李自成仓促制定了攻打北京的军事战略。成功占领北京之后，不考虑外敌及内政，忙于安排登基大典，放松了军事和政事管理，遭到敌人反扑，与清军交战一败涂地，仅仅当了42天的皇帝，就草草下台了（15）。

上述是新品类虽抓住时机，却未成功取代既有品类，而为后面加入的竞争对手作嫁衣的典型案例，我分析并总结出军事战争与商战间的关联、成功及失败的因素，给管理者更多的参考。上文中的括号对应着以下内容。

（1）寻找到了超级武器，并对既有品类发起攻击。

（2）没有制定战略规划，且未进行战略定位。

（3）没有贤良之士辅佐，并未系统化开展新品类活动。

（4）既有品类的生命周期到了，新品类取代了既有品类

（5）赢得初胜后，并未扩大胜利，没有承担社会责任。

（6）未找到竞争对手，导致盲目攻击任何一个敌人。

（7）没有吸引跟随者一起做大品类，不肯财富共享，只想一家独大。

（8）资源分散，精力分散，品牌定位过于宽泛，导致受到四面八方的攻击。

（9）无法将有限的资源充分调动发挥出最大效果，导致战略失误。

（10）品牌定位中最薄弱的地方，却没有任何防御能力，被轻易击中后就落败了。

（11）没有“军师”进行细致辅导，没有建立起系统化的品类竞争体系，而自己也不够专业。

（12）只求荣华富贵，不想承担社会责任。消费者给予的，也会被消费者剥夺。

（13）既有品类未彻底消亡，自己就目中无人，自大到以为现在自己就是领导品牌。

（14）未给既有品类留有一定的空间，只是初胜便宣称自己最强，威胁到竞争对手的利益，被疯狂攻击。

（15）新品类找到超级武器，却并未充分发挥出来，没有“军师”辅助，未履行企业的社会责任，只想着享受，自己吃肉还不让别人喝汤，造成了新品类的萎缩。

第4节

## 机会存在于外部市场

战略最关键的因素就是尽可能利用外部力量，因为外部力量对于战略的实施具有重要作用。这一点是很多管理者不知道的，因为管理者在日常工作中多处理内部的事务——例会、培训会议、方案决策、制订预算、股东会议等，已经淹没在大量此类工作中，潜意识觉得战略中只要包含一部分外部力量就可以了，但对于这一部分外部力量应该有多少是属于合理范围的，却没有办法进行明确。例如，有一些管理者并未统计过外部力量和运营效益的占比情况，其实基本呈此消彼长的关系：

运营效益占 80%，外部力量作用 20%；

运营效益占 70%，外部力量作用 30%；

运营效益占 60%，外部力量作用 40%；

运营效益占 50%，外部力量作用 50%；

运营效益占 40%，外部力量作用 60%；

运营效益占 30%，外部力量作用 70%。

管理者可自行选择查看一天中，甚至一年中投入了多少，多少外部力量可以用于战略，现有战略与你原先计划的是否有所偏离，以此就能找到导致问题的原因。

运营效益作用越大时，越容易陷入同质化发展，品类的竞争力也越小，所能获得的市场份额越少，利润率也就越低。而且这时候的战略也是最弱小、最容易遭受攻击的。因此，同质化战略很容易失败。

反之，外部力量作用越大时，战略越容易获得成功。迄今为止，没有人对该领域进行过研究，也没有任何人觉得该数值是多少时较为合理。

我的建议是，这需要区分出几个因素：是针对细分领域服务的，还是开创新品类？是无品牌还是有品牌？是制造业还是代理商？这些因素都会导致日常中的实质工作更偏向哪个方向，如：

细分领域：运营效益投入比重较高。

无品牌：运营效益投入比重较高。

是制造业：运营效益投入比重较高。

开创新品类：外部力量投入比重较高。

拥有品牌：外部力量投入比重较高。

代理商服务：外部力量投入比重较高。

进行此类分析，是为了能够根据所制定的战略顺利完成任务，以此来获得成功。

在我接触过的这些战略项目中，我通过观察品牌管理者的日常工作发现，当外部力量作用在 72% ~ 85% 时，战略通常运转得很好，而且品牌也很健康。而遭受失败的管理者将时间过多地用在运营效益上。

我总结了一些失败案例中的数据，并研发了一种新方法——豪威尔战略生效理论：

运营效益占 40% ~ 45% 时，战略偏离航道；

运营效益占 46% ~ 53% 时，战略驶离航道；

运营效益占 54% ~ 60% 时，战略远离航道；

运营效益占 61% ~ 64% 时，战略彻底失败。

由此可见，你在哪个地方花费时间，哪个地方就会开花结果，而没有获得足够阳光、水分、养分的地方，通常是营养不良，或者因土地过于贫瘠，无法产生新生力量，自然不可能拥有生机，也更不可能带来机会了。

自然界中的外部力量，有地壳运动、岩浆活动、变质作用、风力、海浪、风化、侵蚀、搬运、沉积等，而管理者所投入的外部力量对于战略则起到这些作用：孵化、培育、建设、维护、战备、攻击、防御等。

但如果单纯追求运营效益、不考虑与外部力量产生互动，自然也不需要与外部交流了，因为此种举措并没有什么实质用处。不过还有一些管理者之所以沉迷于运营效益，其原因在于自身不具备与外部进行竞争的条件，他们不了解与外部竞争需要用到哪些知识和手段，也没有足够的资源可以用于竞争，所以只能努力提升自己的运营效益。有时候他们也深知自己的利润很低，但就是因为在各方面存在限制，企业的发展才每况愈下。

同时，因为没有成功进入到内周环境，他们也只能在提高运营效益中不断往复。

战略通常是局部优势带动整体而形成了整体优势，从分布形式上看，运营效益则相对普遍且呈现分散状态。有一部分由重视运营效益过渡到发展品牌的管理者并不是没有资源，很有可能是缺少超级武器，其原因还是在于不知道超级武器为何物，有什么作用，又能起到哪些决定性胜利，因而无法进入“品类的内周”中竞争。众所周知，在“品类的内周”中，“物产”往往异常富饶，就像是未被开发的北美洲。

第5节

## 内周的优势地位

大家知道，汽车在高速行驶的过程中，车轮需要高速转动。内周的部分呈现出相对稳定的状态，而外周的部分则因为接近外部，当道路崎岖时，会呈现出剧烈的震动。

可以做个测试，当你将纸条放在高速运行的车轮内周及外周时，位于外周的纸条总是立马脱离，而位于内周的纸条由于无限接近圆中心点，会呈现出较稳定的状态，因此纸条与车轮内周联结的时间也更长。可见，当整个车轮高速转动时，最容易被影响的是外周，而外周从某一方面来看，还起到了保护内周的作用。

那是不是可以说，当经济发生变动的时候，最先受到影响的总是那些处于外周的品牌，而领导品牌及领先品牌是较为不容易受到冲击的，即使冲击来临，也会有一层层的外周保护。所以当攻击以迅猛之势到来时，由于外周品牌一层层的削弱，在接近内周品牌时，攻击力已荡然无存。

内周与外周之间的关系，也如同海面上的风。当一艘船在平静的海面上行驶时，再高超的舵手也很难展现出自己的能力，因为这个时候只需要掌握基本的操作技术就可以。而当狂风暴雨到来时，普通舵手的能力难以胜任，高超舵手的能力得以凸显，因为只有高超的舵手才能带领大家冲出狂风暴雨，他的作用远远超过了船上的任何一个人，也更显得弥足珍贵。

在品类结构较稳定的时候，外界趋向平静，没有太多的市场空间可以发挥出更大的作用，因此从表面上看各方力量相差不大。一旦具有颠覆性的暴风雨来临，各方之间的关系趋向紧张。这时候相互牵制的情况就会显露无遗，各方的优势及弱势都无法隐藏。优势一方会在发挥能力的同时消灭弱势的一方。两种力量形成不同的阵营，阵营间展开角逐，胜利者越来越接近内周，失败者也越来越接近外周，两极之间不断呈现出分化的局势。这段时间我称为贵族期。

这个时期的品类活动气氛相对沉闷，其间不是你做什么就会使品牌变得更好，因为作用力与效果可能负相关。这个阶段应该要做的是保持平静，并留存实力，需要对市场进行观察并保持敏锐的审视能力。

品类的贵族期会发生一些奇特的现象：每个人似乎都察觉到有这么回事，但就是没有人会去谈论它，大家说起话来都很含蓄，所交流的总是与问题无关，而真正有用的信息就像是一个个格子迷宫，或者像剧本杀一样，到处都是故意留下的暗示、线索，对手表面上看都是笑眯眯的、友善的。

知道这个品类阶段的管理者，他们会更加理性；刚加入内周的那些“初学者”，他们则可能不清楚发生了什么，可能会盲目地做出一些市场行为，如并购其他企业、多元化发展、投资其他产业等高风险行为。

贵族时期的品类由于技术及创新方面的限制，管理者制定的决策表面上看起来是有用的，但如果立刻采取行动，市场不会产生什么大的反应，甚至是风平浪静的。这个时间节点凸显的是：想做什么，却什么也做不到。

对此最深有感受的应该是位于市场一线的人员，他们能够察觉到品类环境的死气沉沉，同时在担心自身业绩的情况下，还担心着品牌的未来，但又束手无策，不知如何是好。

贵族期的企业保守但资金充裕，因为企业的各部门几乎没有什么投资需求，它们更愿意安于现状。

高超的舵手并不需要完全正确，因为完全正确相对于正确并没有任何的增值，还需要付出成倍的努力。

高超的舵手之所以高超，是因为他知道只需要做到点子上，就可以获得胜利。他深知胜利完全取决于对手的强弱，而不在于自身，所以抓住了关键的一点：只需要比竞争对手更强。如果你能比竞争对手多看到 1%，并领先 1%，那你就能获得优势，甚至是赢得最终的胜利！

平静的海面上往往没有参照物，如果你不能运用好指南针，将如何辨别方向呢?

指南针的作用就如同军师，当你周边没有任何参照物的时候，指南针就发挥了最大的作用。商战中存在类似的现象，驶向外海的船舶，需要走得很远才能捕捞到大鱼。商战有时候也如同航海一般乏味，大量重复的日常工作不断地消耗管理者的精神与时间，如果你无法知道何时到达海岸，就很有可能被时光逐渐埋没。

要打赢商战，就必须像航海一样，知道哪些可行，哪些不可行，这需要大量的实用性知识，包括系统化理论、商战理论、经营理论，以及其他经济领域、管理领域的知识。对于管理者而言，通过一些常规途径能了解到的知识只能满足一般经营的需要，如果试图以此来应对商业竞争，是不现实的。

## 第6节 常规性与非常规性

商业竞争需要用到的是非常规性知识，需要管理者花费大量的时间学习。比如我在研究一个课题时，经常是投入20多天的时间，还无法确保能产生成果，因为知识学习存在先知性，需要以过去的资料作为参考，如果我们对某些事物完全陌生，那又如何对它进行研究呢？

常规性知识因为依托于现有的规则、概念，用固定的方法、既有的模式来解决问题，在日常工作中应用得最多。

这种常见的方式不会创造出新的文化成果，自然在新颖性和独创性方面也不会有太多差异性的表现。

常规性知识常用于解决简单化、重复性高的一些问题，所以通常不会起到什么决定性作用。而非常规性知识与其对比，能对取得胜利起到决定性的作用。最宝贵的非常规性知识是“唯你所有”的，以此才可以获得最终的胜利。

“非常规性”总是：偶然发生、无先例可循、发生的问题具有显著的唯一性、具有大量不确定性因素、涉及极其复杂的专业名词、难以分辨信息的准确性。例如缺乏非常规性知识时，就会发生无法通过使用“某个标准”或“某个模式”来解决非常规性问题的情况，如：

在某些问题中无法用标准方法来表达；

在某些环节中无法用系统方法来串联；

在某些方式中无法用数据方法来呈现；

在某些答案中无法用核准方法来检验。

而非常规性问题经常发生在重大的经营问题上，像新品类的市场营销、制定战略、找准对手、分析等环节都需要用到非常规性知识。而在这种情况下，管理者将会面临很多困难，只有将困难解决，才能为下一次的挑战做好准备，最终才能迎来机会。

管理者若不能掌握非常规性知识，自然无法应对这些日益加剧的新问题，当然也谈不上妥善处理了。

军师般的智慧是众多管理者所羡慕的，相应的知识、经验、判断能力、魄力都需要数十年的沉淀。经历的战役越多，自然在应对问题的过程中就越加老道。特别说明一下，跨多个领域的品类创新、品类联盟、技术创新、技术联盟、品类升级、品牌升级等问题都需要用到非常规性知识来解决。某一个领域的专家现在已经不好找了，而懂多个领域的专家，就更是凤毛麟角了。

专业的“军师”在解决一些非常规性问题时，经常被要求充分发挥智囊的作用，但其实在日常商业环境中，极少有一些“军师”能够参与。我经常遇到的情况是，在同一个时间段，有多个管理者需要解决一些非常规性问题，但是我又无法分身，让一些管理者去寻求其他帮助的时候，他们往往找不到熟悉此领域的人，进而导致项目搁浅。这令我感到非常遗憾。

这些非常规性问题要求处理的人发挥出创造性的思维，没有创造性思维，是无法解决这些问题的。但短期内要求当事人解放思想，这是不现实的，也是做不到的。

“军师”的作用就在于打破僵化的环境，他们的工作就是敢于向不协调发起挑战，只有这样才能培养出自己独有的逻辑思维和顿悟的能力。

企业内部的运营高管适合解决一些常规性问题，高级“军师”就是诊断、解决非常规性问题的专家，这不仅与他们的工作环境、学习环境有关，还跟他们的前瞻性、国际视野有着密切的关联。

一位优秀的“军师”的战斗力，有时候完全不亚于一支军队。

第7节

## 实践出真知

随着年龄逐渐增长，我对知识也越发渴望，迫切地想要学习更多。可如今虽然信息量巨大，但有用的知识相较于无用的知识还是太少了。

由于行业的特殊性，我具备的学习能力以及对知识的甄别能力已经算是很不错了，可市场上滥竽充数的内容实在是多，单单是甄别有效信息，就耗费了我大量的时间和精力，我在这个过程中疲惫不堪，非常无奈。

再想想那些忙碌的管理者，如果没有“军师”的帮助，只能在特定的领域中自行探索，这个过程会耗费管理者大量的时间，而且往往是白费力气，很难有所收获。

如果一个管理者始终围绕着已有的知识开展工作，那么他的工作会很顺利，却很难有更多的收获，也无法为自身的成长带来更多的帮助，自然不会获得更多的利润及社会的认可。

对于许多知识和理论，我们没有办法一下子探索到尽头，但也不能因此而停滞不前，我们只有不停地探索，才能不断地拓宽知识的边界，而这需要我们看得更远。

同样，开展新品类活动对于一个尚未掌握非常规性知识的管理者而言，确实是充满困惑的。这如同一个人走到陌生的岔路口时，左边和右边的道路都是陌生的，可能分别通往成功与失败，这时候就需要非常谨慎。但商业活动并不只是两条路径的选择，有时候是几十条路径的选择，管理者需要从几十条路径中找到唯一一条通往成功的路径，这个难度就非常大了。

现实情况不像做选择题，A 和 B 之间选择一个有 50% 的成功率。在商业活动中，50% 的成功率实在是太高了，对于管理者而言，每个选择都不是非此即彼的。但同样，失败概率也不只有50%，通常会高达80%，甚至更高。

如果你不与他人竞争，就几乎无法获得非常规性知识。这与植物的成长是一样的，越是强壮的植物越能够得到更多的生存资源，在未来也会长得越好，而起步较晚的植物不仅在成长上稍逊一筹，能得到的生存资源也会非常有限，生存不断受到限制，能享受到的营养跟阳光也会越来越少，终有一天，起步较晚的植物会因为对手过于强大，自己又过于弱小而死亡，这是竞争在发挥作用。这时候的竞争，就像是马拉松比赛一般，信号枪一响，大家开始奔跑，最后根据参赛者完成的时长分出胜负，奖台上始终只有三个位置，但参赛者数量却高达几万。

虽然看起来很残忍，但是很有效，如果你想取得第一的位置，就必须争分夺秒。比赛对所有参赛者都是公平的，无论你觉得自己有多么努力，只要竞争对手比你强，你就处于劣势，就需要想尽办法赶超。

正是竞争过程中的较量，才显现出彼此间的优劣势，从而分出胜负。竞争看上去很无情，但确实也最为公平，比赛给每个参赛者一样的起点，一开始就需要参赛者各显神通，比赛结束，弱者出局，强者获得胜利。

也只有在竞争的关键时刻，参与竞争者才会发现自己是否能够抓住市场机会，以及竞争对手的劣势是否显现，并且从中找到赢得胜利的关键点。

在自然中竞争是必然的，在商业中竞争也是必然的，管理者要做的应该是迎头赶上。不确定性为我们带来了更多的机会，我们应该把握机会，而不应将关注点放在不适上，关注点放错，就可能导致竞争的失败。在竞争中，竞争者所要关注的不应该是竞争对手如何，而应该关注如何获得胜利，这才是关键！

我与管理者交谈的时候发现，大部分管理者认为自己对一些非常规性知识是已知的。但这同时暴露出一些问题，他们的“已知”是在潜意识当中形成的。这就好比自有知识要转变为培训知识，转变的过程还未完成，所掌握的知识大部分是自己明白，还无法传授于他人，这就导致与他人交流的时候，才会发现自己所拥有的知识还很零碎，根本无法构成完整的知识链条。

正是这种自以为的“已知”阻碍了自身的发展，绝大部分管理者总是希望从一些权威的咨询人士身上学习到知识和技能，殊不知大部分权威的咨询人士对很多问题也是一知半解，当你询问他什么是战略的时候，得到的是“企业文化 + 超级 IP”，甚至是有关品牌调性、“公司 + 品类 + 品牌”之类的回复，那你需要做的，应该是马上远离他。

你是否听过世界级的管理学家、经济学家谈论这些内容呢？如果没有，那这些理论又是从何而来，又是否正确？既然连这些理论是否正确都不得而知，那又为何要付诸实践呢？

管理者要想将事业发展得更好，就得先摒弃一些安全感，所谓的安全感会在不知不觉中阻碍自身的发展。要想制定成功的商业计划，你可以寻求任何人的帮助，不要害怕被拒绝，这并不应该成为一件令你难为情的事。但是重要的一点在于，对方是否真的能帮助到你。

非常规性知识越有深度，越容易被理解，也越可靠。最好的理论从来都不是现有的理论创造出来的，而是从实践中产生的。就如同我在书中提到的一系列理论，便是我从业十几年来基于实施多个项目的经验，提出来的经过实际验证的有效的理论。

不管多么了不起的新品类理论，只要在实践中不可行，最终就是失败的。不论你认为这个点子有多棒，这个想法有多新奇，它都不能使你成功，因为仅仅是“你认为”，并不代表顾客也这么认为。

## 8 第节

## 错误认知

如果你拥有足够的资金，但是有专业人员对你说“这个新品类不符合逻辑”“市场已有这种品类”“这是很难成功的”之类的话语，你就应该冷静冷静，用非常规性的知识进行分析，如：新品类目前不符合逻辑，但调整为符合逻辑的之后是否可以获得成功？市场上已有，但我所要实施的新品类是否具备颠覆性，是否拥有超级武器？

我们总是可以通过已学到的知识不断地应对不同的挑战，不应该被几个人的几句话打倒，而应该理智地分析反对的话。如果这个新品类的前景很好，但你仅仅因为对方说了一些不知所云的话便决定放弃，那么，成功无论如何也不会眷顾你。

但如果你只是打算尝试一下，我劝你无须费这个功夫，同样也不需要额外学习一些什么东西。起步就是错误的，结果不会因为你的稍作努力就有所改变。这时候应该做的是先调整好心态，再来做这件事情。

目前新品类在国内仍然是一个缺陷板块，无论是管理者还是相关专业人员，对此都还存在一定的知识盲区。如果管理者知道自己应该在哪个环节做哪些事情，其实也就不需要这一系列的新品类丛书了，我之所以在书中插入不同领域的内容，目的是给国内管理者做决策提供一定的参考。

一些大众所熟知的常规性知识，其实只能适应常规性的活动。而新品类活动是不断升级的，如果还是沿用之前的知识，对新品类理论进行修修补补，最终只会导致不好的结局。当然，我们必须承认的是，对于有效知识的探索，我们永远无法走到尽头，我们无法在当下得到全部的知识，因为时代存在断层，不同知识之间也存在排斥。但对于管理者而言，必须要在一个复杂的商业环境中找到属于自己的适应性方法，来应对日渐加速的变化，从而更加有效地工作。

我也经常为知识的不足而烦恼，因为我的工作确实很需要这些非常规性知识。所以每当我发现一本好书的时候就会欣喜若狂，格外珍惜。

大多数管理者连内部已存在的问题都毫不知情，于是就出现了无法充分调动资源的局面。原因是资源过于分散，总是以碎片的形式呈现，而大多数能够促进成功的“非常规性问题”则被直接忽略，哪怕没有被忽略，也存在着运用不当的问题。对此我只能针对一些常见情况进行分析。

有些错误的知识和理论被视为真理一般广泛传播，为了避免这种现象导致的严重后果，我在本书中提出了一些理论知识供管理者参考借鉴，如果大家能够系统化开创新品类，可以在很大程度上避免失败。

因为许多失败都是错误理论造成的，在一些特定品类中错误理论的负面影响被完整地展现出来，国内一些富有影响力、极具欺骗性的机构长久以来践行错误理论，即便如此，我们仍能经常听到有人称呼其为辉煌成就。

新品类活动如果想要有效实施，就需要与根本性无知产生碰撞，虽然根本性无知从某些方面很难消除，但本书有很多价值观点对愿意改变的管理者而言还是能起到相当大的作用的。

为新品类活动打开一个崭新的世界，并且使这个最佳方法成为国内管理者的首选，这一点恰好反衬了碎片化开展新品类活动的失败之处。

开创新品类活动，需要符合这些条件：系统化、标准化、实时控制、适应性等。这是一个巨大的转变，也起到了一定的推动作用，使管理者能够在社会发展中贡献自己的一份力量。

管理者应该将新品类活动理解为从一个即将老去的世界转为一个崭新的世界。即将老去的世界行动缓慢、联想困难、反应迟钝，所剩下的不过是细数还有多少日子罢了。而崭新的世界则是生机勃发、思维强劲，还有无限风光可以尽情畅想。这不仅体现在顾客对既有品类与新品类思维上、记忆上、情感上、兴趣上、倾向上、意志上的巨大反差，还体现出两者的完整性。

如既有品类一旦到达盛年期，整体的机能上会表现出产业链上下游萎靡、供应链收缩、兴奋程度降低、感官能力降低等疲软的状态；而新品类从孕育期到青春期，整体的机能上会表现出产业的发散性、供应链的新见解、极具生机的新思想、生长的推理性、运算能力的不断加强、发展后劲足等状态。在这两者之间，是存在巨大反差的，而这些反差给顾客的感觉是异常鲜明的。

这样的转变不会一下子发生，也不会突然结束，大厦将倾总是需要时间的，前几年你看到的世界 500 强榜单上的企业，今天你还能看到几个？像 2005 年美国《财富》排行榜中，有 12 家建筑公司，但仅仅过去了十年，美国《财富》排行榜中已经一家建筑公司都没有了。如果你不知道这意味着什么，那我们就换个说法，有人知道一家企业需要花多少年时间才能成为世界500强吗？

但有些企业的覆灭速度着实令人惊讶，几乎是一夜之间就销声匿迹了，仿佛从未出现在市场中，这样的例子在之前有很多，随着未来竞争的加剧，还会有更多此类的事情发生。没有一个企业能逃脱，一些从事教育、健康、交通、金融的企业如果还以陈旧的方式进行战略决策，是无法持续生存下去的，因为时代在悄然变化。

如果你在城市周边生活，可以回望一下两年前的居住环境，现在变成什么样了？

## 9 第节

## 豪威尔环与品类等级链

20世纪80年代之后，基础性产品的市场已经在逐渐改变，由供小于需到以需求为导向，再发展为现在的以竞争为导向。如今顾客选择的是品牌与品牌之间的差异化、特性、信任状，以及品牌整体代表的价值，如果还试图以豪威尔环中的单一价值征服现在的高品质顾客，纯粹是异想天开。顾客也不会让此类品牌如愿以偿的。

在新品类活动中，管理者生产的不仅是一个功能性产品，还需要为其赋予价值。没有被赋予价值的功能性产品与顾客是没有情感联结的，顾客对其自然不会有忠诚可言。顾客的选择始终都很多，如果你的产品只是千百万个同质化产品之一，那么你的前途就堪忧了。而目前市面上之所以有如此多的同质化产品，终究还是管理者采取了同质化发展的行为所导致的。

实际上，随着现代生活水平的提高，顾客的生活质量也越来越高，顾客对产品的需求已经不仅停留在功能性及质量上了。诚然，功能性和质量始终都是顾客选择的前提，但这两个方面只是基础性因素，并不是决定性因素，决定性因素存在于顾客的认知中。顾客在认知中认可一个品牌而最终选择这个品牌，与出于这个品牌的基础性功能而选择该品牌，这两者之间的区别甚大。决定性因素对顾客选择起着关键作用，也代表着顾客的赞同及认可，而过分注重基础性功能只会生产质量还不错的同质化产品。

而如果摆脱同质化生产，则需要管理者为新品类找到完善的豪威尔环。只有这样，才能够将新品类明确且有效地传递给顾客，同时在运营效益及外部竞争上形成整体，进而拥有绝佳的品牌定位。我对已经具备完善豪威尔环的一些品牌感到钦佩，这些品牌的管理者是非常睿智的。如果你运用豪威尔环对既有品类中排名前五的品牌进行分析，就会得出一个惊人的结论：位居第一的领导品牌的豪威尔环总是最齐全的，而排名第二、第三的品牌，它们的豪威尔环是不完整的，至于排在后面的两个品牌，它们的豪威尔环几乎摇摇欲坠于市场中了。

完善的豪威尔环为品牌建立了完整、强大的竞争壁垒，保证了其绝对的领导定位，并彰显出品类霸主的绝对权威。

我们购买高露洁、佳洁士的时候，买的只是一支牙膏吗？并不是，它们代表了口腔卫生、牙齿安全。

管理者邀请一些领域的专家参与项目活动，并不是出于对他们的了解，而是认同他们的权威性及专业性，同样，一个品牌为我们所信赖也是因为它的专业性。而赋予一个品牌专业性最好的办法就是让其拥有完备的豪威尔环。豪威尔环可以将品牌定位有效地传递给顾客，让品牌得到顾客的认同，最终成为顾客的选择。

所以我们在最开始确定定位的时候就需要让定位符合顾客的认知，认知一旦形成，就能够很容易地突破顾客的内心防线，这也是在为我们比竞争对手更早到达战场进行战术准备。

虽然以上论述在一些特定行业不太适用，却适用于超过 99% 的品类。

至于特定行业，其实就是一些零兴趣品类，指的是顾客没有任何兴趣，也不想感兴趣的品类。除非是该品类的从业人员或相关人员，否则一般情况下不会有人主动去了解这些零兴趣品类。

零兴趣品类是兴趣和偏好引起的，对于一些品类，确实没有人想要去了解。值得一提的是，粉底液、眼影、腮红之类的女性化妆品对于很多男性也属于零兴趣品类，男性在生活中不会用到这些品类，自然也不会花心思去了解了。

99% 的品类都能够使用的豪威尔环，确实能让我们换一个角度了解品类竞争，也让我们明白一些伟大的品牌能够长盛不衰的原因。

是的，伟大的品牌都很了不起，为我们的生活带来了无限的改善。而随着知识的传播，我相信管理者通过学习必然也能了解相当多的“非常规性知识”，从而提高自身品牌的竞争力。我愿意在管理者的成长中给予一些发展经营上的智力支持。

品类中其实存在等级链，各个品类等级之间存在明显差异，不同等级的品类最终会呈现出显著差异。另外，最高层品类与最底层品类之间不存在管理关系，而是按照递减的方式形成一个等级链：

① 处于最高层的品类，享有最高声誉，拥有最好的资源，享受着最高的美誉；

② 位于中层的品类起到了承上启下的作用，有机会向上层发展，但发展失利则会被挤到底层；

③ 底层的品类销量最大，但也最不具有竞争力。

品类大体可以分为全球品类、国际品类、国内品类、区域品类四类。四种品类之间存在协同效应，现阶段作为国际品类的，正逐渐朝着全球品类的方向移动，处于过渡阶段，一旦过渡成功，则会占据品类中的最高位置，成为全球品类。

区域品类则属于结构性品类，占据着最大的市场份额。区域品类更迭频繁，主要是具有基础性功能的品类，一般不具备豪威尔环，甚至其中一些属于品牌的延伸品类，或者品牌名与公司名混淆。这一层级的品类发展速度最快，但总是以低价的形式存在，处境也是岌岌可危。

通常产品会被分为优等品、一等品、合格品、不合格品四个等级，其中优等品最贵，不合格品则无法通过合法途径流通至市场中。

所以，品类的等级越高，与功能性的联系就越小；反之，品类的等级越低，与功能性的联系就越强，甚至重叠。

# 第九章 / CHAPTER NINE

# 差异化战略

## 1 第节

## 新品类活动与战略

新品类活动与战略的本质一样，这是一项应对未来发展所需要的计划，这绝不是当你想做的时候，马上就能够顺利完成的，因为前面提到过，一些活动必然会伴随着：偶然发生、无先例可循、发生的问题具有显著的唯一性、具有大量不确定性因素、涉及极其复杂的专业名词、难以分辨信息的准确性等。你如何突然之间就能够掌握“非常规性知识”，以此来应对此类问题呢?

这项计划的制定和实施，应该越快越好，《新品类》一书中提到，大公司正常应对此类变化会提前 5 年进行准备，5 年的时间是大多数世界 500 强企业所认同的提前量。时间的长短不是最主要的关注点，重点是你早已制作好“对未来行动方案的说明及要求”，如你能够清楚明年的市场活动将在哪个品类中展开，那么，你就知道你的战略该如何制定，这两者之间总是存在密切关联，不需要进行剥离，也无法剥离。一旦剥离，你靠哪些新品类去征服市场。并完成战略目标呢?

新品类活动与战略相同，都需要具有前瞻性，你必须知道明年的市场在哪里，必须开发出一些新品类以支撑战略。同样，你必须根据实际情况（新品类处于哪个阶段）对战略进行调整。

保持长期的战略定位的稳定并不是单方面对运营配置进行连续性的调整，以增强这些活动的适应性。这些调整是短期导向，目的在于与长期的战略定位保持一致。一切以服务最终目标为主。

如战略必须在新品类活动发生之前制定，同时，战略也反映出管理者想要进行哪些新品类活动，折射出管理者对接下来所要采取的一系列行动的想法。

系统化开创新品类与差异化战略之间的关系，就在于管理者无论在内部工作中还是在外部竞争中，都需要有一个完整的计划，如在每一种情况下应该做出哪种选择。这是为了在起到保障作用的同时，还能够顺利地将计划完整地实行下去，而不是在中途受阻时无可奈何。

这也是系统性的整体的计划，用来实现管理者的基本目标，无论你想要做 2000 万美元，还是做 5000 万美元，当你不知道自己的计划时，如何照常完成呢，或者说如何确保完成呢?

新品类的差异化越突出，威胁就越大，这个威胁是资源跟地位的威胁，因为既有品类一旦失败，就意味着丧失地位及现有的资源。同时，新品类因为差异化的原因，能够利用超级武器迅速进入核心内周，所以对既有品类的威胁就更大了。

新品类差异化表现为在某个品类中对于竞争对手具有高度的取代性，差异化越突出，入侵的威胁作用越大，既有品类被替代的可能性就越大。

新品类活动与战略中的主旨在于限定出运营活动的竞争范围，也就是说这是为了确定管理者正在哪一个品类中进行活动或打算开展哪个新品类活动。而战略则必须明确出其所在的是哪个品类，为何不是在其他品类中进行活动，你也可以理解为管理者必须在对应的品类活动中开展高度围绕战略的工作。

当我与管理者进行交流时发现，他们回复此类问题会遭遇非常多的困难，因为这涉及多个领域，如“研发出哪些特有技术”“使用哪个超级武器”“制定品类标准”“确认业务扩张的速度”等都会因引发诸多非常规性问题而导致内部分歧、无法统一，这是因为规划过程对运营活动的结构有着显著的影响，使得问题变得更加复杂。

虽然管理者知道新品类活动、配置、战略定位等问题是决定竞争胜负的关键因素，但到目前为止，全球范围内还是没有一个系统的方法来指引这个任务如何进行规划，管理者只是以一些常规性知识进行决策处理，这也意味着，随着我国越来越多的企业成为世界500强，企业所面临的问题只会越来越多。随着全球化跟国际竞争的发展，管理者需要在新品类活动中寻找出超级武器，以取代竞争对手，会涉及更多的非常规性问题。前沿的学术发展总是非常缓慢的，这也导致了管理者无应对方法可用，也意味着他们将面临更大的困难和挑战。

虽然很多管理者觉得明确在哪个新品类活动中进行竞争是一件很困难的事情，不过根据《新品类》及本书的内容，难以形成自己的竞争优势是因为现实中企业的管理内容过于宽泛、杂乱、无顺序，以及企业不知道应该如何发展。

因此，如果管理者能够运用系统化开创新品类及差异化战略定位的理论来明确最重要的工作，是能够高效解决一系列问题的，并且还能带来更多的持续响应及积极反馈。

不应该仅仅对品类竞争带来的机会及威胁做出被动反应，而应该是以主动进取的方式去适应、改变品类市场，并规划出一套独有的适应性活动。管理者需要做的是不断地深入分析自身的品类结构特点及所处的竞争环境，这些决定了管理者接下来采取哪些行动，有助于管理者清楚地认识到自身所处的位置以及竞争对手的状况，可以避免过高评估自身实力而盲目四面出击，也可以避免过低评估自身实力而轻易放弃现有的市场机会。

战略的实施需要定位，新品类同样需要定位，管理者要为两者定位，同样也要为自己定位。因为管理者不能无视品类环境以及竞争导向，这两者的变化会引起轩然大波，而凭着常规性知识去解决一些非常规性问题，只会使自身所处的环境更加恶化。

无论是传播新品类的定位、新品类的差异化，还是传播新品类的信任状，都需要管理者进行良好的引导。管理者有作为，有自主创新能力，那无论是在运营效益还是在品类竞争上都会产生良好的战略行为。管理者不仅应该明确管理方式，更应当身先士卒解决主要问题。换句话说，只有确保新品类活动始终朝着正确的方向前进，战略定位才是正确的，协调一致才能运作好当前的事业。

第2节

## 新品类活动与差异化战略

新品类活动与差异化战略其实是以自身发展为导向，对未来进行规划。管理者需要把未来的生存及作战环境提前描绘出来，结合过往经历及现实情况将过程中可能遭遇的问题进行梳理。要做到这一点，管理者就需要对品类的发展过程有所了解。换句话来说，在战略制定之前要先进行有效的了解、系统化的分析，倘若没有这些，那么制定出来的战略必定是混乱的，制定过程必定也是混乱的。

差异化战略的实际意义是帮助管理者建立持久的竞争优势，也就是在保持强大、灵活的同时还能有助于管理者了解非常规性问题，以便能顺利渡过艰难时期。这就要求差异化战略不仅要做到“进可攻、退可守”，还需要具有高度的机动性，保证自身处于良性发展的同时还能对品类进行合理扩张及适时收缩，即在市场行情较好的时候对品类进行有序扩张，在市场行情较差时使品类有序退出。合格的差异化战略需要符合以上要求。

制定出合格的差异化战略，意味着管理者需要尽早培养出核心能力，而这些核心能力又必须包含非常规性知识。差异化战略实施的过程中企业会遇到无数对手，面临的形势会异常复杂，会遇到从未遇到过的问题，可能是气温、土质、雨水、阳光，这些细节最终都会影响差异化战略这棵大树的成长。而掌握非常规性知识则是取得胜利最为关键的一点，在差异化战略实施的道路上，管理者需要不断增强自己的实力，如果抛开这一点，那就失去了管理者所能发挥的作用力，差异化战略自然也无法发挥出任何作用。

因为一个品类在发展的过程中，很多因素都会影响整个组织，组织内的任一部分都有可能被波及。像个人利益问题、职能问题、政府关系、社会关系、员工关系等，如果无法及时有效处理，差异化战略将会被搁浅，无法继续推进。有时候品类的发展也会影响管理层的利益，如果品类长期可能盈利，但短期内只能收支持平，那在任管理层自然不会愿意继续推进差异化战略。这时候所产生的矛盾是需要妥善处理的，否则会造成阶段性失衡，影响整体战略的效果。

这不仅需要管理者自身足够睿智，还需要内部成员给予足够支持，排除其他的作用力，才能进行更有效的战术布局。如果新品类仅仅在短期内能收获利润，但长期来看没什么潜力，甚至在盈利三个月的情况下，却有可能带来持续两年的严重亏损，那就不符合以差异化为核心的发展战略，对战略定位也不会有什么实质性帮助。如果是这样，我的建议是停止这个活动，甚至一开始就不应该启动。好的差异化战略应该是可持续发展的战略，可持续发展应该是我们制定战略的前提，也是核心宗旨。

评估差异化战略的重要标准之一是看这个战略是否有助于实现管理者制定的长期目标，以及是否能够保证长期利益，以及长期利益是否能够实现最大化。但长期利益最大化需要经济环境有持续的稳定性，如果经济波动太大，那品类份额必然会受到极大的影响，自然也无法实现长期利益最大化。

差异化战略不能经常更改，如果频繁更改会变得面目全非，一个好的战略总是力求实现最佳的稳定性及最强的适应性。稳定性意味着品类将在长期保持足够的稳定；而适应性则意味着战略定位简单明了、显而易见，同时还具备一定的扩张及收缩能力。在保证资源灵活性的同时，还需要建立足够的缓冲，也就是说当业务量足够大的时候，你能打开全部市场，但是这种情况有一个弊端，就是可能提前透支品类的生命，导致品类周期缩短，在后续发展上张力不足。

制定差异化战略的目的在于有效实施，差异化战略应该是富有想象力的，还会对全体成员有很强的号召力，也就是说成员会因品类的差异化战略而感到自豪。这不仅表明战略定位的正确，还意味着对应的差异化战略得到了社会的认可，并且这种现象一旦出现就会持续很长一段时间。

管理者在开展新品类活动之前，应该先明确制定的差异化战略能否起到加强、协调的作用，能否帮助管理者克服困难，或者说将面临的威胁最小化，甚至完全消除。虽然这很难，却是一份完美的差异化战略能做到的。

同时完美的差异化战略符合一项最基本的要求，就是它能被一线成员广泛接受，并迅速得到认可，最终爆发出巨大的威力。

因为差异化战略都是由战略衍生出来的，所以差异化战略和战略一样存在取舍。存在取舍，就意味着存在缺陷和威胁，这是无法避免的，但可以进行调整，并在一定程度上增强适应性。这里要注意一点，过于详细的计划通常会招致失败，差异化战略需要根据事实迅速做出反应，绝不是一本可以完全照搬的育儿经。

为新品类确定总体目标与制定差异化战略，是两码事，前者只是短期的销售目标，而后者则需要根据战略定位进行资源配置、战术制定等，并且进行持之以恒的奋斗。

## 第3节

## 差异化战略的作用

商业竞争与军事战争两者之间存在一些相似点，也存在一些限制点。

商业竞争受到法律及伦理的约束，有时候竞争双方可以实现双赢，甚至是各取所需。尽管有时候非常激烈，但商业竞争并不是极具破坏性的，大多数时候双方都会留有余地，基本不具备太大的侵略性。

而军事战争则不同，有些军事战争的目的不仅在于掠夺资源，而且在于消灭对手，其采用的战术及手段可能鲜为人知，有时候为了取得决定性胜利，甚至不择手段。如军事战争中会出现在已经取得胜利的情况下，依然无区别地大肆屠城。

多数军事战争会涉及两个甚至两个以上的国家，如乌克兰与俄罗斯的军事冲突，从表面上看只涉及两个国家，但实际却可能是多方竞争，因此军事战争往往局势更为复杂。

但无论是商业竞争还是军事战争，输赢胜负皆有外部因素的影响，并不仅取决于自身，而且大多数情况下输赢胜负是由双方采取的战略及战术决定的。这就意味着，不论在哪个时期，只要组织之间的目标存在着排斥性，就有可能产生对抗，甚至发生大规模的较量、冲突。

大规模的较量、冲突都是有组织、有目的性的，同时还伴随着大量的资源消耗，尤其是一些不可再生资源的消耗，这些才是最应受到重视的。

商业竞争中，最糟糕的事情是对可能发生的事物无动于衷，所有的努力只是为了维持现状。

有些管理者会认为某些品牌很幸运，成功的原因是其发展起来的时候竞争没有那么激烈，建立品牌的成本很低。虽然运气可能存在，但成功和失败都不应该完全归因于运气。如果是运气使人成功，那为什么运气总是降临到别人身上，而不降临到你的身上？所以我们在总结别人成功原因的同时反思一下自己。我认为品牌的成功必然是因为其成功地运用了某些商业法则，成功的品牌在发掘品类空位、寻找超级武器上花的时间必然比别人多得多，同时成功还需要结合稳定性及适应性，并充分地抓住每一个机会。

纵观近几十年来的商业竞争，差异化战略无疑对成功起到了决定性作用。无论在哪个品类中，领导品牌的成功很少是随机的，资源及战术所体现出的优势才是领导品牌能取得阶段性胜利的决定因素。

差异化战略可以确保管理者知晓自己已达到何处，还需要多久能到达山顶，以及过程中将会遇到哪些竞争对手。所以差异化战略有助于管理者密切关注外部环境，以及对发生的变化采取及时有效的措施，同时保持高度的警惕性，以便在问题来临时，不会不知所措，而是及时采取防御机制，阻断一些伤害性事件的发生。

战略之所以存在取舍，是因为无论多么小的单位，每天面临的决策也是成百上千的。如果试图将所有选择纳入进来，那这份战略则可能是厚重的几千几万页纸。试问，有几个管理者能有时间和耐心阅读呢？所以，做好取舍，才能找到核心问题，并找出对应的解决办法。

只要能充分运用好一些商业工具，运用豪威尔环、豪威尔优势调研法、豪威尔杠杆、豪威尔感知调研法、豪威尔维度法、豪威尔价值法、豪威尔品类防守战略、豪威尔信任状、豪威尔新品类步骤法、豪威尔战略生效理论，就可以蓄势待发，终有一日可在竞争中取得胜利。

管理者能否建立自己的竞争优势，主要看其是否能根据实际情况创造符合品类发展的环境，制定符合自身的差异化战略。运用好超级武器形成区域优势，发展出高势能人群，再逐渐扩大市场。

随着全球化进程的加快，国内品牌面临的是与国际品牌的竞争，若国内品牌的管理者能尽早制定出差异化战略，那在日后双方对战之中，就不会像现在这般被动和艰难。

实施差异化战略可以避免很多无序的竞争及不必要的内耗，而我们应该效仿那些国际化品牌进入国内市场时采取的方法，如品牌与品牌之间形成技术联盟、创新联盟、品类联盟，这些方法能够大幅度提高我国品牌的竞争力，增强国家经济实力。我们应该考虑的不是单个品牌能否取得胜利，而是国家与国家之间的经济竞争中，我们是否能够走在前面。毕竟经济地位会影响产业的结构、上下游产业、就业率、税收等方面，甚至会影响国家总体经济利益。

我们现在能看到的是，一到购物节，各个商家就开始加大宣传力度，其手段往往是价格大战、促销大战，靠低价吸引顾客眼球，靠低价收回投入资金。与生产能力大幅度提高成反比的是品牌越来越缺乏差异化、特性、信任状。曾经，国美、永乐、苏宁三巨头每到“五一”“十一”等节日就会满城发放优惠券，打的不就是价格战吗？而顾客看到的是彩电大战、洗衣机大战、空调大战、热水器大战、3C大战，却看不到各个品牌之间的差异。这种竞争方式大幅度削弱了参与其中的品牌的盈利能力，导致了资源的巨大浪费。同时，相当多的顾客需求仍未被满足，只能转向国际品牌，高价购买自己需要的产品，最终导致国内财富大量流向其他国家。

由此可见，拥有差异化战略对品类能否长期发展起到了关键作用，同时差异化也是品类成熟的重要体现。差异化战略起到的作用是在品类竞争的外部，而不是仅限于内部。

## 第4节

## 差异化

差异化战略指的是在品类竞争中提供独具特色的新品类（产品或服务），这种独具特色可以给新品类带来额外的价值，产生光环效应，在与竞争对手形成有效区隔后，形成一套适用于自身发展的战略。

从现实的情况来看，管理者确实可以无限地为新品类寻找和创造差异化，因为新品类具有多样性，管理者自身的特点、竞争的特点、新品类本身含有的特点等多个因素组成了新品类的差异化。所以随着时代的发展，新品类的差异化越来越多，开创新品类的活动也越加频繁，新品类的机会也越来越多。

以面为例，面就有非常多的差异化特点，在形态及使用上差异最为明显，而且品类繁多。

表 9-1　面的差异化

| 差异化 | 特性 |
|---|---|
| 面条 | 劲道、软、香、养胃、抗饿、滑、片、细条、粗条、鱼状 |
| 馒头 | 劲道、碱、白、实、圆、水果、开花、奶油、方、烤 |
| 花卷 | 香、咸、甜、葱油香、椒盐、麻酱、芝麻、糖花、麻辣、菊花花卷、玫瑰花卷 |
| 油条 | 香、脆、酥、韧、干、鲜、亮、蓬松、紧实 |
| 麻食 | 小、薄、翘、滑嫩、爽口、入味、易消化 |
| 烧饼 | 薄、金黄、焦、脆、韧、夹肉、霉干菜、油酥、什锦、牛舌、香、甜、养血、护肤 |
| 饺子 | 薄、透、肥、香、入味、肉、菜、煮、煎、炸、辣、海鲜、莓果、奶油、起司、番茄、乳酪 |
| 包子 | 薄、卤、汤、鲜、酱、糯、紧、甜、咸、滑、爽、层次、松软 |
| 凉皮 | 辣、爽、薄、顺、溜、透、干、酸、甜、咸、香、油、入味 |
| 馄饨 | 爽、薄、汤、鲜、紧、滑、甜、热、暖、美、胡椒、油 |
| 麻花 | 酥、香、脆、金黄、焦、韧、干、鲜、亮、蓬松、紧实、咸、糖、硬 |
| 面包 | 弹、实、硬、润、劲、粗、柔、软、烤、烘、蜂蜜、巧克力、坚果、零脂、手撕、牛奶、海鲜、水果、蔬菜、什锦、油酥、养胃、干、鲜、亮、蓬松、紧实、咸、糖、脆、现烤 |

形态及使用途径使各种面食形成差异化，而差异化中又包含了许多特性，特性没有数量限定，只要你耐心寻找，就可以找到适合自己的特性。

可以看到，从口感、形状、颜色、烹调方式等方面可以创造出许多特性，将各种特性组合后可以发挥出更强大的实力，如包子中可以加入海鲜、肉类、蔬菜、坚果等多个品类的食材，但包子在一开始被发明出来的时候肯定没有这么丰富的种类。如果包子是被身处内陆的人发明出来的，也很难将海鲜类的食材与之进行结合，至于海鲜馅的包子，则应该是时代发展到一定阶段才有的社会产物。

顾客之所以选择购买某个品牌，是因为该品牌包含品类中的某个特性，如果品牌所在的品类是面包，那么所包含的竞争对手没有的特性可能是“8分钟烘烤面包，私人订制”，如果品牌能够结合豪威尔优势调研法及豪威尔感知调研法进行战略地图勘测，寻找市场空位，再结合新品类活动，就可以比较轻松地拥有差异化。

从以上对“面”的详解中我们可以发现，由面分化出的面包就拥有许多特性，由于面包这种食品易于运输和保存，食用方便，面包这个品类在全球范围内都很受欢迎，国内的面包市场更是存在着非常多的市场空位。就厦门而言，有两家面包连锁店是做得比较好的，但这两家均是流水线生产，而非手工制作。由此可以得出结论，如果能从手工及定制的角度寻找，可能存在非常大的市场机会。厦门作为福建省的经济特区，就福建省来说，发展状况几乎可以说是最好的，人口基数也排进福建省前三，在这样的地区，是完全能从一些高标准化的品类中寻找到非常多的差异化机会的，越是高标准化的品类中，越存在巨大的差异化潜力。

## 第5节

## 物理特性与化学特性

分析完差异化我们再来分析一下特性。特性主要可以从物理及化学两个方面来分析。

物理方面的特性可以分为：升华、挥发、熔点、沸点、硬度、导电性、导热性、延展性、吸附性、磁性、颜色、气味、状态、融化、凝固。

化学方面的特性可以分为：稳定性、不稳定性、热稳定性、酸性、碱性、氧化性、助燃性、还原性、络合性、腐蚀性。

在物理变化中，原物质只是产生形态上的变化，而不会有实质的改变，也不会产生新的物质。如用剪刀将纸碎化，发生物理作用之后，纸还是纸。

在化学变化中，原物质会发生变化，产生新物质，甚至消灭原物质。如将纸进行碎化腐蚀，发生化学作用之后，纸就消失了。

【案例一】

鸡内金这个品类为食品类，同时也是药类，属于药食同源。鸡内金的材料源于家禽类的鸡。

众所周知，鸡是杂食动物，吃谷物、草籽，也吃虫子。虽然鸡什么都吃，但它是没有牙齿的，吃东西都靠吞，然后全靠胃来消化，可见鸡的消化能力有多强。

鸡有两个胃：一个是前胃；一个是砂囊，砂囊也就是鸡肫。鸡没有牙齿，所以要吃石头和沙子，吃下去存在鸡肫里面，所以鸡肫也叫作砂囊。鸡吃下去的食物到了砂囊，通过鸡内金和沙石的摩擦，可以把食物磨得很细。

家鸡的砂囊内壁，晒干以后可以用作药物，就是鸡内金。从中医的角度讲，鸡内金可以消食开胃，治疗胃消化力弱引起的一些病症。

如果我们从化学特性中找到“腐蚀”这个特性，相对应的是“溶解”，但无论是“腐蚀”还是“溶解”，用于品类营销都是不合适的。结合鸡内金这个品类，就可以描述为“化解”，所以鸡内金拥有“化解”的特性。

【案例二】

大家对于 B 族维生素并不陌生，但要说其中最特别的一类维生素，那应该是维生素 $B_{12}$，也称作钴胺素。

甲钴胺是唯一一种含有金属元素的维生素，属于维生素类药物，也是一种内源性的辅酶 $B_{12}$，可以将甲基转化为同型的半胱氨酸，最后转化合成为蛋氨酸，能够起到修复神经细胞、抑制神经退变的作用。

19 世纪 50 年代，英国科学家发现了一种恶性贫血病，这种疾病有着极高的死亡率，但是人们对其所知甚少，更不用说治愈了。直到 20 世纪 20 年代，哈佛大学三位科学家通过大量研究发现，只要大量食用动物肝脏就可以治愈这种恶性贫血。此后医生们开始在临床上使用浓缩的肝提取物治疗贫血，挽救了许多患者的生命。

又过去了二十多年，美国和英国的两组学者都从肝脏中分离出一种红色晶体，才解开了动物肝脏能够治愈贫血病的谜团。

这种红色晶体就是我们后来所说的维生素 $B_{12}$，其红色正是金属元素钴的颜色。

维生素 $B_{12}$ 在人体内主要作为辅酶参与各种生化反应。维生素 $B_{12}$ 的典型缺乏症是恶性贫血。叶酸的活性化需要它的参与，当维生素 $B_{12}$ 不足时，叶酸就无法活性化，这会导致 DNA 合成减慢，导致红细胞无法分裂成熟。而老年人缺乏维生素 $B_{12}$ 会产生神经传导功能减退、记忆力下降、空间认知不足等问题，严重时会导致不可逆的神经损害，甚至瘫痪。

虽然维生素 $B_{12}$ 非常重要，但人体对它的需求并不高，每天的需求量仅以微克计。只要每天摄入足够且营养均衡的食物，一般就不会出现缺乏维生素 $B_{12}$ 的情况。

上面的案例是根据化学特性分化出来的新品类，在日常生活中，此类例子数不胜数，只不过大部分都是偶然情况下发现的。对于非系统化的新品类活动，如果管理者能够明了物理特性及化学特性两者之间的区别，就能够很好地利用其更快地寻找到属于自己的特性，充分使用物理特性及化学特性可以在新品类活动中发挥出非常大的作用。

结合以上品类竞争的手段，运用豪威尔环，并将对应的词语进行转化，就可以找到符合新品类活动的特性。

物理特性中存在的差异化机会较少，较少的机会只能分化出较少的特性，这些特性被称为硬特性；化学特性中存在的差异化机会较多，较多的机会能够分化出较多的特性，这些特性被称为软特性。

化学特性的可行性在上述案例中已经被证实，相应地，运用化学特性的新品类的生命周期也会更长，因为化学特性存在多样性，可以进行不断的分裂，进行不断的升级，这样品类就可以始终保持长盛不衰的局面。

具有物理特性的新品类则可以从其他方面找到差异化机会，如新品类的“大小”“形状”“容量”“体积”等特点都属于物理特性；如从渠道、定价、库存这些较为内在，且不易察觉的特性中对物理特性进行选择，顾客的接受程度会相对较低，不像化学特性那么灵活。

## 6 第节

## 差异化新品类

说到这里，很多管理者也应该明白了，差异化代表超级武器，特性代表普通武器。通过寻找差异化与既有品类形成区隔就是开创新品类，但在同个差异化下寻找特性则属于完善细分领域。

两者之间是完全不同的，前者为新品类的开创者，后者为新品类的跟随者，或者说只是内容的完善者。

虽然管理者可以通过化学特性及物理特性创造出各种各样的差异化及特性，但并不是每个特性都能为品类竞争创造机会和价值，也并不是每个特性都符合商业法则，有些过于狭窄的市场，可能都没有顾客会选择。如在厦门某座山顶建造一栋价值 9000 万美元的别墅，可以说是有价无市，很难成功，因为能消费得起且愿意消费的顾客实在太少了。

寻找差异化及特性是为了实现商业价值、增强自身的竞争力及占据更多的品类份额。因此，必须基于品类环境分析顾客愿意接受哪些差异化或者排斥哪些差异化，我们可以使用豪威尔感知调研法来测试寻找到的差异化和特性是否能对品类竞争起作用。

有时候寻找到的差异化及特性并不能实现我们想获得的商业价值，这时候我们应该及早放弃，或者从一开始就不要启动该新品类活动，以规避损失。

特性和差异化位于豪威尔环中的第四环及第五环，也是新品类活动中除了新品类名、新品牌名及定位的最为重要的两个环节。

第四环和第五环在整个豪威尔环中起到了承上启下的重要作用，如果缺少这两个环节，那么管理者实施新品类活动所生产出来的产品就是同质化产品，在品类竞争中不具备任何优势及吸引力。

换句话说，我们要寻找到的第四环及第五环，并不是简单地追求形式上的差异化及特性，而是要解决差异化战略中最根本的问题，也就是使品类竞争能够获得胜利的同时还能比竞争对手更具有竞争力，这样才能长期占据领导地位。

由于差异化战略的目的在于创造独一无二的新品类，所以管理者很难通过标准化的方式获取第四环及第五环。管理者必须掌握大量的豪威尔理论，同时结合系统化开创新品类的知识才能保证差异化战略的有效、有序展开。

为了保证第四环及第五环投入品类竞争之后的有效性，管理者必须了解自身所拥有的资源及能力，以确保能够在未来品类竞争中获得足够的品类优势。同时，管理者要以竞争作为第一前提，充分发挥自身竞争优势，不断验证第四环与第五环是否能在市场中被顾客接受。

差异化越大，消费者对价格的敏感程度就越低；相反，差异化越小，消费者对价格的敏感程度就越高。

这是由于具有较大差异化的新品类，相较于既有品类更为特别，满足了顾客的某些需要，且这种差异性是其他竞争对手不能提供的。一般情况下，顾客会先谈论想要购买的东西，接下来才考虑是否要购买，差异化可以加强顾客与新品类的黏性，且会降低顾客对价格的敏感程度，顾客很少会放弃差异化新品类而转向既有品类。

这也预示了，差异化新品类使管理者拥有了一个相当有优势的缓冲地带，缓冲地带主要起到减噪、防腐蚀、吸收热量、耐冲击等作用。

因为差异化新品类存在性能稳定、介质特殊、结构紧凑等特征，这个缓冲地带可以对品类竞争中遭遇的攻击起到一定程度的弱化作用。

如果用百分比来表示，当竞争对手发起100%的攻击时，通过缓冲之后，攻击会被削减20%～80%的力量。也就是说，差异化所建立起来的防护能力比同质化品类的防御壁垒要强得多，正因如此，当竞争对手发起攻击的时候，也需要掂量一下自己的实力，绝大部分竞争对手是不愿贸然攻击具有差异化的新品类的，因为他们知道这是白费力气。

第7节

## 差异化带来溢价权

差异化新品类还能在短期内为管理者带来较高的溢价权。举个简单的例子，在选择皮鞋的时候，与同质化产品或没有品牌的产品相比，很多人却更愿意多花一些钱买 ecco，这是为什么？

因为 ecco 更舒适，鞋头部位相比其他竞争对手的产品更宽，对于东方人普遍的“宽脚板”和“肉脚板”特点有非常友好的包容性，同时鞋底的支撑力非常出色。我曾经买过一双 ecco 的鞋子，穿了差不多 7 年都没坏，因此我对该品牌保持着比较良好的印象。值得一说的是，对于需要长时间户外行走的人来说，ecco 的鞋底对于足弓的支撑甚至比许多户外品牌还要好。

除此之外，ecco 的大多数产品都是用皮革制作的，ecco 的姊妹公司 KT 贸易公司负责采购皮革原材料——动物兽皮，并将动物兽皮制成皮革，这些动物兽皮都是肉类加工行业的副产品。ecco 和 KT 贸易公司一直要求供应商遵守动物保护政策，ecco 保护动物的价值观与顾客的认知相符。以上差异化很自然地为 ecco 带来了溢价权。

差异化需要增加额外的成本，但同时也带来了较高的利润，为差异化战略的形成创造了得天独厚的优势。差异化避免了品牌与一些同质化品类进行对比，自然也不需要追求最佳运营效益及成本领先了。

前面也提到了，因为差异化战略可以使新品类拥有较高的溢价权，而且这种高溢价权形成的竞争壁垒越高，就越难被替代及模仿，愿意为高溢价权买单的顾客越多，新品类差异化就越具备竞争优势，同时也越成功。

当适应性及稳定性越明显时，差异化战略就越牢固。

具有差异化的新品类能够提供给顾客的，既有品类很难或压根不可能以同样价格提供给顾客。明显具有差异化的新品类在削弱顾客讨价还价能力的同时也削弱了既有品类的竞争优势。差异化新品类可以形成垄断局面，顾客面对差异化新品类时缺乏可以进行比较的选择对象，所以不仅对价格的敏感性降低，包容性也增强，很容易产生对差异化新品类的依赖。这时候，差异化新品类虽然售价很高但依然可以拥有稳定的顾客群体。正常情况下，除非强势对手拥有更强更好的差异化，否则顾客是不愿意接受替代品的，这也说明差异化是新品类在品类竞争中胜利的最关键原因。使用了差异化战略的新品类活动，在应对竞争对手时也会处于更加有利的地位。

从我多年的项目经历来看，大部分管理者因为不太了解差异化新品类的具体内容，所以更加倾向于争取那些价格敏感度高的顾客，或者说是以同质化品类作为自己的目标市场，如一些人造食品品类。

差异化新品类要注意成本方面的问题，因为差异化需要较高的研发费用作为支撑，所消耗的资源会比同质化品类高，但相对应的，也可以带来更强的竞争优势。从顾客角度来看，是否购买高差异化产品也取决于顾客的相对购买实力，如在小县城中路易威登的女士箱包是很难销售出去的，同时高价值产品还会受到经济环境的影响。所以追求差异化的管理者不能满足基础性需求，而要以有较高需求的顾客群体和地区作为目标市场。

单纯以成本领先策略发展的企业，所提供的产品必须与竞争对手所提供的同类产品在价格上持平，但是成本的不足导致其无法创造差异化，如果差异化新品类在战略布局上以低价展开，那会造成经济上的恶性循环。当经济环境开始恶化，底层的需求就会扩大，大量的顾客会从中上层转至底层，开始追求基础性功能中的使用价值及基础性功能。

在差异化新品类刚进入品类竞争中时顾客是不怎么敏感的，而当差异化新品类开始满足大部分顾客，也就是顾客开始有意识地消费差异化新品类之后，这个市场是逐渐趋向成熟的。市场发展到这个阶段时顾客会较为冷静，不会像一开始面对差异化时拥有那么多新鲜感，甚至对差异化产品出现消费疲态，这时差异化新品类的作用及地位开始下降，这种情况常会发生，那么这个阶段的管理者应该怎么做呢？

比较有效的方法是先检查一下自己所在的位置，如果位于第一且资源充足，那就可以对自己的超级武器进行升级以刺激品类市场。同时利用好自己作为开创者的先行优势及地位，在超级武器中分化并建立多个普通武器。建立多个普通武器主要是为了应对品类的竞争转移，同时让更多的顾客看到新品类还处于欣欣向荣、生机勃发的状态中，顾客会认为这是一个强大品类，增强购买选择的倾向。这就要求管理者在环境恶劣时仍具备前瞻视野，事先对品类竞争进行布局，这也是前面讲述差异化战略中提到的。

这个方法是为了让新品类以自己的第三环为主导前提，带领新品类分化出不同的第四环，以增强自己的竞争优势，等到环境转好时再奋勇发力。

## 8 第节

## “营销”品牌

20 世纪 90 年代初，国内掀起了一股保健品热潮，史玉柱就在这个时期建立了属于自己的保健品帝国。史玉柱创建了脑白金这个品牌，这个可以说是家喻户晓的品牌给两代人留下了记忆。脑白金的传奇使一个语言钉深入人心：“今年过年不收礼，收礼只收脑白金。”随着这句广告语的走红，脑白金也成为逢年过节走亲访友送礼的首选。

直到后来有人对脑白金的成分进行披露之后，我们才发现脑白金里面的有效成分不过是褪黑素和低聚糖。很多存在睡眠问题的人都知道褪黑素，是人体的松果体产生的，也是人体重要的激素之一。褪黑素在一天中不同的时间点分泌量差别很大，通常白天光线明亮时分泌较少，所以人可以在白天保持清醒，在夜间黑暗时分泌较多，是白天的 5 ~ 10 倍，可以诱导人体自然睡眠。因此褪黑素有掌管睡眠、控制生物钟的作用。

脑白金早期成功的最关键因素是进行了明确的品类定位，并且利用语言钉大力宣传。脑白金的管理者对市场的洞察也很关键，年轻人逢年过节不知道买什么送给长辈，这是一个一直以来都存在的痛点。脑白金果断地将自己定位在礼品市场，紧接着便通过广告进行密集轰炸，从而迅速打开了市场。

自脑白金成功之后，跟随者、模仿者，甚至是一些差异化新品类竞争者，全部都在短期内如潮水般对脑白金发动了迅猛进攻，脑白金的品类销量也在这个阶段被分流了许多。

与此同时，市场上突然出现了一本名为《席卷全球》的书，里面将仅仅是保健品的脑白金描述成了无与伦比的灵丹妙药，还能预防各种健康问题。该书宣称美国总统克林顿及教皇保罗二世也在服用脑白金。在书中记载了一个实验，两组 65 岁的老人，一组服用脑白金，而另一组未服用。未服用脑白金的几乎都在不足 80 岁的时候在疾病的折磨中离开人世，且外表异常衰老；而服用脑白金的，则在 110 岁左右去世，去世时仍身材矫健，甚至健步如飞，拥有美丽的外表。书中还宣称服用脑白金的 110 岁老人生理机能如同 30 岁的人，且在百岁之年还生了一个胖娃娃。

如今再看这本书似乎在看笑话，那么出版这本书的人，又有什么目的呢？而在当时选择相信这些的顾客，内心又是怎么想的呢？如今已经不得而知。

自 2001 年开始，脑白金广告由于涉嫌违反《广告法》被上海工商部门责令停播，并受到相关部门的经济制裁。

不过在以需求为导向转向以竞争为导向的过程中，顾客没少给类似的“神产品”做贡献。像被誉为“甲鱼兑水熬了几年不换水的鳖精”“八位大师亲手炒制的小罐茶”等，不都是依靠天价广告费砸出品牌，且顾客也愿意为之买单的吗？

但以“大师累坏了”为主题的一部大片式广告霸屏央视多个频道的黄金时段，8 位“制茶大师”联袂出镜站台的情况下，小罐茶仍然火了。

按照小罐茶年 20 亿的销售额，再根据小罐茶宣传的“小罐茶，大师作”，将销售额平均分到8位制茶大师，相当于每位大师一年要制作价值2.5亿元的小罐茶。照此计算，每位大师全年无休的情况下，每天要炒220斤净茶、1466斤鲜茶叶，甚至有业内人士调侃道“原来大师干的是技术工人一般的工作”，甚至有人说“技术工人都比大师轻松”。

但据相关媒体报道，小罐茶的大师队伍里，除了邹炳良作为中国普洱茶终身成就大师早已得到茶界公认外，其他7位“大师”大多只是具有“国家非物质文化遗产传人”的头衔或评茶师职称而已。

后面大家也得知，这些大师在小罐茶的制备与营销过程中，只是担当“监制”的角色，产品则是由企业和他们的“徒弟”制作。这种情况在传统行业中屡见不鲜，一般流程是：品牌方做营销，也就是顶着大师的名义，但是顾客花钱买的其实是徒弟做出来的品质。

接着就有细心的人发现，无论是背背佳、好记星、E人E本，还是8848钛金手机、小罐茶，这些红极一时的品牌似乎都出自“营销大师”杜国楹之手。而杜国楹的营销手法，则与另一位“营销大家”史玉柱非常相似。

这些红极一时的品牌要么对人性痛点一击命中，要么刻意突出用户群体身份属性，要么过度包装产品内涵，制造稀缺性观感。

像8848这款钛金手机的目标群体可不是普通大众，所以大众群体无法站在有钱人的立场去看待它，因为它实在是“贵”，除此之外你也说不出来这款手机到底有什么优点。

无论是脑白金、8848手机还是小罐茶，其实都不具备离豪威尔环中的第六环——信任状，也不符合豪威尔信任状。“豪威尔信任状”如下。

内周路径：领导者或开创者、历史传承。7 ~ 10分（共4分）

中周路径：高性能部件、制作工艺、原创地位。4 ~ 6分（共3分）

外部路径：第三方认证或权威证书、主流媒体支持、网上好评、名人推荐、市场信誉、区域信任状、渠道光环。0 ~ 3分（共3分）

如：内周路径中每增加一个独立信任状，则加一分。

以上列举的一些品牌，它们的营销方式就具有非常大的弊端，这些品牌确实能在某个阶段跟随潮流，但是势能起来得快，下降也非常快，所以品牌往往像是一阵风，周期很短。

像杜国楹创立的品牌，生命周期一般只有三年左右，所以这些“营销大师”是如何对待这些品牌的呢？他们会在其到达盛年期之后迅速找买家转手，然后再开始新一轮的抄书般的营销。那接手的买家将会面临什么？从这些品牌如今的现状我们可以窥得一二。

后来人们也逐渐认识到，这些品牌代表的新品类并不具有宣传中的效果，所以顾客对于带有差异化的新品类越来越慎重，不如一开始那样乐于尝试。随着这些新品类及对应品牌被陆续披露，它们的地位也直线下降，最终变成了多余的占位品类。

## 第9节

## 系统化布局差异化战略

许多管理者习惯按照既有思维来经营公司、打造品牌，他们中的大部分往往将关注点放在内部运营效益上，并没有充分认识到想要获得成功，从战略着手才是最关键的，而品类环境及其不断的变化也是决定成功的关键因素。品类竞争中，大部分管理者并不能影响他们的经营环境，因为他们不懂得如何为新品类活动制造差异化，也并不知道将豪威尔环运用好可以事半功倍，而是被动地接受环境，被环境所限，无法随心所欲发展自己的品类。

其实差异化新品类与差异化战略能否胜利完全取决于市场的自然竞争，自然竞争唯一不变的因素就是“不停地变化”，所以自然竞争中会有一股无形的力量推动竞争者们，而这一切的一切，都是通过自然竞争规律自动形成的。

新品类的活动本质只有一个，不是为了获利，也不是为了获取更多的品类份额，而是进入市场中与其他品类进行竞争并获得胜利，这才是新品类活动的根本，才是新品类活动的本质，我们也需要为此而努力。

当你能通过开创新品类成为领导品牌时，身处品类第一的你还会担心利润率太低吗？并且，品类规则也由你来制定，你在自家的足球场踢足球，有没有犯规皆由你邀请的裁判说了算。

当然，竞争的方式存在多样性，甚至可以像阿米巴虫一样，数以百计地进行分裂，但问题在于管理者是否能跟得上竞争方式发展的速度？这就是我们在实施差异化战略的过程中需要不断反思的，如果无法跟上分裂的速度，那就意味着落后于他人。

管理者必须知道，竞争是最为高明的路径，如果只是抱怨自己的利润太低，却不知道市场中发生了什么，是于事无补的。你可以换个角度：我该如何取得胜利？这才能带领你走向胜利。

有些管理者在开展新品类活动时没有明确的目标，而是试图通过一系列提升运营效益的策略来形成战略，表面来看没什么问题，可一旦真正的竞争开始，结局往往是失败。每当经济发生波动，被影响的往往也是这部分参与者。连自己要去哪里都不知道，也不知道应该做什么事情，自然也不知道应该如何进攻及防守。因为品类之间的竞争与内部运营效益活动完全是天差地别的，你可能在内部是第一，但在品类竞争中，你可能只是倒数第一。

管理者只有对品类竞争中发生的某些变化进行分析，才能产生基础性的数据，用于调整自身的行为，并制定出适合自己的差异化战略，最终完成系统化布局。

因为差异化战略需要系统化布局，通过一系列的计划及战术，应用理性的思维方式与既有品类竞争，这样形成的差异化战略是理性的、冷静的。

进行充分的分析论证对差异化战略的形成起到了关键作用，也使差异化战略得以有效发挥。而没有经过分析论证的差异化战略大多数是临时性的、混乱的，所以也加大了战略失败的可能。例如差异化战略中的某些关键问题，如果受限于管理者的喜好偏向，那么制定出来的战略必定也是受限的，实施过程也会非常艰难，这种情况下成功的可能性非常之小。

在系统化布局中，虽然对应的概念及理论存在一定的效果，但从某方面来看，经验与创造性完全是两码事，《三国演义》中的马谡失街亭就是一个经典例子。懂得和真正做过根本就是两码事，就比如我看到别人常年干家务活儿，总觉得没什么难度，但自己动手做的时候，会发现根本不是那么回事。

系统化具备中肯的、稳定的、适应性的优势，进行充分分析能极大程度地促进差异化战略的形成，这也是差异化战略有效的原因之一。

# 第十章 / CHAPTER TEN

# 差异化战略的实施

第1节

## 从特斯拉来看研发投入的影响

再来说说新品类活动为社会带来的积极影响，在不断变化的市场环境中，新品类的研发和引发的竞争可以说对社会产生了重大的影响。近几十年来全球各国都受困于能源的过度消耗以及原材料的短缺，原材料短缺也为特有技术的突破造成了影响，众所周知，技术在某种程度上代表着社会进步的速度及国家竞争力的强弱。

为了在全球化竞争中脱颖而出，一些有代表性的国家品牌需要在短期内将世界最前沿的理论及方法迅速应用在市场竞争中，只有这样才有可能在即将爆发的贸易冲突中获得胜利。在全球各地，现有的品牌几乎都在增强对特有技术的研究及开发，这一点可以从他们资源的不断消耗中看出来。在美国，每年有一万多个品类持续不断地投入市场中，其中15%以上都是具有差异化的新品类，这一现象也导致了美国企业的整体毛利率高达15%。与之相比，我国对于研发及开发的投入要少许多。

这是因为我国大部分企业运用的还是传统的管理方式，大部分管理者因为资金不足无法开展技术研发，同时无法处理理论成果转换为差异化新品类的过程涉及的资源投入问题。在传统的管理模式下，科研部门与其他部门的交流非常少，甚至可以说几乎背离了市场竞争，这就导致费尽心思做出来的科研成果不符合品类竞争的环境，甚至由于与市场所需相差甚远最终被束之高阁。如果想要获得足够的竞争力，这一局面必然要尽早打破，应该让科研部门与品类竞争建立密切联系，进而能够发现一些切实有效的差异化。

近几年来，新能源汽车这一新品类在市场中异常活跃，也吸引了众多顾客。这是由于新能源汽车对比传统汽车更能保护环境，减少能源消耗。

针对这一市场情况，我调查分析了一些汽车品牌在技术研发上的投入，并找出了一些品牌能够长期保持优势的原因，希望能够帮助管理者们充分发挥品类竞争的优势力量。

StockApps 上有一份报告，里面有一些新能源汽车品牌在研发投入上的比较，其中涉及一些特有技术及上下游技术的投入，从这些数据中我发现了一些信息，如：每辆特斯拉汽车的研发费用将近 3000 美元，是汽车行业研发费用均值的 3 倍。

特斯拉作为新能源汽车品类的开创者，填补了新能源汽车领域无人驾驶技术的空白，在新能源汽车领域，特斯拉是天花板级别的存在，无论是油门响应，还是转向性能、回馈，都表现得非常优秀。

研发支出方面始终处于领先地位也造就了特斯拉在新能源汽车品类的领导品牌地位。其实管理者也知道，正是技术领先为特斯拉在新能源汽车品类中创造了独特的差异化。特斯拉之所以能够成为该品类的领导品牌，原因也是特斯拉合理使用了差异化战略，采取了一系列的战略配置。

① 全新智能网联系统，大量的触摸按键，提升了强大的科技感。

② 功能上包含 QQ 音乐、腾讯视频、爱奇艺、语音助手、语音导航等。

③ 在辅助驾驶技术方面，有自动召唤功能，通过手机操控就能让车辆自动来到车主身边，这个技术在汽车业内首屈一指。

④ 点火、空调、后备厢、挡风玻璃、雨刮器等都有智能控制系统，操

控面板尺寸达到 17 英寸。

⑤ 后排中央配备了一块尺寸稍小的屏幕供后排乘客娱乐。

⑥ 特斯拉的超级充电站 V3，只需 35 分钟就可以充 9 成电，充电 5 分钟可以续航 120 千米。

⑦ 后来者居上的特斯拉 Model 3 保值率是 64.3%，可以说是迄今最高。然而事实上，在各大汽车销售网站 Model 3 的三年保值率平均为 69.3%，比 insideevs 提供的数据还高出了 5%！

以下是一些汽车品牌的保值率：美国市场所有车辆三年保值率的平均值为 51.7%；KBB 豪华车原来保值率排名第一的是 2019 年奥迪 A7，保值率是 47.3%；入门级豪华车中保值率排名第一的是雷克萨斯 RC，为 54.5%；中型车中，排名第一的是 2019 斯巴鲁，为 51.8%，第二是本田雅阁，为 52.4%，第三是丰田凯美瑞，为 48.6%。

特斯拉 Model 3 续航里程已经超过 660 千米，有车主说，在实际生活中可以开出 800 千米，如果以 60 码的速度驾驶，续航可以达到 1003 千米，这样的超长里程连燃油汽车都无法比拟。

## 第 2 节 全面分析研发投入的影响

我们从造车新势力、国内民营车企和跨国车企中找到了几家比较有代表性的企业。通过研究分析这些汽车企业 2021 年研发费用在其营收中所占的比例，以及前面三年研发占比的变化，我们发现，研发投入对于不同销量规模、不同发展阶段的车企，都有着非同寻常的意义。

国内造车新势力由于销量较小（低于 10 万辆 / 年），且没有传统燃油车的产能负担，还有来自资本市场的充足资金，所以研发投入相对更大，

2021 年均超过 10%，甚至接近 20%。不过从其发展历程来看，它们在起始阶段研发投入占比会非常高，但随着销量及营收的飞速上涨，研发投入占比开始大幅下降。

而其他已经形成一定规模的相对成熟的汽车企业，研发投入占比则大多保持在 5% ~ 8%，大多数研发费用会随着销量的提升及营收的增加呈上涨趋势，但总体占比变化不大。

2021 年，以下所列出的车企的研发费用都超过了净利润，造车新势力甚至在大额亏损的情况下仍将大量资金投入研发，而国外企业研发费用基本上都控制在利润范围内。

### 1. 特斯拉

特斯拉发布的 2021 年全年财报显示，特斯拉在 2021 年全球销量突破 93.6 万辆，相较 2020 年同步增长 99.15%，全年特斯拉总营收约为 538.23 亿美元，同比增长 71%，营业利润 65.23 亿美元。

2021 年，特斯拉在研发和其他重要投入上，营业支出共计 70.83 亿美元。其中，研发支出为 25.91 亿美元，同比 2020 年增长 74%。

在特斯拉向美国证券交易委员会 (SEC) 提交的 10-K 文件中所透露的信息中我们可以看到，其研发费用主要包括工程、研究领域的制造商团队的人力成本、制造工程和制造测试机构的成本、原型制作费用、合同专业服务费用以及折旧的设备费用。

这些研发支出支持了特斯拉不断扩大的产品路线图，比如 Model S 和 Model X 的新版本。研发支出还包括新技术的开发，如特斯拉研发出 4680 新型电池。另外，由于得克萨斯州超级工厂和柏林超级工厂还处于前期生产阶段，还有额外的研发支出。

### 2. 小鹏

2021 年全年小鹏汽车累计销量 98155 辆，同比增长 360%，成为中国造车新势力销售冠军。

小鹏汽车2021财年总收入为209.9亿元，较2020年的58.4亿元增长259.1%。其中汽车销售收入200.4亿元，较2020年的55.5亿元增长261.3%。

小鹏净利润-48.63亿元，增速为78%。全年研发投入41.14亿元，增幅138.4%；研发收入比为19.6%，降幅33.6%。

### 3. 蔚来

蔚来汽车的财报数据显示：2021年全年营业收入361亿元，同比增长122.3%；净亏损40.2亿元，同比收窄24.3%。

对于长期亏损的原因，李斌表示，主要来自长期研发及在欧洲市场上的投入。成立7年的蔚来，在发展过程中不断融资，并投入重金研发，近四年，蔚来研发投入已超过155亿元。

根据财报显示，蔚来2021年全年研发投入为45.91亿元，研发投入占营收的12.7%。截至2022年，蔚来专利申请（含授权）超5000件。

在2021年的研发投入中，2022年将量产的ES7、ET7和ET5三款NT2.0最新平台的研发费用构成了研发费用的主要部分。

此外，围绕全栈自动驾驶、动力电池产业的持续性投资、对换电技术研发的投入也不是小数目。

蔚来还在筹划平价车的上市，李斌表示蔚来汽车旗下面向大众的新品牌核心团队已组建完成，首批产品研发已经进入关键阶段。

### 4. 理想

2021年全年理想汽车累计销量90491辆，同比增长177.4%，销量增长促进了理想营收增加，同时凭借单车销量，理想年交付量已逼近10万辆大关。

理想汽车2021财年总收入为270.1亿元，同比增加185.6%。其中车辆销售收入261.3亿元，同比增加181.5%。理想净利润为-3.215亿元，增速111.9%；利润率为-1.19%。

2021年的理想汽车的研发费用为32.86亿元，增幅为198.8%；研发收入比为12%，增幅为4.6%。

研发费用增加主要是由于研发人员增加、员工薪酬增加及新车型研发支出等。

5. 长城

2021年全年长城汽车累计销量128万辆，同比增长14.79%；营业收入1364亿元，同比增长32.04%；净利润67.3亿元，同比增长25.41%。

2021年，长城汽车的研发投入90.7亿元，同比增长76.05%，占营业收入比例为6.65%。

长城汽车建立起了全球化的研发布局，在国内拥有9大研发基地、5大软件研发中心，在海外7个国家9座城市建立研发中心，聚焦电动化和智能化的研发。

2021年6月长城汽车在公布的2025战略中提出，未来五年，累计研发投入将会达到1000亿元。

在电动化领域，长城汽车提高动力电池热失控防护能力的大禹电池技术将在旗下新能源系列车型展开应用，无钴电池包量产装车，全场景解决方案氢柠技术正式发布。

在智能化领域，长城汽车基于中央计算及区域化的电子电气架构将于国内首发，智能辅助驾驶计算平台IDC3.0也将搭载于2022年发布的智能辅助驾驶产品。

长城汽车还将发力高效燃油、混动等多条技术路线，包括3.0T+9AT/9HAT超级动力总成、柠檬混动DHT等。

6. 吉利

2021年全年，吉利汽车销量132.8万辆，同比增长约1%，连续五年夺得中国品牌乘用车年度销量冠军。

吉利汽车2021年收入1016亿元，同比增长10.3%，继2018年再次实现营收超千亿大关；扣除股份支付的股东应占溢利 60.6 亿元，同比增长 9.4%；净利润为 43.5 亿元。

2021 年，吉利汽车研发投入 55 亿元，同比增长 16.1%，研发收入比 5.4%，比去年有所提升。过去五年，吉利汽车合计研发总投入共计 256 亿元，设计研发人员超 2 万人，拥有 2.6 万项创新专利。

吉利控股集团目前在全球设有五大研发中心和五大造型设计中心，布局软件自研、硬件自研以及技术数据自研，在纯电、超级电混、醇电混动以及换电等领域构建一套智能能源体系；在自动驾驶、智能网联、智能座舱等核心技术领域构建全栈自研生态体系。

2021 年，吉利汽车集团推出“智能吉利 2025 战略”和“九大龙湾行动”，强调将继续加大研发投入，5 年内研发投入 1500 亿元；深耕基础科学研究领域，打造 10 个国际一流的重点实验室。

### 7. 比亚迪

2021 年全年比亚迪汽车累计销量 740131 辆，同比增长 75.4%。其中，新能源汽车突破了 60 万辆，同比增长 218.30%，实现新能源车连续 9 年国内销量第一。

比亚迪 2021 年实现营业收入 2161.42 亿元，同比增长 38.02%；归属于上市公司股东的净利润为 30.45 亿元。

财报数据显示，2021 年，比亚迪研发投入为 106.27 亿元，同比增长 24.20%；研发人员数量约 4.04 万人，同比增加 31.52%。

研发上的不断加码，使得比亚迪已拥有超安全刀片电池、DM-i 超级混动、e 平台 3.0、IGBT4.0 等核心技术。截至 2022 年 6 月 30 日，比亚迪累计申请专利 3.8 万项、授权专利 2.6 万项，稳居新能源车专利榜单第一。

电池业务方面，曾获得“全球新能源汽车创新技术”大奖的刀片电池凭借超级安全、超级续航、超级强度等技术优势，加速了磷酸铁锂电池在乘用车领域的渗透。

半导体业务方面，比亚迪半导体汇集功率半导体、智能控制 IC、智能传感器、光电半导体等全方位解决方案，覆盖车规级、消费电子、家电等领域。

8. 大众

2021 年全年大众汽车累计销量 888.2 万辆，同比 2020 年的 930.5 万辆下滑 4.5%。尽管销量出现下降，但大众汽车集团的销售收入却同比增加 12%，达到 2502 亿欧元（2020 财年为 2229 亿欧元）；未计入特殊项目支出的营业利润增至 200 亿欧元。

大众集团在盈利增长的同时，并没有牺牲研发投入。大众汽车业务在 2021 财年的研发成本达到 156 亿欧元，同比增长 12.2%，研发收入比为 7.6%，与上一财年持平。

按计划，2022—2026 年，大众集团的总投资额将达 1590 亿欧元，其中 890 亿欧元用于电动汽车和数字化领域。

大众集团大力投资软件开发和自动驾驶技术，目前大众集团软件部门 CARIAD 已经成功整合了 Hella 的摄像头软件业务，并与博世合作开发 L3 级别的自动驾驶技术。

大众集团将投资 8 亿欧元建设专注于开发 SSP 平台的研发中心，未来将有约 4000 名员工在这个研发中心工作，得益于新的研发中心，大众集团可将车辆研发周期缩短 25%。

9. 福特

2021 年全年福特汽车累计销售 394.2 万辆，同比 2020 年下滑 6%。据 2021 年全年财报显示，福特汽车全年总营收为 1363.41 亿美元，同比增长 7.23%；调整后息税前利润为 100 亿美元，营收与净利润均实现同比增长。

由于在智能化、电气化转型方面的表现，福特股价在 2021 年上涨了近 140%，成为汽车行业中涨幅最大的股票。

根据相关数据，2021 年福特研发投入为 76 亿美元，研发投入占比为 5.57%。研发投入高于 2020 年的 71 亿美元和 2019 年的 74 亿美元，但低于 2018 年的 82 亿美元。

2021 年 5 月，福特正式发布 Ford+ 发展计划，确认全面向电动化转型。其中，预计到 2025 年年底，福特将在电气化业务（包含电池开发）方面投入超过 300 亿美元。

据外媒报道，福特汽车还在筹划进行一次重大重组，以便加快向电动车业务的转型。在未来 5 ~ 10 年内，福特将在上述 300 亿美元基础上再投入 100 亿 ~ 200 亿美元，用于改造部分全球燃油车工厂，转为生产电动汽车。

## 第3节

## 缺乏差异化的后果

当众多竞争对手为目标市场的顾客提供缺乏差异化的相似产品时，顾客只能将价格及基础性功能作为评断的标准，并做出选择，这个时候品类对顾客的刺激性是很低的，这对品类的发展非常不利，顾客会想：

"这个品类很一般，没什么技术含量。"

"这不是一个大品类，否则不会这么冷清。"

"产品都差不多，没什么差异化，可买可不买。"

"没什么兴趣，因为大体都相差不多，钱还是留着吧。"

……

缺乏差异化的品类，会逐渐变成伪品类，甚至是夕阳品类，最终导致这个品类在快速进入市场的过程中，没有经历完整的品类生命周期，如从学步期直接步入盛年期，或者从孕育期直接到学步期。发生类似情况的品类需要提高警惕，一旦有危险信号，管理者必须马上做出反应，否则就会导致顾客还未对该品类有一定认识时，该品类已经过早地走向衰亡。

快速走向消亡意味着管理者前期投入的所有精力及资源全部付诸东流，这是大家都不想看见的。如果管理者对品类的十个生命周期不了解，可能还会发生一些问题：品类明明已经显露出盛年期的特征，并且到达盛年期，管理者还以为品类目前只是处于学步期，从而继续投入大量的资源，这种情况下市场反应必定是极小的，因为在这个阶段，品类的市场份额总量已经达到顶峰，如果还继续投入大量资源，不仅会造成资源浪费，还有可能使顾客产生反感，觉得自己之前购买的东西不值得，并且停止购买该品类。

经常能看到的是，许多已经在巅峰的品类为了一小部分顾客，抢得头破血流，并进行大幅度降价，而一旦出现这种局面，处于该品类竞争中的参赛选手会觉得市场已经全部被占领了，以至于不敢再对一些特有技术进行投资，这也导致了品类发展的进一步恶化。在一些服装品类中就存在这类情况，如袜子、内裤、领带、丝巾、方巾、腰带这些品类，并没有真正的领导品牌，几乎都是延伸品牌，顾客购买此类商品时，最常发生的情况就是附带购买，例如在买西装的时候，会将领带也一起买了。

七匹狼做过品类延伸，在卖掉一套西装的时候，还让顾客购买了他们的领带及皮带。七匹狼将这种行为称为协同效益，其实这样做是在伤害自己的品牌，不断地削弱品牌独特的差异化。销售领带跟推销领带完全是两码事，顾客进门购买的是品牌的特性，正是因为你的品牌代表了这个特性，顾客才选择购买你的商品。若是店内还陈设了其他的东西，你就应该在招牌处表明“这是一家杂货店，主营袜子、西装等”，而不应该只是挂着一个西装店的招牌，在广告中宣传西装，却在日常销售中还做着袜子的生意。

多一个不属于品牌原本拥有的特性的东西，就会多伤害你的品牌定位一分。只要是你的产品发生质量问题，顾客总会说这个品牌质量不行。顾客是清楚你擅长什么不擅长什么的，在你擅长的领域之外，有更加权威的领导品牌。它们的领导地位表明，它们在这件事情上费的时间更多，投入的研发费用也更高，而你只是找一些代加工工厂来生产这种产品。我发现一些做得不错的服装品牌就经常做这种事情，衬衫一件 300 块，袜子却有可能卖到 40 块钱一双，我不明白，跟其他品牌相比，服装品牌的袜子到底具有什么优势，让它们有勇气把袜子以 40 块钱一双的价格卖给顾客？

卖出去的每双袜子、每条领带，都在伤害服装的定位。确实，许多品牌都在这样做，大家都看得到。但是它们最终会发现，大家一起将本来可以做2000亿市场的品类，做成200亿市场的品类。有了这样的结果，它们还抱怨顾客太少，顾客没有消费能力，真的是这样的吗?

## 第4节 竞争必不可少

市场需求下降可能是周期性的，也可能是长期性的，具体要看品类竞争环境发生了什么变化，这些变化是什么原因引起的。在这个阶段，品类整体的获利能力会一直在较低的水平上，生产能力出现明显劣势，而且退出的障碍还很高，这种情况对所有品类参与者来说都是致命的。

所以，一个品类要做大，不能缺乏竞争对手。但到底要与竞争对手对抗还是合作，一直都是管理者面临的重要问题，管理者在做决定时，不仅要考虑如何战胜竞争对手，还要考虑如何巩固阵营。将品类做大，需要重视品类的孕育期、婴儿期、学步期、青春期，这些阶段对于品类能否做大起着异常关键的作用。而且如果你是新品类活动的开创者，你必须要承担起将品类做大的责任。

对手会抓住所有能够挑战、反驳、刺激、找到你缺陷的机会，而你需要做的，是减少自己的缺陷。但由于眼界和立场的局限性，自查可能没有办法帮助你找到自己的缺陷，而对手却很可能一眼就看到你最大的问题。万事万物都是相生相克的，对手越老练，你就越容易在对战中不断完善自己。你也必须要在竞争中强化自己、充实自己、锤炼自己。对手让我们时刻保持警惕，不断鞭策我们前进，同时也促进了我们内部的团结，也让我们明白自己的实力。

竞争对手自古以来在任何领域都是存在且必不可少的。提起卫青，人们就会想到霍去病；提起诸葛亮，人们就会想到周瑜、司马懿；提起苏联，人们就会想到美苏争霸。虽然竞争双方处于不同的阵营，在抢夺城池及控制权的过程中，他们处心积虑，为自己创造利益的同时，也给对方制造了不少麻烦，但与此同时，也成就了彼此。

存在于同一阵营的战友想要一争高下，或者被强行视为“竞争双方”；也可能由于有敌对的集体，变得更加团结。制衡力量就是让对手存在，这也是自己存在的意义。

魏国除了司马懿之外找不到第二个人可以对抗诸葛亮，史书说司马懿有狼顾之相，可能谋反，曹操对司马懿一直是又用又防。试想如果空城计中司马懿捉住了诸葛亮，天下已定，那司马懿存在的价值又是什么呢？怕是只剩下“忌惮”了。

内部呈现一片祥和，那么在抵御外敌上自然就不可能具有战斗力，正如一个完整的生态链中必然有顶端的食肉动物，也有底部的食草动物，还有依靠排泄物生存的一些昆虫及菌类等，这些构成了一个系统化的竞争环境。

三国人物也各有差异化，各有特性，也正是这些人的存在，才造就了精彩的三国故事。

请管理者记住，无论是军事战争还是商业竞争，存在着一条永恒不变的规律，那就是先有差异化，才有特性，人们谈论的是你的差异化，但是最终购买的是你的特性。

**表 10-1　三国人物的差异化与特性**

| 姓名 | 差异化 | 特性 |
|---|---|---|
| 诸葛亮 | 足智多谋、料事如神 | 忠贞不渝、高尚人格、超凡意志 |
| 刘备 | 仁政、爱民、忠义 | 善于招揽人才，有胆识、胸襟和谋略 |
| 曹丕 | 胆识过人、工于心计 | 不择手段、凶残狠毒 |
| 鲁肃 | 目光长远、雄才大略 | 忠厚诚恳、胸襟广阔、举贤任能 |
| 赵云 | 极高操守、德行为重 | 智勇双全 |

（续表）

| 姓名 | 差异化 | 特性 |
| --- | --- | --- |
| 孙权 | 才智、谋略、能屈能伸 | 善于招揽、知人善任、从谏如流 |
| 周瑜 | 足智多谋、才智过人 | 忠心不二、举贤任能 |
| 吕布 | 武艺超群、见利忘义 | 有勇无谋、鼠目寸光、刚愎自用 |
| 曹操 | 谋略超群 | 好弄权术、野心勃勃、求才若渴 |
| 貂蝉 | 忠义、机敏、知恩图报 | 果敢坚决、大义凛然、刚烈 |
| 姜维 | 忠心耿耿、矢志不移 | 足智多谋、能征惯战 |
| 司马懿 | 雄才大略、才智过人 | 善用权谋 |
| 关羽 | 忠义、勇猛 | 武艺超群 |
| 张飞 | 耿直、粗犷 | 敢爱敢恨、爱憎分明 |
| 马谡 | 熟读兵书 | 有一定的谋略 |
| 魏延 | 武功高强 | 追逐名利 |
| 董卓 | 凶狠残暴 | 独揽大权、飞扬跋扈、贪恋女色 |
| 王允 | 忠贞刚烈 | 胆识智慧过人，有勇有谋 |
| 杨修 | 聪慧过人、才思敏捷 | 博闻强记 |
| 袁绍 | 娇纵自负 | 武断 |

大家能看到，每一位人物有着自己的差异化及特性，人们之所以认可、谈论这些人，是因为他们的差异化，而最终与他们一起共事（购买），则是因为其符合竞争的一些基本因素。

品类中的品牌也是一样，良性差异化越明显，在竞争中存在得就越久；而恶性差异化越明显，则消亡得越快。特性也是如此，人们或许会在短期内为了购买你的差异化而忍受你不太好的特性，但绝不会长久。如果你不进行及时的调整，则必然会被取代，这就是我在第一本书中提到过的“自我攻击”及“坦诚相待”。

优秀的管理者就如同高超棋手一般，善于根据形势的变化及自身力量，对敌人采用不同的策略，如化敌为友、三擒三纵、斩尽杀绝、分崩瓦解，都能够体现出管理者的谋略及智慧。

一定程度的“化敌为友”在建立差异化新品类的前期是有非常有效的，可以起到强劲的推动作用，“化敌为友”不仅可以在短期内为新品类带来大量的势能，同时对竞争双方也是非常有利的。值得一提的是，强强联合可以在短期内吸引媒体的关注，引发大量的报道，几乎不需要什么成本就可以将自己身为开创者的先行优势发挥出来，进一步形成高效的战略行动。

优秀的差异化战略有助于形成良性竞争，因为具有差异化的新品类活动能够得到市场的积极响应，从而带来新品类有序的良性发展，这也有助于管理者在形成高效战略的过程中形成竞争优势，增强竞争优势的持久性，优化所处品类的结构。

适当给予一些同质化品类合理的生存空间，有助于形成鲜明的对比，从而让自己成为顾客的选择，这就如同泥鳅效应及鲇鱼效应。

在使鱼类在长途运输的过程中保持鲜活这件事上，中国人和挪威人有着相似的妙招。中国人会在黄鳝群里放几条泥鳅，泥鳅生性好动，在黄鳝群里钻来钻去，造成了紧张氛围，迫使黄鳝也随之而动，也正因此，二三十个小时的运送过程，黄鳝仍然保持兴奋状态，这就是泥鳅效应。挪威人为了使沙丁鱼不在途中死亡，就在船舱里放几条鲇鱼，鲇鱼会四处乱窜，沙丁鱼则十分紧张，为避免窒息而死需要加速游动，这样保证了沙丁鱼到港后仍然非常鲜活，人们称之为鲇鱼效应。

科学家通过研究上述情况发现适度紧张和忙碌的人寿命更长。这是因为一个人在紧张时心脏会加强收缩，全身气血畅通，从而大脑思维活跃，心肌新陈代谢也会加快，所以延缓了衰老。

第5节

## 同质化品类与差异化品类的竞争

同质化品类与差异化新品类存在明显对比时，顾客可以快速识别出自己想要的。所以适当地允许同质化品类存在，利于提高品类竞争的活性。同时顾客会起到市场监督者的作用，这进一步激发了品类参赛选手的斗志，使得参与竞争者在新品类的建造上奋力添砖加瓦。

当顾客以品类监督者的身份存在时，可以发挥巨大的力量，顾客会为品类的参与者在价值、价格、质量、社会责任、合法化、供应链、技术更新等方面提出积极建议，这不仅能快速推动品类发展，还会对品类内一些不思进取的参与者起到震慑作用。“如果你无法做出有价值的产品，你不在我的考虑范围内。”这也是为何一些强势的品类，总会有市场监管部门进行监管。

顾客作为品类监督者，对于领导品牌的产生也起到了重要的推动作用，如果你身处差异化品类中，已经是领先品牌，并想成为领导品牌，你就需要积极快速响应顾客。顾客会知道到底是谁对这个品类起了巨大作用。顾客非常精明，管理者不要试图欺骗他们，否则会出现一系列负面信息，这些负面信息出现也意味着你失去了大部分顾客。现代社会有着如此发达的信息网络，如果有人讨厌你，他会让他的朋友一起讨厌你。这与福特之前做过一项调查结果不谋而合：失去一个顾客，意味着同时失去了他身边的人，每个顾客的价值实际上是几百万甚至几千万。

在竞争中，其实有很多市场是不具备吸引力的，也就是我们通常所说的无利可图，因为利润无法满足差异化的需求，但可以养活非常多的同质化品类，而同质化品类在这样的市场中生存，也会相对得心应手。为什么一个市场无利可图的情况下仍然有人愿意进入呢？这是因为在大部分人的观念里，同质化品类的成本相对于差异化新品类要低很多，不需要在特有技术上投入巨额费用，也不需要在广告上投入巨额费用，省下来的巨额开支足可以抵消与差异化新品类之间的高利润差。如果说差异化新品类的毛利是 25%，而同质化新品类的毛利为 8%，那么这之间的差额大部分被特有技术的投入所抵消。

同时，差异化新品类的主战场并不在他们认为无利可图的市场中。当差异化新品类要入主一个市场时，往往会先进行市场调研，最终他们会选择有利润的市场，那些无利可图的市场则会被搁置。而无利可图的市场的顾客群体对价格是较为敏感的，具有较强的议价能力，这部分顾客对于差异化新品类并不感兴趣。

在搁置的市场中也会产生空位市场，如国内很多三线、四线城市就属于差异化新品类的空位市场，而这部分市场由于没有差异化新品类的进入，同质化品类也就没有了较大的竞争对手，因而获得颇为可观的利润。

如果差异化新品类为了发展而服务于空位市场，则可能降低自身的盈利能力及灭杀同质化品类，导致矛盾产生，导致政府介入，最终受到反垄断调查及质控。最无奈的莫过于需要被迫公开某些特有技术，而这些特有技术正是差异化新品类的技术核心，一旦公开，差异化新品类将会面临巨大的损失。

国内近期发生的一些反垄断的案例就存在这样的现象。2016 年 10 月，四川省水泥协会和 6 家水泥生产企业，在成都区域内推涨散装水泥价格，达成统一散装水泥涨价时间、调价幅度的垄断协议。2020 年 12 月，四川省市场监管局依法做出行政处罚，责令当事人停止违法行为，没收违法所得并处罚款共计 5981.13 万元。2015 年 8 月至 2017 年 12 月，山东康惠医药有限公司、潍坊普云惠医药有限公司和潍坊太阳神医药有限公司滥用在中国注射用葡萄糖酸钙原料药销售市场的支配地位，实施以不公平的高价销售商品、附加不合理交易条件的垄断行为，排除、限制了市场竞争，损害了消费者利益。2020 年 4 月，市场监管总局依法做出行政处罚，责令当事人停止违法行为，没收违法所得并处罚款共计 3.255 亿元。

如果想要避免此类麻烦发生，就需要熟练掌握本书中提到的一些内容，否则企业在面临天价罚款的同时，还会消耗掉大量的时间及精力。

市场还存在一种奇怪的现象，就是竞争的时候，强大的一方与相对弱小的一方不仅是竞争的关系，还会形成相互保护的关系。

其中就有高利润的差异化新品类对低利润的同质化品类在成本方面的保护，因为低利润的同质化品类成本较低，在成本方面具有较高的优势，同时也满足了消费者的基础性需求，而如果没有差异化新品类的对比，顾客的议价权就会加大，这会提高同质化品类的价格风险。

而同质化品类也为差异化品类的高等价值提供了一定的保护。同质化品类只是满足了消费水平较低的群体的基础性需求，还有一部分消费群体会因为收入、教育、品位等原因消费水平较高，二者形成间隔，比如前者很少购买奢侈品，后者则可能将购买奢侈品视为日常消费。

高超的管理者在制定差异化战略时，会先进行区域划分，选择性地保留一些市场空位给一些同质化新品类，而后者则可以据此位置获得一定的生存空间。后者以为自己捡了个大便宜，殊不知是对方故意留下来的空位，或者说一切都是出于战略布局的需要。

高超的管理者也不会进行多余的解释，所有的布局都是为了战略服务，只要被搁置的市场空位能被占据，就能有益于自身。至于市场空位中多几个弱小的竞争对手，其实并不会产生影响。

同时，几个弱小的竞争对手对差异化新品类的地位、盈利能力也没什么威胁。一个品类的强大自然少不了竞争对手的参与，因为一个强大的品类必然不是一家能够做大的，需要众人齐心才能促使新品类做得更大。品类做大也可以增强顾客对于该品类的信心，品类不活跃会造成顾客预期的不平稳，让顾客觉得这不是一个重要的品类，技术也还不是非常成熟。

另外一个就是整体的作用力，大量的参与者会带来大量的公关效应、广告效应，这也使得新品类的需求量不断扩大。

因为在大多数品类中，能有数量适当的竞争对手一起分摊特有技术的成本，可以极大地增加品类成功的概率。仅仅靠几个参与者，很难将品类做大，数量适当的参与者往往可以加速专利技术的研究，加速品类的市场化，同时极大程度地化解顾客的不信任感。

如果市场中只有一家企业宣传差异化新品类时，顾客会质疑，如果有多个参与者加入（这时候并不能简单地将其理解为竞争对手），政府也愿意为该品类提供支持，带动差异化新品类发展的同时，还能有效地带动产业的稳步推进，这对促进国家的 GDP 增长是非常关键的。

## 第6节

## 优秀的竞争对手

良性竞争可以产生优秀的竞争对手，一起带动品类的发展，从而增强品类的竞争优势，改善品类的就业环境，同时还能够形成一些行业规则。低劣的竞争对手只会以短期利益为主，不顾一切地追求尽可能多的利润，有可能会伤害到品类的发展。这两者间的区别，在于是否朝着创新的方向发展，在于是否履行企业社会责任。优秀的竞争对手通常不会通过不断降价、压榨劳动力、破坏环境进行自我发展。管理者必须要识别出两类不同的对手，并采取相应的行动。

正常来说，良性竞争中会产生较好的竞争对手，这类对手有时候也扮演知己的角色，虽然他们的实力不一定很强，但对于自身所处的劣势及我方所处的优势都非常清晰，他们会遵守相应的竞争规则，在发生冲突时，通常会保持较为清醒的认识，也不会对比自身更小的竞争对手过于苛刻，他们的目的是追求力所能及的品类份额及合理的利润，不会漫天要价、落井下石。

因此，这类竞争对手通常不会制定一些有违常识的目标，如“三年超越领导者”“两年做到第一”等，也不会做出与自身实力不符的决策。简单地说就是良性竞争中的竞争对手懂得拿捏分寸，与他们一起将品类做大是一件幸运的事情，甚至可以说，他们并不是竞争对手，而是合作伙伴。通常遇到这类竞争对手，我会建议管理者适当地将一些自己不需要的市场主动告知并给予对方，甚至直接许可对方使用自己的特有技术，用于服务二级市场。这样做一方面可以建立起合作伙伴关系，另一方面也可以扩大品类的需求，以此来遏制最主要的竞争对手。我通常不建议管理者为了商业竞争将对方逼入绝境，应该适当地保留一些弹性，对品类及自身都是有好处的。

但是，如果发现品类内有“蛀虫”，应该以兼并的方式消灭对方，至于要采取哪些行动则需要结合当时的环境，竞争对手的本质、强弱来进行判断。因为环境问题、竞争对手的本质及强弱都会随着品类发展情况及管理者做出的决定而发生改变。

同质化品类其实最怕的就是顾客转而购买差异化品类，这意味着同质化品类需要付出很大的代价向具有超级武器的差异化品类发动进攻，因为不具有超级武器，它们只能通过主动降价的方式来吸引顾客。但是通常这种情况下，顾客也不会予以回应，因为同质化品类在市场中总是成群出现，主动降价的同质化品类对顾客并不具有吸引力，顾客也丝毫不担心它们会涨价，因为同质化品类存在太多相同的对手了。这个时候，顾客对同质化品类的议价能力是非常高的，通常是顾客主动选择他们，而不是他们主动选择顾客。

品类之间存在很大的不同，像同质化品类与差异化品类之间，就会存在技术手段的不同、“豪威尔八件套”完善程度的不同。通常情况下同质化产品都是依靠低价来获取利润，而差异化品类靠的则是对市场的提前布局，有序地赚取高额的利润。所采取的不同方式也预示了它们的发展能力，以及最终的成败。

管理者知道，品类的获利能力会随着时间的推移，发生明显的变化。在品类发展趋向成熟时，差异化品类积累的财富会越来越多，而同质化品类所积累的财富则会越来越少，它们之间存在着相互制衡的关系，品类总量在同一时间很难有大的波动，而在持续波动的环境，总量总是持续向强者倾斜。

## 第7节

## 识别竞争对手

在竞争的过程中，还有一点尤其重要，就是要识别出真正的对手是谁。

如同前面提到的，商业竞争与军事战争一样，你将在战略地图中竞争，虽然每个参与者都是你的敌人，但每个敌人对你的威胁是不一样的，有些敌人的威胁可能会在5年后才暴露出来，而你需要打败的是当下对你威胁最大的敌人，也就是说与你直接竞争的人威胁才是最大的。

通常与我们直接竞争的对手与我们存在一定的共性，如“同一品类下”“提供类似产品”“定位类似”“定位对立”“差异化类似”“差异化对立”“特性类似”“特性对立”“顾客群体一致”等。同样，我们也可以通过这些共性找到威胁最大的敌人。如果你刚进入市场，威胁最大的敌人也是能给你带来丰厚利润的人，如果你选对了超级武器，以其为目标，就可以从其身上获取极大的利益。

当你拥有强烈的竞争意识时，你就能比真正的敌人获取更多的利润！

当你具有薄弱的竞争意识时，你只能比真正的敌人拥有更多的失败！

从长远来看，如果你无法获取品类中高于平均水平的利润，你的份额会萎缩，并且无法升级你的超级武器。

而那些辛苦赚取低于品类平均水平的利润的管理者，很可能会失败，因为低于品类平均水平的利润会让员工、股东等撤出，转向具有更高利润的竞争对手。

不过随着品类竞争的日益复杂，仅靠自己准确地识别真正的敌人已经越来越困难，通常管理者会寻找调研机构，让专业的调研机构来帮助自己。但这种方法并不可靠，费用还极高，而且时间周期很长，这几个弊端会严重阻碍你的发展。如果你能听从我的建议直接使用豪威尔感知调研法，会有效得多，还可以将省下来的预算用于市场营销，以获取更多的顾客。

作为管理者，不论身处什么样的环境，都要有清晰的意识及系统化的思维来开展新品类活动，经常使用豪威尔理论及方法的管理者都会有这样的感悟——真正有效的理论总比管理者看到的、了解到的要简单得多。对此，管理者在越发复杂的时代中，要保证自己不陷入复杂的泥潭，才能在商业竞争中获得胜利。

管理者要做的就是按照本书的方法去做，以保证系统化开创新品类的成功。

时间还很长，关于新品类我们就先说到这，相信读者已经通过本书学习到了许多知识。欢迎大家阅读我的其他图书，其中包含《新品类》《新品类：战略》等。

系列丛书中涉及的一系列管理方法，可以访问豪威尔官网：www.haowel.com。

写书不易，留点空间，我们下本书见！